경상북도
공공기관 직원
통합채용

NCS 직업기초능력평가

경상북도
공공기관 직원 통합채용
NCS 직업기초능력평가

개정 2판 발행	2023년 9월 6일	
개정 3판 발행	2024년 9월 23일	

편 저 자 | 취업적성연구소
발 행 처 | (주)서원각
등록번호 | 1999-1A-107호
주   소 | 경기도 고양시 일산서구 덕산로 88-45(가좌동)
대표번호 | 031-923-2051
팩   스 | 031-923-3815
교재문의 | 카카오톡 플러스 친구 [서원각]
홈페이지 | goseowon.com

우리나라 기업들은 1960년대 이후 현재까지 비약적인 발전을 이루었다. 이렇게 급속한 성장을 이룰 수 있었던 배경에는 우리나라 국민들의 근면성 및 도전정신이 있었다. 그러나 빠르게 변화하는 세계 경제의 환경에 적응하기 위해서는 근면성과 도전정신 이외에 또 다른 성장 요인이 필요하다.

최근 많은 공사·공단에서는 기존의 직무 관련성에 대한 고려 없이 인·적성, 지식 중심으로 치러지던 필기전형을 탈피하고, 산업현장에서 직무를 수행하기 위해 요구되는 능력을 산업부문별·수준별로 체계화 및 표준화한 NCS를 기반으로 하여 채용공고 단계에서 제시되는 '직무 설명자료'에서 제시되는 직업기초능력과 직무수행능력을 측정하기 위한 직업기초능력평가, 직무수행능력평가 등을 도입하고 있다.

경상북도 공공기관에서도 업무에 필요한 역량 및 책임감과 적응력 등을 구비한 인재를 선발하기 위하여 고유의 필기전형을 치르고 있다. 본서는 경상북도 공공기관 채용대비를 위한 필독서로 경상북도 공공기관 필기전형의 출제경향을 철저히 분석하여 응시자들이 보다 쉽게 시험유형을 파악하고 효율적으로 대비할 수 있도록 구성하였다.

신념을 가지고 도전하는 사람은 반드시 그 꿈을 이룰 수 있습니다. 처음에 품은 신념과 열정이 취업 성공의 그 날까지 빛바래지 않도록 서원각이 수험생 여러분을 응원합니다.

STRUCTURE

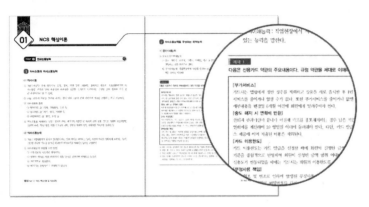

핵심이론정리

NCS 기반 직업기초능력평가에 대해 핵심적으로 알아야 할 이론을 체계적으로 정리하여 단기간에 학습할 수 있도록 하였습니다.

출제예상문제

적중률 높은 영역별 출제예상문제를 상세하고 꼼꼼한 해설과 함께 수록하여 학습효율을 확실하게 높였습니다.

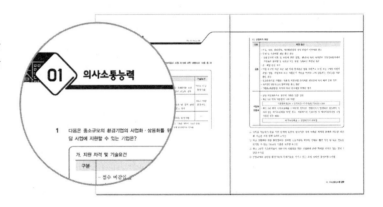

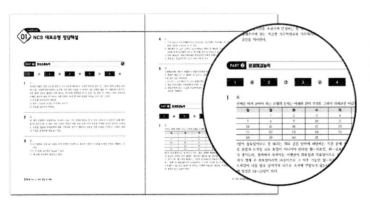

면접

취업 성공을 위한 면접의 기본과 면접기출을 수록하여 취업의 마무리까지 깔끔하게 책임집니다.

CONTENTS

PART

I

경상북도 공공기관 소개

01 기관소개

(1) 설립목적

지방자치행정을 민주적이고 능률적으로 수행하고 지방을 균형 있게 발전시키며, 대한민국을 민주적으로 발전시켜 나가는 것을 목적으로 한다.

(2) 기본현황

인구	면적	행정구역
2,546천명	18,424km² – 전 국토의 18.3% – 전국 1위	22개 시·군 / 322 읍·면·동 – 22개 시·군(10시, 12군) – 322 읍·면·동

예산규모(도)	예산규모(시·군)
12조 6,078억원 – 일반회계 : 11조 1,194억원 – 특별회계 : 1조 4,884억원	21조 5,544억원 – 일반회계 : 19조 2,637억원 – 특별회계 : 2조 2,907억원

(3) 도정 슬로건

경북의 힘으로 새로운 대한민국

(4) 도정목표

기업이 키워가는 성공경제

보통이 성공하는 행복사회

세계와 함께하는 문화관광

모두가 안심하는 책임복지

(5) 2024 도정철학

인재	창의	민생

(6) 임무

① 주요도정 및 조직, 행정관리에 관한 사무
- 도정의 종합기획 조정 및 평가
- 국·도정 주요정책과제 심의 및 조정
- 의회 관련 업무의 총괄조정
- 각종 통계조사·분석 및 자료관리
- 도 예산 편성 관리 및 시군 재정 지도
- 주요사업 투자심사 및 도·시군의 지방공기업 육성 지도
- 조례·규칙의 심사·공포, 소송사건 및 법규의 편찬에 관한 사항
- 지역정보화 계획수립 및 조정

② 지역경제 활성화 관련 사무
- 지역경제발전 계획 수립
- 도·소매업 진흥계획의 수립
- 지역경제 동향 및 경제정보 관리
- 소비자보호 및 물가안정 관리
- 공공근로사업의 기획·조정 및 평가
- 기업유치활동 및 유치지원시책의 추진
- 중소기업 육성 및 지원
- 직업안정 및 각종 실업대책 추신

③ 주민을 위한 복지증진에 관한 사무
- 사회복지시설의 설치·운영 및 관리
- 국가 유공자 및 관련단체 지원
- 국민기초생활보장에 관한 사항
- 저소득층 취로대책사업
- 장애복지 관련 업무 및 단체 지원
- 노인복지 증진에 관한 사무

- 지역의료보험 및 의료보호에 관한 사무
- 전염병 및 질병의 예방과 방역

④ 농정 및 농어촌개발에 관한 사무
- 농어촌 종합대책 업무추진
- 농업인 소득 증대 사업의 추진
- 지역 영농조직 및 농업법인체 육성
- 농업인 후계자 및 전업농 육성
- 농어촌 복지시설에 관한 사항
- 농어촌 정주권 개발계획 수립시행
- 오지개발사업 계획수립시행
- 농지보존 및 이용에 관한 업무

⑤ 문화예술 진흥과 문화재 관리에 관한 사무
- 지방문화예술의 중·장기 계획 수립 운영
- 지방문화예술의 육성발굴
- 문예진흥기금 운영관리
- 종교단체, 문화·예술단체 진흥 및 지도감독
- 지방문화재의 지정·보존 및 관리

⑥ 지역개발 및 도시계획에 관한 사무
- 토지이용 계획 입안 및 결정
- 도시계획사업 시행 및 국유재산관리
- 도시공원 관리에 관한 사항
- 도시재개발사업 및 개발촉진기구 지정
- 산업단지개발사업에 관한 사항
- 도시 가로망 정비사업
- 토지구획 정리사업 및 택지 개발에 관한 사항
- 시설물 안전관리 및 부실공사 방지에 관한 사항
- 광역권 개발계획에 관한 사항
- 지방도 시군도의 신설 및 유지

⑦ 지역안전 및 소방에 관한 사무

- 지역의 재난·재해 예방 및 안전관리
- 화재예방 및 소방

(7) 2024년 역점시책

① 민간투자 활성화

ㄱ 지역경제 활성화를 위해 민간이 주도하는 체제로 전환하겠습니다.

ㄴ 규제혁신과 제도개선을 통해 민간투자와 기업활동의 자유를 높이겠습니다.

ㄷ 국가균형발전을 위한 4대 특구를 역점적으로 추진해 나가겠습니다.

② 저출생과의 전쟁

ㄱ 부모-아이가 안전하고 편안한 돌봄을 제공하겠습니다.

- 경북도가 주도하는 온종일 완전 돌봄 시행
- 돌봄 융합 특구, 돌봄·교육 통합센터 설치

ㄴ 주거 부담을 줄이고, 아이 키우기 좋은 주거환경을 조성하겠습니다.

- 주거비 지원 및 가족 친화 주거 서비스 제공
- 아이·가족 행복주택 공급

ㄷ 균형 잡힌 일과 생활이 가능한 문화를 만들겠습니다.

- 기업·근로자 지원 확대
- 가족 친화 문화 선도 및 제도화

ㄹ 체감도 높은 양성평등으로 인식 변화를 선도하겠습니다.

- 남녀 모두가 평등한 환경 조성
- 저출생 극복 운동 전개

02 채용안내

(1) 응시자격

① 채용 공공기관별 자격요건에 따름(기관별 공고문 응시자격 확인)

(2) 접수방법

① 경상북도 공공기관 인터넷원서접수센터(https://gb2024.hubst.co.kr) 홈페이지 개별 접수

② 각 기관별 중복지원 불가(하나의 기관에 1개 직종만 지원 가능)

※ 기관별 중복지원이 불가하니 중복지원을 하지 마시기 바랍니다.

(3) 접수유의사항

① 영어능력검정시험 성적(응시자격)* 및 가산대상 자격증 기준일은 필기시험 전일이며, 원서접수 기간 내에 인터넷원서접수센터를 통해서만 입력할 수 있습니다.

※ 일부 기관 및 직종 제외(기관별 공고문 반드시 확인)

※ 영어능력검정시험 유효기간은 2년으로 인정범위에 대해서는 기관별 공고문을 참고하시기 바라며 반드시 유의하시기 바랍니다.

② 영어능력검정시험 성적 취득예정자는 접수 시 '취득예정' 선택 후 필기시험 합격자 발표일에 각 기관에서 안내하는 기간 내에 제출합니다.

③ 가산점 취득예정자는 접수 시 '취득예정' 선택 후 필기시험 시행일을 포함한 3일 내 본인정보 및 가산점 정보를 이메일(gbexam@korea.kr)로 제출하여야 하며, 미제출 시 가산점을 적용받을 수 없습니다.

※ 가산점 제출 이메일 주소 반드시 확인

(4) 시험일정

구분		일정	비고
원서접수		'24. 8. 19. ~ 8. 23.	인터넷원서접수센터
필기시험 장소 공고		'24. 9. 12.	경상북도 홈페이지 시험정보란
응시표 출력		'24. 9. 12. 이후	인터넷원서접수센터
1차 시험	필기시험	'24. 9. 28.	
	합격자 발표	'24. 10. 11.	경상북도 홈페이지 시험정보란, 기관 홈페이지
2차 시험	서류전형	'24. 10. 16. ~ 10. 18.	기관 홈페이지
3차 시험	역량검사	'24. 10. 16. ~ 10. 18.	필기합격자 발표 시 세부일정 안내
	면접시험	기관별 일정에 따름	기관 홈페이지
	합격자 발표		

※ 전형일정은 사정에 의하여 변경될 수 있으며, 필기시험 이후 일정(서류, 면접, 최종합격자 발표 등)은 기관별 채용일정에 의함

(5) 기관별 선발예정인원 및 필기시험 과목

기관명	직종	직급	선발인원	시험과목	
				공통	전공
계			10개 기관(20명)		
경상북도 안동의료원	소계		1명		
	사무직(일반)	9급	1명	NCS직업기초능력평가	경영학, 회계학
경상북도 경제진흥원	소계		3명		
	사무직(일반)	7급	2명	NCS직업기초능력평가	경영학, 회계학
	사무직(일반_장애인)	7급	1명		

경북신용 보증재단	소계		2명		
	사무직(일반)	6급	2명	NCS직업기초능력평가	경영학, 회계학
경북문화재단	소계		5명		
	사무직(일반) (재단본부)	7급	3명	NCS직업기초능력평가	경영학, 회계학
	사무직(일반) (콘텐츠진흥원)	7급	2명	NCS직업기초능력평가	경영학, 회계학
경상북도 환경연수원	소계		1명		
	사무직(교수)	9급	1명	NCS직업기초능력평가	환경학개론, 생물학개론
경북행복재단	소계		1명		
	사무직(일반)	9급	1명	NCS직업기초능력평가	경영학, 회계학
경상북도인재 평생교육진흥원	소계		2명		
	사무직(일반)	9급	2명	NCS직업기초능력평가	경영학, 회계학
경상북도농식품 유통교육진흥원	소계		2명		
	사무직(일반)	6급	1명	NCS직업기초능력평가	경영학, 회계학
	유통판촉직(일반)	6급	1명	NCS직업기초능력평가	경영학, 경제학
새마을재단	소계		2명		
	사무직(일반)	6급	2명	NCS직업기초능력평가	경영학, 회계학
경상북도 장애인체육회	소계		1명		
	사무직(일반)	9급	1명	NCS직업기초능력평가	경영학, 회계학

(6) 채용예정 공공기관 담당자 연락처

채용기관	연락처	비고
경상북도안동의료원	054-850-6422	
경상북도경제진흥원	054-470-8541	
경북신용보증재단	054-476-3206	
경북문화재단	054-650-2912	
경상북도환경연수원	054-440-3251	
경북행복재단	054-710-8811	
경상북도인재평생교육진흥원	053-850-9778	
경상북도농식품유통교육진흥원	054-650-1171	
새마을재단	054-716-2557	
경상북도장애인체육회	053-815-8778	

PART

II

NCS 핵심이론 및 대표유형

01 NCS 핵심이론

1 의사소통과 의사소통능력

(1) 의사소통

① 개념 : 사람들 간에 생각이나 감정, 정보, 의견 등을 교환하는 총체적인 행위로, 직장생활에서의 의사소통은 조직과 팀의 효율성과 효과성을 성취할 목적으로 이루어지는 구성원 간의 정보와 지식 전달 과정이라고 할 수 있다.

② 기능 : 공동의 목표를 추구해 나가는 집단 내의 기본적 존재 기반이며 성과를 결정하는 핵심 기능이다.

③ 의사소통의 종류

　　㉠ 언어적인 것 : 대화, 전화통화, 토론 등

　　㉡ 문서적인 것 : 메모, 편지, 기획안 등

　　㉢ 비언어적인 것 : 몸짓, 표정 등

④ 의사소통을 저해하는 요인 : 정보의 과다, 메시지의 복잡성 및 메시지 간의 경쟁, 상이한 직위와 과업지향형, 신뢰의 부족, 의사소통을 위한 구조상의 권한, 잘못된 매체의 선택, 폐쇄적인 의사소통 분위기 등

(2) 의사소통능력

① 개념 : 직장생활에서 문서나 상대방이 하는 말의 의미를 파악하는 능력, 자신의 의사를 정확하게 표현하는 능력, 간단한 외국어 자료를 읽거나 외국인의 의사표시를 이해하는 능력을 포함한다.

② 의사소통능력 개발을 위한 방법

　　㉠ 사후검토와 피드백을 활용한다.

　　㉡ 명확한 의미를 가진 이해하기 쉬운 단어를 선택하여 이해도를 높인다.

　　㉢ 적극적으로 경청한다.

　　㉣ 메시지를 감정적으로 곡해하지 않는다.

② 의사소통능력을 구성하는 하위능력

(1) 문서이해능력

① 문서와 문서이해능력

ㄱ 문서 : 제안서, 보고서, 기획서, 이메일, 팩스 등 문자로 구성된 것으로 상대방에게 의사를 전달하여 설득하는 것을 목적으로 한다.

ㄴ 문서이해능력 : 직업현장에서 자신의 업무와 관련된 문서를 읽고, 내용을 이해하고 요점을 파악할 수 있는 능력을 말한다.

예제 1

다음은 신용카드 약관의 주요내용이다. 규정 약관을 제대로 이해하지 못한 사람은?

> **[부가서비스]**
> 카드사는 법령에서 정한 경우를 제외하고 상품을 새로 출시한 후 1년 이내에 부가서비스를 줄이거나 없앨 수가 없다. 또한 부가서비스를 줄이거나 없앨 경우에는 그 세부내용을 변경일 6개월 이전에 회원에게 알려주어야 한다.
>
> **[중도 해지 시 연회비 반환]**
> 연회비 부과기간이 끝나기 이전에 카드를 중도해지하는 경우 남은 기간에 해당하는 연회비를 계산하여 10 영업일 이내에 돌려줘야 한다. 다만, 카드 발급 및 부가서비스 제공에 이미 지출된 비용은 제외된다.
>
> **[카드 이용한도]**
> 카드 이용한도는 카드 발급을 신청할 때에 회원이 신청한 금액과 카드사의 심사기준을 종합적으로 반영하여 회원이 신청한 금액 범위 이내에서 책정되며 회원의 신용도가 변동되었을 때에는 카드사는 회원의 이용한도를 조정할 수 있다.
>
> **[부정사용 책임]**
> 카드 위조 및 변조로 인하여 발생된 부정사용 금액에 대해서는 카드사가 책임을 진다. 다만, 회원이 비밀번호를 다른 사람에게 알려주거나 카드를 다른 사람에게 빌려주는 등의 중대한 과실로 인해 부정사용이 발생하는 경우에는 회원이 그 책임의 전부 또는 일부를 부담할 수 있다.

① 혜수 : 카드사는 법령에서 정한 경우를 제외하고는 1년 이내에 부가서비스를 줄일 수 없어

② 진성 : 카드 위조 및 변조로 인하여 발생된 부정사용 금액은 일괄 카드사가 책임을 지게 돼

③ 영훈 : 회원의 신용도가 변경되었을 때 카드사가 이용한도를 조정할 수 있어

④ 영호 : 연회비 부과기간이 끝나기 이전에 카드를 중도해지하는 경우에는 남은 기간에 해당하는 연회비를 카드사는 돌려줘야 해

답 ②

② 문서의 종류

  ㉠ 공문서 : 정부기관에서 공무를 집행하기 위해 작성하는 문서로, 단체 또는 일반회사에서 정부기관을 상대로 사업을 진행할 때 작성하는 문서도 포함된다. 엄격한 규격과 양식이 특징이다.

  ㉡ 기획서 : 아이디어를 바탕으로 기획한 프로젝트에 대해 상대방에게 전달하여 시행하도록 설득하는 문서이다.

  ㉢ 기안서 : 업무에 대한 협조를 구하거나 의견을 전달할 때 작성하는 사내 공문서이다.

  ㉣ 보고서 : 특정한 업무에 관한 현황이나 진행 상황, 연구·검토 결과 등을 보고하고자 할 때 작성하는 문서이다.

  ㉤ 설명서 : 상품의 특성이나 자동 방법 등을 소비자에게 설명하기 위해 작성하는 문서이다.

  ㉥ 보도자료 : 정부기관이나 기업체 등이 언론을 상대로 자신들의 정보를 기사화 되도록 하기 위해 보내는 자료이다.

  ㉦ 자기소개서 : 개인이 자신의 성장과정이나, 입사 동기, 포부 등에 대해 구체적으로 기술하여 자신을 소개하는 문서이다.

  ㉧ 비즈니스 레터(E-mail) : 사업상의 이유로 고객에게 보내는 편지다.

  ㉨ 비즈니스 메모 : 업무상 확인해야 할 일을 메모형식으로 작성하여 전달하는 글이다.

③ 문서이해의 절차 : 문서의 목적 이해→문서 작성 배경·주제 파악→정보 확인 및 현안문제 파악→문서 작성자의 의도 파악 및 자신에게 요구되는 행동 분석→목적 달성을 위해 취해야 할 행동 고려→문서 작성자의 의도를 도표나 그림 등으로 요약·정리

(2) 문서작성능력

① 작성되는 문서에는 대상과 목적, 시기, 기대효과 등이 포함되어야 한다.

② 문서작성의 구성요소

  ㉠ 짜임새 있는 골격, 이해하기 쉬운 구조

  ㉡ 객관적이고 논리적인 내용

  ㉢ 명료하고 설득력 있는 문장

  ㉣ 세련되고 인상적인 레이아웃

다음은 들은 내용을 구조적으로 정리하는 방법이다. 순서에 맞게 배열하면?

> ㉠ 관련 있는 내용끼리 묶는다.
> ㉡ 묶은 내용에 적절한 이름을 붙인다.
> ㉢ 전체 내용을 이해하기 쉽게 구조화한다.
> ㉣ 중복된 내용이나 덜 중요한 내용을 삭제한다.

① ㉠㉡㉢㉣
② ㉠㉡㉣㉢
③ ㉡㉠㉢㉣
④ ㉡㉠㉣㉢

③ 문서의 종류에 따른 작성방법

　㉠ 공문서
- 육하원칙이 드러나도록 써야 한다.
- 날짜는 반드시 연도와 월, 일을 함께 언급하며, 날짜 다음에 괄호를 사용할 때는 마침표를 찍지 않는다.
- 대외문서이며, 장기간 보관되기 때문에 정확하게 기술해야 한다.
- 내용이 복잡할 경우 '-다음-', '-아래-'와 같은 항목을 만들어 구분한다.
- 한 장에 담아내는 것을 원칙으로 하며, 마지막엔 반드시 '끝'자로 마무리 한다.

　㉡ 설명서
- 정확하고 간결하게 작성한다.
- 이해하기 어려운 전문용어의 사용은 삼가고, 복잡한 내용은 도표화 한다.
- 명령문보다는 평서문을 사용하고, 동어 반복보다는 다양한 표현을 구사하는 것이 바람직하다.

　㉢ 기획서
- 상대를 설득하여 기획서가 채택되는 것이 목적이므로 상대가 요구하는 것이 무엇인지 고려하여 작성하며, 기획의 핵심을 잘 전달하였는지 확인한다.
- 분량이 많을 경우 전체 내용을 한눈에 파악할 수 있도록 목차구성을 신중히 한다.
- 효과적인 내용 전달을 위한 표나 그래프를 적절히 활용하고 산뜻한 느낌을 줄 수 있도록 한다.
- 인용한 자료의 출처 및 내용이 정확해야 하며 제출 전 충분히 검토한다.

　㉣ 보고서
- 도출하고자 하는 핵심내용을 구체적이고 간결하게 작성한다.
- 내용이 복잡할 경우 도표나 그림을 활용하고, 참고자료는 정확하게 제시한다.
- 제출하기 전에 최종점검을 하며 질의를 받을 것에 대비한다.

다음 중 공문서 작성에 대한 설명으로 가장 적절하지 못한 것은?

① 공문서나 유가증권 등에 금액을 표시할 때에는 한글로 기재하고 그 옆에 괄호를 넣어 숫자로 표기한다.

② 날짜는 숫자로 표기하되 년, 월, 일의 글자는 생략하고 그 자리에 온점(.)을 찍어 표시한다.

③ 첨부물이 있는 경우에는 붙임 표시문 끝에 1자 띄우고 "끝."이라고 표시한다.

④ 공문서의 본문이 끝났을 경우에는 1자를 띄우고 "끝."이라고 표시한다.

업무를 할 때 필요한 공문서 작성법을 잘 알고 있는지를 측정하는 문항이다.

공문서 금액 표시
아라비아 숫자로 쓰고, 숫자 다음에 괄호를 하여 한글로 기재한다.
예) 123,456원의 표시 : 금 123,456(금일십이만삼천사백오십육원)

답 ①

④ 문서작성의 원칙

　　㉠ 문장은 짧고 간결하게 작성한다.(간결체 사용)

　　㉡ 상대방이 이해하기 쉽게 쓴다.

　　㉢ 불필요한 한자의 사용을 자제한다.

　　㉣ 문장은 긍정문의 형식을 사용한다.

　　㉤ 간단한 표제를 붙인다.

　　㉥ 문서의 핵심내용을 먼저 쓰도록 한다.(두괄식 구성)

⑤ 문서작성 시 주의사항

　　㉠ 육하원칙에 의해 작성한다.

　　㉡ 문서 작성시기가 중요하다.

　　㉢ 한 사안은 한 장의 용지에 작성한다.

　　㉣ 반드시 필요한 자료만 첨부한다.

　　㉤ 금액, 수량, 일자 등은 기재에 정확성을 기한다.

　　㉥ 경어나 단어사용 등 표현에 신경 쓴다.

　　㉦ 문서작성 후 반드시 최종적으로 검토한다.

⑥ 효과적인 문서작성 요령

　　㉠ 내용이해 : 전달하고자 하는 내용과 핵심을 정확하게 이해해야 한다.

　　㉡ 목표설정 : 전달하고자 하는 목표를 분명하게 설정한다.

　　㉢ 구성 : 내용 전달 및 설득에 효과적인 구성과 형식을 고려한다.

　　㉣ 자료수집 : 목표를 뒷받침할 자료를 수집한다.

　　㉤ 핵심전달 : 단락별 핵심을 하위목차로 요약한다.

　　㉥ 대상파악 : 대상에 대한 이해와 분석을 통해 철저히 파악한다.

　　㉦ 보충설명 : 예상되는 질문을 정리하여 구체적인 답변을 준비한다.

　　㉧ 문서표현의 시각화 : 그래프, 그림, 사진 등을 적절히 사용하여 이해를 돕는다.

(3) 경청능력

① 경청의 중요성 : 경청은 다른 사람의 말을 주의 깊게 들으며 공감하는 능력으로 경청을 통해 상대방을 한 개인으로 존중하고 성실한 마음으로 대하게 되며, 상대방의 입장에 공감하고 이해하게 된다.

② 경청을 방해하는 습관 : 짐작하기, 대답할 말 준비하기, 걸러내기, 판단하기, 다른 생각하기, 조언하기, 언쟁하기, 옳아야만 하기, 슬쩍 넘어가기, 비위 맞추기 등

③ 효과적인 경청방법

　　㉠ 준비하기 : 강연이나 프레젠테이션 이전에 나누어주는 자료를 읽어 미리 주제를 파악하고 등장하는 용어를 익혀둔다.

　　㉡ 주의 집중 : 말하는 사람의 모든 것에 집중해서 적극적으로 듣는다.

　　㉢ 예측하기 : 다음에 무엇을 말할 것인가를 추측하려고 노력한다.

　　㉣ 나와 관련짓기 : 상대방이 전달하고자 하는 메시지를 나의 경험과 관련지어 생각해 본다.

　　㉤ 질문하기 : 질문은 듣는 행위를 적극적으로 하게 만들고 집중력을 높인다.

　　㉥ 요약하기 : 주기적으로 상대방이 전달하려는 내용을 요약한다.

　　㉦ 반응하기 : 피드백을 통해 의사소통을 점검한다.

다음은 면접스터디 중 일어난 대화이다. 민아의 고민을 해소하기 위한 조언으로 가장 적절한 것은?

> 지섭 : 민아씨, 어디 아파요? 표정이 안 좋아 보여요.
>
> 민아 : 제가 원서 넣은 공단이 내일 면접이어서요. 그동안 스터디를 통해서 면접 연습을 많이 했는데도 벌써부터 긴장이 되네요.
>
> 지섭 : 민아씨는 자기 의견도 명확히 피력할 줄 알고 조리 있게 설명을 잘 하시니 걱정 안하셔도 될 것 같아요. 아, 손에 꽉 쥐고 계신 건 뭔가요?
>
> 민아 : 아, 제가 예상 답변을 정리해서 모아둔거에요. 내용은 거의 외웠는데 이렇게 쥐고 있지 않으면 불안해서..
>
> 지섭 : 그 정도로 준비를 철저히 하셨으면 걱정할 이유 없을 것 같아요.
>
> 민아 : 그래도 압박면접이거나 예상치 못한 질문이 들어오면 어떻게 하죠?
>
> 지섭 : _____

① 시선을 적절히 처리하면서 부드러운 어투로 말하는 연습을 해보는 건 어때요?
② 공식적인 자리인 만큼 옷차림을 신경 쓰는 게 좋을 것 같아요.
③ 당황하지 말고 질문자의 의도를 잘 파악해서 침착하게 대답하면 되지 않을까요?
④ 예상 질문에 대한 답변을 좀 더 정확하게 외워보는 건 어떨까요?

출제의도

상대방이 하는 말을 듣고 질문 의도에 따라 올바르게 답하는 능력을 측정하는 문항이다.

해설

민아는 압박질문이나 예상치 못한 질문에 대해 걱정을 하고 있으므로 침착하게 대응하라고 조언을 해주는 것이 좋다.

답 ③

---

(4) 의사표현능력

① 의사표현의 개념과 종류

   ㉠ 개념 : 화자가 자신의 생각과 감정을 청자에게 음성언어나 신체언어로 표현하는 행위이다.

   ㉡ 종류
- 공식적 말하기 : 사전에 준비된 내용을 대중을 대상으로 말하는 것으로 연설, 토의, 토론 등이 있다.
- 의례적 말하기 : 사회·문화적 행사에서와 같이 절차에 따라 하는 말하기로 식사, 주례, 회의 등이 있다.
- 친교적 말하기 : 친근한 사람들 사이에서 자연스럽게 주고받는 대화 등을 말한다.

② 의사표현의 방해요인

   ㉠ 연단공포증 : 연단에 섰을 때 가슴이 두근거리거나 땀이 나고 얼굴이 달아오르는 등의 현상으로 충분한 분석과 준비, 더 많은 말하기 기회 등을 통해 극복할 수 있다.

   ㉡ 말 : 말의 장단, 고저, 발음, 속도, 쉼 등을 포함한다.

   ㉢ 음성 : 목소리와 관련된 것으로 음색, 고저, 명료도, 완급 등을 의미한다.

   ㉣ 몸짓 : 비언어적 요소로 화자의 외모, 표정, 동작 등이다.

   ㉤ 유머 : 말하기 상황에 따른 적절한 유머를 구사할 수 있어야 한다.

③ 상황과 대상에 따른 의사표현법

    ㉠ 잘못을 지적할 때 : 모호한 표현을 삼가고 확실하게 지적하며, 당장 꾸짖고 있는 내용에만 한정한다.

    ㉡ 칭찬할 때 : 자칫 아부로 여겨질 수 있으므로 센스 있는 칭찬이 필요하다.

    ㉢ 부탁할 때 : 먼저 상대방의 사정을 듣고 응하기 쉽게 구체적으로 부탁하며 거절을 당해도 싫은 내색을 하지 않는다.

    ㉣ 요구를 거절할 때 : 먼저 사과하고 응해줄 수 없는 이유를 설명한다.

    ㉤ 명령할 때 : 강압적인 말투보다는 'ㅇㅇ을 이렇게 해주는 것이 어떻겠습니까?'와 같은 식으로 부드럽게 표현하는 것이 효과적이다.

    ㉥ 설득할 때 : 일방적으로 강요하기보다는 먼저 양보해서 이익을 공유하겠다는 의지를 보여주는 것이 좋다.

    ㉦ 충고할 때 : 충고는 가장 최후의 방법이다. 반드시 충고가 필요한 상황이라면 예화를 들어 비유적으로 깨우쳐주는 것이 바람직하다.

    ㉧ 질책할 때 : 샌드위치 화법(칭찬의 말 + 질책의 말 + 격려의 말)을 사용하여 청자의 반발을 최소화 한다.

예제 5

당신은 팀장님께 업무 지시내용을 수행하고 결과물을 보고 드렸다. 하지만 팀장님께서는 "최대리 업무를 이렇게 처리하면 어떡하나? 누락된 부분이 있지 않은가."라고 말하였다. 이에 대해 당신이 행할 수 있는 가장 부적절한 대처 자세는?

① "죄송합니다. 제가 잘 모르는 부분이라 이수혁 과장님께 부탁을 했는데 과장님께서 실수를 하신 것 같습니다."

② "주의를 기울이지 못해 죄송합니다. 어느 부분을 수정보완하면 될까요?"

③ "지시하신 내용을 제가 충분히 이해하지 못하였습니다. 내용을 다시 한 번 여쭤보아도 되겠습니까?"

④ "부족한 내용을 보완하는 자료를 취합하기 위해서 하루정도가 더 소요될 것 같습니다. 언제까지 재작성하여 드리면 될까요?"

출제의도

상사가 잘못을 지적하는 상황에서 어떻게 대처해야 하는지를 묻는 문항이다.

해 설

상사가 부탁한 지시사항을 다른 사람에게 부탁하는 것은 옳지 못하며 설사 그렇다고 해도 그 일의 과오에 대해 책임을 전가하는 것은 지양해야 할 자세이다.

답 ①

---

④ 원활한 의사표현을 위한 지침

    ㉠ 올바른 화법을 위해 독서를 하라.

    ㉡ 좋은 청중이 되라.

    ㉢ 칭찬을 아끼지 마라.

    ㉣ 공감하고, 긍정적으로 보이게 하라.

    ㉤ 겸손은 최고의 미덕임을 잊지 마라.

    ㉥ 과감하게 공개하라.

ⓢ 뒷말을 숨기지 마라.

ⓞ 첫마디 말을 준비하라.

ⓩ 이성과 감성의 조화를 꾀하라.

ⓒ 대화의 룰을 지켜라.

ⓚ 문장을 완전하게 말하라.

⑤ 설득력 있는 의사표현을 위한 지침

㉠ 'Yes'를 유도하여 미리 설득 분위기를 조성하라.

㉡ 대비 효과로 분발심을 불러 일으켜라.

㉢ 침묵을 지키는 사람의 참여도를 높여라.

㉣ 여운을 남기는 말로 상대방의 감정을 누그러뜨려라.

㉤ 하던 말을 갑자기 멈춤으로써 상대방의 주의를 끌어라.

㉥ 호칭을 바꿔서 심리적 간격을 좁혀라.

㉦ 끄집어 말하여 자존심을 건드려라.

㉧ 정보전달 공식을 이용하여 설득하라.

㉨ 상대방의 불평이 가져올 결과를 강조하라.

㉩ 권위 있는 사람의 말이나 작품을 인용하라.

㉪ 약점을 보여 주어 심리적 거리를 좁혀라.

㉫ 이상과 현실의 구체적 차이를 확인시켜라.

㉬ 자신의 잘못도 솔직하게 인정하라.

㉭ 집단의 요구를 거절하려면 개개인의 의견을 물어라.

ⓐ 동조 심리를 이용하여 설득하라.

ⓑ 지금까지의 노고를 치하한 뒤 새로운 요구를 하라.

ⓒ 담당자가 대변자 역할을 하도록 하여 윗사람을 설득하게 하라.

ⓓ 겉치레 양보로 기선을 제압하라.

ⓔ 변명의 여지를 만들어 주고 설득하라.

ⓕ 혼자 말하는 척하면서 상대의 잘못을 지적하라.

(5) 기초외국어능력

① 기초외국어능력의 개념과 필요성

   ㉠ 개념 : 외국어로 된 간단한 자료를 이해하거나, 외국인과의 전화응대와 간단한 대화 등 외국인의 의사표현을 이해하고, 자신의 의사를 기초외국어로 표현할 수 있는 능력이다.

   ㉡ 필요성 : 국제화·세계화 시대에 다른 나라와의 무역을 위해 우리의 언어가 아닌 국제적인 통용어를 사용하거나 그들의 언어로 의사소통을 해야 하는 경우가 생길 수 있다.

② 외국인과의 의사소통에서 피해야 할 행동

   ㉠ 상대를 볼 때 흘겨보거나, 노려보거나, 아예 보지 않는 행동

   ㉡ 팔이나 다리를 꼬는 행동

   ㉢ 표정이 없는 것

   ㉣ 다리를 흔들거나 펜을 돌리는 행동

   ㉤ 맞장구를 치지 않거나 고개를 끄덕이지 않는 행동

   ㉥ 생각 없이 메모하는 행동

   ㉦ 자료만 들여다보는 행동

   ㉧ 바르지 못한 자세로 앉는 행동

   ㉨ 한숨, 하품, 신음소리를 내는 행동

   ㉩ 다른 일을 하며 듣는 행동

   ㉪ 상대방에게 이름이나 호칭을 어떻게 부를지 묻지 않고 마음대로 부르는 행동

③ 기초외국어능력 향상을 위한 공부법

   ㉠ 외국어공부의 목적부터 정하라.

   ㉡ 매일 30분씩 눈과 손과 입에 밸 정도로 반복하라.

   ㉢ 실수를 두려워하지 말고 기회가 있을 때마다 외국어로 말하라.

   ㉣ 외국어 잡지나 원서와 친해져라.

   ㉤ 소홀해지지 않도록 라이벌을 정하고 공부하라.

   ㉥ 업무와 관련된 주요 용어의 외국어는 꼭 알아두자.

   ㉦ 출퇴근 시간에 외국어 방송을 보거나, 듣는 것만으로도 귀가 트인다.

   ㉧ 어린이가 단어를 배우듯 외국어 단어를 암기할 때 그림카드를 사용해 보라.

   ㉨ 가능하면 외국인 친구를 사귀고 대화를 자주 나눠 보라.

❶ 문제와 문제해결

(1) 문제의 정의와 분류

① 정의 : 업무를 수행함에 있어서 답을 요구하는 질문이나 의논하여 해결해야 되는 사항이다.

② 문제의 분류

구분	창의적 문제	분석적 문제
문제제시 방법	현재 문제가 없더라도 보다 나은 방법을 찾기 위한 문제 탐구→문제 자체가 명확하지 않음	현재의 문제점이나 미래의 문제로 예견될 것에 대한 문제 탐구→문제 자체가 명확함
해결방법	창의력에 의한 많은 아이디어의 작성을 통해 해결	분석, 논리, 귀납과 같은 논리적 방법을 통해 해결
해답 수	해답의 수가 많으며, 많은 답 가운데 보다 나은 것을 선택	답의 수가 적으며 한정되어 있음
주요특징	주관적, 직관적, 감각적, 정성적, 개별적, 특수성	객관적, 논리적, 정량적, 이성적, 일반적, 공통성

(2) 업무수행과정에서 발생하는 문제 유형

① 발생형 문제(보이는 문제) : 현재 직면하여 해결하기 위해 고민하는 문제이다. 원인이 내재되어 있기 때문에 원인지향적인 문제라고도 한다.

  ㉠ 일탈문제 : 어떤 기준을 일탈함으로써 생기는 문제

  ㉡ 미달문제 : 어떤 기준에 미달하여 생기는 문제

② 탐색형 문제(찾는 문제) : 현재의 상황을 개선하거나 효율을 높이기 위한 문제이다. 방치할 경우 큰 손실이 따르거나 해결할 수 없는 문제로 나타나게 된다.

  ㉠ 잠재문제 : 문제가 잠재되어 있어 인식하지 못하다가 확대되어 해결이 어려운 문제

  ㉡ 예측문제 : 현재로는 문제가 없으나 현 상태의 진행 상황을 예측하여 찾아야 앞으로 일어날 수 있는 문제가 보이는 문제

  ㉢ 발견문제 : 현재로서는 담당 업무에 문제가 없으나 선진기업의 업무 방법 등 보다 좋은 제도나 기법을 발견하여 개선시킬 수 있는 문제

③ 설정형 문제(미래 문제) : 장래의 경영전략을 생각하는 것으로 앞으로 어떻게 할 것인가 하는 문제이다. 문제해결에 창조적인 노력이 요구되어 창조적 문제라고도 한다.

D회사 신입사원으로 입사한 귀하는 신입사원 교육에서 업무수행과정에서 발생하는 문제 유형 중 설정형 문제를 하나씩 찾아오라는 지시를 받았다. 이에 대해 귀하는 교육받은 내용을 다시 복습하려고 한다. 설정형 문제에 해당하는 것은?

① 현재 직면하여 해결하기 위해 고민하는 문제
② 현재의 상황을 개선하거나 효율을 높이기 위한 문제
③ 앞으로 어떻게 할 것인가 하는 문제
④ 원인이 내재되어 있는 원인지향적인 문제

(3) 문제해결

① 정의 : 목표와 현상을 분석하고 이 결과를 토대로 과제를 도출하여 최적의 해결책을 찾아 실행·평가해 가는 활동이다.

② 문제해결에 필요한 기본적 사고

  ㉠ 전략적 사고 : 문제와 해결방안이 상위 시스템과 어떻게 연결되어 있는지를 생각한다.

  ㉡ 분석적 사고 : 전체를 각각의 요소로 나누어 그 의미를 도출하고 우선순위를 부여하여 구체적인 문제해결방법을 실행한다.

  ㉢ 발상의 전환 : 인식의 틀을 전환하여 새로운 관점으로 바라보는 사고를 지향한다.

  ㉣ 내·외부자원의 활용 : 기술, 재료, 사람 등 필요한 자원을 효과적으로 활용한다.

③ 문제해결의 장애요소

  ㉠ 문제를 철저하게 분석하지 않는 경우

  ㉡ 고정관념에 얽매이는 경우

  ㉢ 쉽게 떠오르는 단순한 정보에 의지하는 경우

  ㉣ 너무 많은 자료를 수집하려고 노력하는 경우

④ 문제해결방법

  ㉠ 소프트 어프로치 : 문제해결을 위해서 직접적인 표현보다는 무언가를 시사하거나 암시를 통하여 의사를 전달하여 문제해결을 도모하고자 한다.

  ㉡ 하드 어프로치 : 상이한 문화적 토양을 가지고 있는 구성원을 가정하고, 서로의 생각을 직설적으로 주장하고 논쟁이나 협상을 통해 서로의 의견을 조정해 가는 방법이다.

ⓒ 퍼실리테이션(facilitation) : 촉진을 의미하며 어떤 그룹이나 집단이 의사결정을 잘 하도록 도와 주는 일을 의미한다.

❷ 문제해결능력을 구성하는 하위능력

(1) 사고력

① 창의적 사고 : 개인이 가지고 있는 경험과 지식을 통해 새로운 가치 있는 아이디어를 산출하는 사고능력 이다.

  ㉠ 창의적 사고의 특징
  - 정보와 정보의 조합
  - 사회나 개인에게 새로운 가치 창출
  - 창조적인 가능성

예제 2

M사 홍보팀에서 근무하고 있는 귀하는 입사 5년차로 창의적인 기획안을 제출 하기로 유명하다. S부장은 이번 신입사원 교육 때 귀하에게 창의적인 사고란 무엇인지 교육을 맡아달라고 부탁하였다. 창의적인 사고에 대한 귀하의 설명으 로 옳지 않은 것은?

① 창의적인 사고는 새롭고 유용한 아이디어를 생산해 내는 정신적인 과정이다.
② 창의적인 사고는 특별한 사람들만이 할 수 있는 대단한 능력이다.
③ 창의적인 사고는 기존의 정보들을 특정한 요구조건에 맞거나 유용하도록 새롭게 조합시킨 것이다.
④ 창의적인 사고는 통상적인 것이 아니라 기발하거나, 신기하며 독창적인 것이다.

출제의도

창의적 사고에 대한 개념을 정확히 파악하고 있는지를 묻는 문항이다.

해 설

흔히 사람들은 창의적인 사고에 대해 특별한 사람들만이 할 수 있는 대단 한 능력이라고 생각하지만 그리 대단 한 능력이 아니며 이미 알고 있는 경 험과 지식을 해체하여 다시 새로운 정보로 결합하여 가치 있는 아이디어 를 산출하는 사고라고 할 수 있다.

답 ②

  ㉡ 발산적 사고 : 창의적 사고를 위해 필요한 것으로 자유연상법, 강제연상법, 비교발상법 등을 통해 개발할 수 있다.

구분	내용
자유연상법	생각나는 대로 자유롭게 발상 ex) 브레인스토밍
강제연상법	각종 힌트에 강제적으로 연결 지어 발상 ex) 체크리스트
비교발상법	주제의 본질과 닮은 것을 힌트로 발상 ex) NM법, Synectics

POINT 브레인스토밍

    ㉠ 진행방법
- 주제를 구체적이고 명확하게 정한다.
- 구성원의 얼굴을 볼 수 있는 좌석 배치와 큰 용지를 준비한다.
- 구성원들의 다양한 의견을 도출할 수 있는 사람을 리더로 선출한다.
- 구성원은 다양한 분야의 사람들로 5~8명 정도로 구성한다.
- 발언은 누구나 자유롭게 할 수 있도록 하며, 모든 발언 내용을 기록한다.
- 아이디어에 대한 평가는 비판해서는 안 된다.

    ㉡ 4대 원칙
- 비판엄금(Support) : 평가 단계 이전에 결코 비판이나 판단을 해서는 안 되며 평가는 나중까지 유보한다.
- 자유분방(Silly) : 무엇이든 자유롭게 말하고 이런 바보 같은 소리를 해서는 안 된다는 등의 생각은 하지 않아야 한다.
- 질보다 양(Speed) : 질에는 관계없이 가능한 많은 아이디어들을 생성해내도록 격려한다.
- 결합과 개선(Synergy) : 다른 사람의 아이디어에 자극되어 보다 좋은 생각이 떠오르고, 서로 조합하면 재미있는 아이디어가 될 것 같은 생각이 들면 즉시 조합시킨다.

② 논리적 사고 : 사고의 전개에 있어 전후의 관계가 일치하고 있는가를 살피고 아이디어를 평가하는 사고능력이다.

    ㉠ 논리적 사고를 위한 5가지 요소 : 생각하는 습관, 상대 논리의 구조화, 구체적인 생각, 타인에 대한 이해, 설득

    ㉡ 논리적 사고 개발 방법
- 피라미드 구조 : 하위의 사실이나 현상부터 사고하여 상위의 주장을 만들어가는 방법
- so what기법 : '그래서 무엇이지?'하고 자문자답하여 주어진 정보로부터 가치 있는 정보를 이끌어 내는 사고 기법

③ 비판적 사고 : 어떤 주제나 주장에 대해서 적극적으로 분석하고 종합하며 평가하는 능동적인 사고이다.

    ㉠ 비판적 사고 개발 태도 : 비판적 사고를 개발하기 위해서는 지적 호기심, 객관성, 개방성, 융통성, 지적 회의성, 지적 정직성, 체계성, 지속성, 결단성, 다른 관점에 대한 존중과 같은 태도가 요구된다.

    ㉡ 비판적 사고를 위한 태도
- 문제의식 : 비판적인 사고를 위해서 가장 먼저 필요한 것은 바로 문제의식이다. 자신이 지니고 있는 문제와 목적을 확실하고 정확하게 파악하는 것이 비판적인 사고의 시작이다.
- 고정관념 타파 : 지각의 폭을 넓히는 일은 정보에 대한 개방성을 가지고 편견을 갖지 않는 것으로 고정관념을 타파하는 일이 중요하다.

(2) 문제처리능력과 문제해결절차

① 문제처리능력 : 목표와 현상을 분석하고 이를 토대로 문제를 도출하여 최적의 해결책을 찾아 실행·평가하는 능력이다.

② 문제해결절차 : 문제 인식 → 문제 도출 → 원인 분석 → 해결안 개발 → 실행 및 평가

  ㉠ 문제 인식 : 문제해결과정 중 'what'을 결정하는 단계로 환경 분석 → 주요 과제 도출 → 과제 선정의 절차를 통해 수행된다.

  • 3C 분석 : 환경 분석 방법의 하나로 사업환경을 구성하고 있는 요소인 자사(Company), 경쟁사(Competitor), 고객(Customer)을 분석하는 것이다.

예제 3

L사에서 주력 상품으로 밀고 있는 TV의 판매 이익이 감소하고 있는 상황에서 귀하는 B부장으로부터 3C분석을 통해 해결방안을 강구해 오라는 지시를 받았다. 다음 중 3C에 해당하지 않는 것은?

① Customer　　　　　　　② Company
③ Competitor　　　　　　④ Content

출제의도

3C의 개념과 구성요소를 정확히 숙지하고 있는지를 측정하는 문항이다.

해 설

3C 분석에서 사업 환경을 구성하고 있는 요소인 자사(Company), 경쟁사(Competitor), 고객을 3C(Customer)라고 한다. 3C 분석에서 고객 분석에서는 '고객은 자사의 상품·서비스에 만족하고 있는지'를, 자사 분석에서는 '자사가 세운 달성목표와 현상 간에 차이가 없는지'를, 경쟁사 분석에서는 '경쟁 기업의 우수한 점과 자사의 현상과 차이가 없는지'에 대한 질문을 통해서 환경을 분석하게 된다.

답 ④

  • SWOT 분석 : 기업내부의 강점과 약점, 외부환경의 기회와 위협요인을 분석·평가하여 문제해결 방안을 개발하는 방법이다.

		내부환경요인	
		강점(Strengths)	약점(Weaknesses)
외부환경요인	기회 (Opportunities)	SO 내부강점과 외부기회 요인을 극대화	WO 외부기회를 이용하여 내부약점을 강점으로 전환
	위협 (Threat)	ST 외부위협을 최소화하기 위해 내부강점을 극대화	WT 내부약점과 외부위협을 최소화

ⓛ 문제 도출 : 선정된 문제를 분석하여 해결해야 할 것이 무엇인지를 명확히 하는 단계로, 문제 구조 파악→핵심 문제 선정 단계를 거쳐 수행된다.

- Logic Tree : 문제의 원인을 파고들거나 해결책을 구체화할 때 제한된 시간 안에서 넓이와 깊이를 추구하는데 도움이 되는 기술로 주요 과제를 나무모양으로 분해·정리하는 기술이다.

ⓒ 원인 분석 : 문제 도출 후 파악된 핵심 문제에 대한 분석을 통해 근본 원인을 찾는 단계로 Issue 분석→Data 분석→원인 파악의 절차로 진행된다.

ⓔ 해결안 개발 : 원인이 밝혀지면 이를 효과적으로 해결할 수 있는 다양한 해결안을 개발하고 최선의 해결안을 선택하는 것이 필요하다.

ⓜ 실행 및 평가 : 해결안 개발을 통해 만들어진 실행계획을 실제 상황에 적용하는 활동으로 실행계획 수립→실행→Follow-up의 절차로 진행된다.

예제 4

C사는 최근 국내 매출이 지속적으로 하락하고 있어 사내 분위기가 심상치 않다. 이에 대해 Y부장은 이 문제를 극복하고자 문제처리 팀을 구성하여 해결방안을 모색하도록 지시하였다. 문제처리 팀의 문제해결 절차를 올바른 순서로 나열한 것은?

① 문제 인식→원인 분석→해결안 개발→문제 도출→실행 및 평가
② 문제 도출→문제 인식→해결안 개발→원인 분석→실행 및 평가
③ 문제 인식→원인 분석→문제 도출→해결안 개발→실행 및 평가
④ 문제 인식→문제 도출→원인 분석→해결안 개발→실행 및 평가

출제의도

실제 업무 상황에서 문제가 일어났을 때 해결 절차를 알고 있는지를 측정하는 문항이다.

해 설

일반적인 문제해결절차는 '문제 인식→문제 도출→원인 분석→해결안 개발→실행 및 평가'로 이루어진다.

답 ④

❶ 조직과 개인

(1) 조직

① 조직과 기업

　㉠ 조직 : 두 사람 이상이 공동의 목표를 달성하기 위해 의식적으로 구성된 상호작용과 조정을 행하는 행동의 집합체

　㉡ 기업 : 노동, 자본, 물자, 기술 등을 투입하여 제품이나 서비스를 산출하는 기관

② 조직의 유형

기준	구분	예
공식성	공식조직	조직의 규모, 기능, 규정이 조직화된 조직
	비공식조직	인간관계에 따라 형성된 자발적 조직
영리성	영리조직	사기업
	비영리조직	정부조직, 병원, 대학, 시민단체
조직규모	소규모 조직	가족 소유의 상점
	대규모 조직	대기업

(2) 경영

① 경영의 의미 : 조직의 목적을 달성하기 위한 전략, 관리, 운영활동이다.

② 경영의 구성요소

　㉠ 경영목적 : 조직의 목적을 달성하기 위한 방법이나 과정

　㉡ 인적자원 : 조직의 구성원·인적자원의 배치와 활용

　㉢ 자금 : 경영활동에 요구되는 돈·경영의 방향과 범위 한정

　㉣ 경영전략 : 변화하는 환경에 적응하기 위한 경영활동 체계화

③ 경영자의 역할

대인적 역할	정보적 역할	의사결정적 역할
• 조직의 대표자 • 조직의 리더 • 상징자, 지도자	• 외부환경 모니터 • 변화전달 • 정보전달자	• 문제 조정 • 대외적 협상 주도 • 분쟁조정자, 자원배분자, 협상가

(3) 조직체제 구성요소

① 조직목표 : 전체 조직의 성과, 자원, 시장, 인력개발, 혁신과 변화, 생산성에 대한 목표

② 조직구조 : 조직 내의 부문 사이에 형성된 관계

③ 조직문화 : 조직구성원들 간에 공유하는 생활양식이나 가치

④ 규칙 및 규정 : 조직의 목표나 전략에 따라 수립되어 조직구성원들이 활동범위를 제약하고 일관성을 부여하는 기능

예제 1

주어진 글의 빈칸에 들어갈 말로 가장 적절한 것은?

> 조직이 지속되게 되면 조직구성원들 간 생활양식이나 가치를 공유하게 되는데 이를 조직의 (㉠)라고 한다. 이는 조직구성원들의 사고와 행동에 영향을 미치며 일체감과 정체성을 부여하고 조직이 (㉡)으로 유지되게 한다. 최근 이에 대한 중요성이 부각되면서 긍정적인 방향으로 조성하기 위한 경영층의 노력이 이루어지고 있다.

① ㉠ : 목표, ㉡ : 혁신적　　② ㉠ : 구조, ㉡ : 단계적
③ ㉠ : 문화, ㉡ : 안정적　　④ ㉠ : 규칙, ㉡ : 체계적

출제의도

본 문항은 조직체계의 구성요소들의 개념을 묻는 문제이다.

해　설

조직문화란 조직구성원들 간에 공유하게 되는 생활양식이나 가치를 말한다. 이는 조직구성원들의 사고와 행동에 영향을 미치며 일체감과 정체성을 부여하고 조직이 안정적으로 유지되게 한다.

답 ③

---

(4) 조직변화의 과정

환경변화 인지 → 조직변화 방향 수립 → 조직변화 실행 → 변화결과 평가

(5) 조직과 개인

개인	지식, 기술, 경험 → ← 연봉, 성과급, 인정, 칭찬, 만족감	조직

❷ 조직이해능력을 구성하는 하위능력

(1) 경영이해능력

① 경영 : 조직의 목적을 달성하기 위한 전략, 관리, 운영활동이다.

　㉠ 경영의 구성요소 : 경영목적, 인적자원, 자금, 전략

　㉡ 경영의 과정

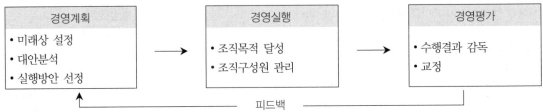

　㉢ 경영활동 유형
- 외부경영활동 : 조직외부에서 조직의 효과성을 높이기 위해 이루어지는 활동이다.
- 내부경영활동 : 조직내부에서 인적, 물적 자원 및 생산기술을 관리하는 것이다.

② 의사결정과정

　㉠ 의사결정의 과정
- 확인 단계 : 의사결정이 필요한 문제를 인식한다.
- 개발 단계 : 확인된 문제에 대하여 해결방안을 모색하는 단계이다.
- 선택 단계 : 해결방안을 마련하며 실행가능한 해결안을 선택한다.

　㉡ 집단의사결정의 특징
- 지식과 정보가 더 많아 효과적인 결정을 할 수 있다.
- 다양한 견해를 가지고 접근할 수 있다.
- 결정된 사항에 대하여 의사결정에 참여한 사람들이 해결책을 수월하게 수용하고, 의사소통의 기회도 향상된다.

- 의견이 불일치하는 경우 의사결정을 내리는데 시간이 많이 소요된다.
- 특정 구성원에 의해 의사결정이 독점될 가능성이 있다.

③ 경영전략

　㉠ 경영전략 추진과정

전략목표설정	환경분석	경영전략 도출	경영전략 실행	평가 및 피드백
• 비전 설정 • 미션 설정	• 내부환경 분석 • 외부환경 분석 (SWOT 등)	• 조직전략 • 사업전략 • 부문전략	• 경영목적 달성	• 경영전략 결과 평가 • 전략목표 및 경영전략 재조명

　㉡ 마이클 포터의 본원적 경쟁전략

		전략적 우위 요소	
		고객들이 인식하는 제품의 특성	원가우위
전략적 목표	산업전체	차별화	원가우위
	산업의 특정부문	집중화	
		(차별화 + 집중화)	(원가우위 + 집중화)

다음은 경영전략을 세우는 방법 중 하나인 SWOT에 따른 어느 기업의 분석결과이다. 다음 중 주어진 기업 분석 결과에 대응하는 전략은?

강점(Strength)	• 차별화된 맛과 메뉴 • 폭넓은 네트워크
약점(Weakness)	• 매출의 계절적 변동폭이 큼 • 딱딱한 기업 이미지
기회(Opportunity)	• 소비자의 수요 트랜드 변화 • 가계의 외식 횟수 증가 • 경기회복 가능성
위협(Threat)	• 새로운 경쟁자의 진입 가능성 • 과도한 가계부채

내부환경 외부환경	강점(Strength)	약점(Weakness)
기회 (Opportunity)	① 계절 메뉴 개발을 통한 분기 매출 확보	② 고객의 소비패턴을 반영한 광고를 통한 이미지 쇄신
위협 (Threat)	③ 소비 트렌드 변화를 반영한 시장 세분화 정책	④ 고급화 전략을 통한 매출 확대

　출제의도

본 문항은 조직이해능력의 하위능력인 경영관리능력을 측정하는 문제이다. 기업에서 경영전략을 세우는데 많이 사용되는 SWOT분석에 대해 이해하고 주어진 분석표를 통해 가장 적절한 경영전략을 도출할 수 있는지를 확인할 수 있다.

　해 설

② 딱딱한 이미지를 현재 소비자의 수요 트렌드라는 환경 변화에 대응하여 바꿀 수 있다.

답 ②

④ 경영참가제도

　ⓐ 목적

　　• 경영의 민주성을 제고할 수 있다.

　　• 공동으로 문제를 해결하고 노사 간의 세력 균형을 이룰 수 있다.

　　• 경영의 효율성을 제고할 수 있다.

　　• 노사 간 상호 신뢰를 증진시킬 수 있다.

　ⓑ 유형

　　• 경영참가 : 경영자의 권한인 의사결정과정에 근로자 또는 노동조합이 참여하는 것

　　• 이윤참가 : 조직의 경영성과에 대하여 근로자에게 배분하는 것

　　• 자본참가 : 근로자가 조직 재산의 소유에 참여하는 것

예제 3

다음은 중국의 H사에서 시행하는 경영참가제도에 대한 기사이다. 밑줄 친 이 제도는 무엇인가?

> H사는 '사람' 중심의 수평적 기업문화가 발달했다. H사는 <u>이 제도</u>의 시행을 통해 직원들이 경영에 간접적으로 참여할 수 있게 하였는데 이에 따라 자연스레 기업에 대한 직원들의 책임 의식도 강화됐다. 참여주주는 8만2471명이다. 모두 H사의 임직원이며, 이 중 창립자인 CEO R은 개인 주주로 총 주식의 1.18%의 지분과 퇴직연금으로 주식총액의 0.21%만을 보유하고 있다.

① 노사협의회제도　　　　　② 이윤분배제도

③ 종업원지주제도　　　　　④ 노동주제도

(2) 체제이해능력

① 조직목표 : 조직이 달성하려는 장래의 상태

　㉠ 조직목표의 기능

- 조직이 존재하는 정당성과 합법성 제공
- 조직이 나아갈 방향 제시
- 조직구성원 의사결정의 기준
- 조직구성원 행동수행의 동기유발
- 수행평가 기준
- 조직설계의 기준

　㉡ 조직목표의 특징

- 공식적 목표와 실제적 목표가 다를 수 있음
- 다수의 조직목표 추구 가능
- 조직목표 간 위계적 상호관계가 있음
- 가변적 속성
- 조직의 구성요소와 상호관계를 가짐

② 조직구조

　㉠ 조직구조의 결정요인 : 전략, 규모, 기술, 환경

　㉡ 조직구조의 유형과 특징

유형	특징
기계적 조직	• 구성원들의 업무가 분명하게 규정 • 엄격한 상하 간 위계질서 • 다수의 규칙과 규정 존재
유기적 조직	• 비공식적인 상호의사소통 • 급변하는 환경에 적합한 조직

③ 조직문화

　㉠ 조직문화 기능

- 조직구성원들에게 일체감, 정체성 부여
- 조직몰입 향상
- 조직구성원들의 행동지침 : 사회화 및 일탈행동 통제
- 조직의 안정성 유지

　㉡ 조직문화 구성요소(7S) : 공유가치(Shared Value), 리더십 스타일(Style), 구성원(Staff), 제도 · 절차(System), 구조(Structure), 전략(Strategy), 스킬(Skill)

④ 조직 내 집단
　　㉠ 공식적 집단 : 조직에서 의식적으로 만든 집단으로 집단의 목표, 임무가 명확하게 규정되어 있다.
　　　　예 임시위원회, 작업팀 등
　　㉡ 비공식적 집단 : 조직구성원들의 요구에 따라 자발적으로 형성된 집단이다.
　　　　예 스터디모임, 봉사활동 동아리, 각종 친목회 등

(3) 업무이해능력

① 업무 : 상품이나 서비스를 창출하기 위한 생산적인 활동이다.
　　㉠ 업무의 종류

부서	업무(예)
총무부	주주총회 및 이사회개최 관련 업무, 의전 및 비서업무, 집기비품 및 소모품의 구입과 관리, 사무실 임차 및 관리, 차량 및 통신시설의 운영, 국내외 출장 업무 협조, 복리후생 업무, 법률자문과 소송관리, 사내외 홍보 광고업무 등
인사부	조직기구의 개편 및 조정, 업무분장 및 조정, 인력수급계획 및 관리, 직무 및 정원의 조정 종합, 노사관리, 평가관리, 상벌관리, 인사발령, 교육체계 수립 및 관리, 임금제도, 복리후생제도 및 지원업무, 복무관리, 퇴직관리 등
기획부	경영계획 및 전략 수립, 전사기획업무 종합 및 조정, 중장기 사업계획의 종합 및 조정, 경영정보 조사 및 기획보고, 경영진단업무, 종합예산수립 및 실적관리, 단기사업계획 종합 및 조정, 사업계획, 손익추정, 실적관리 및 분석 등
회계부	회계제도의 유지 및 관리, 재무상태 및 경영실적 보고, 결산 관련 업무, 재무제표분석 및 보고, 법인세, 부가가치세, 국세 지방세 업무자문 및 지원, 보험가입 및 보상업무, 고정자산 관련 업무 등
영업부	판매 계획, 판매예산의 편성, 시장조사, 광고 선전, 견적 및 계약, 제조지시서의 발행, 외상매출금의 청구 및 회수, 제품의 재고 조절, 거래처로부터의 불만처리, 제품의 애프터서비스, 판매원가 및 판매가격의 조사 검토 등

다음은 I기업의 조직도와 팀장님의 지시사항이다. H씨가 팀장님의 심부름을 수행하기 위해 연락해야 할 부서로 옳은 것은?

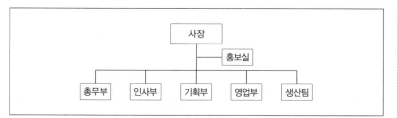

H씨! 내가 지금 너무 바빠서 그러는데 부탁 좀 들어줄래요? 다음 주 중에 사장님 모시고 클라이언트와 만나야 할 일이 있으니까 사장님 일정을 확인해주시구요. 이번 달에 신입사원 교육·훈련계획이 있었던 것 같은데 정확한 시간이랑 날짜를 확인해주세요.

① 총무부, 인사부
② 총무부, 홍보실
③ 기획부, 총무부
④ 영업부, 기획부

조직도와 부서의 명칭을 보고 개략적인 부서의 소관 업무를 분별할 수 있는지를 묻는 문항이다.

사장의 일정에 관한 사항은 비서실에서 관리하나 비서실이 없는 회사의 경우 총무부(또는 팀)에서 비서업무를 담당하기도 한다. 또한 신입사원 관리 및 교육은 인사부에서 관리한다.

답 ①

　　ⓛ 업무의 특성
　　　• 공통된 조직의 목적 지향
　　　• 요구되는 지식, 기술, 도구의 다양성
　　　• 다른 업무와의 관계, 독립성
　　　• 업무수행의 자율성, 재량권

② 업무수행 계획
　　㉠ 업무지침 확인 : 조직의 업무지침과 나의 업무지침을 확인한다.
　　㉡ 활용 자원 확인 : 시간, 예산, 기술, 인간관계
　　㉢ 업무수행 시트 작성
　　　• 간트 차트 : 단계별로 업무의 시작과 끝 시간을 바 형식으로 표현
　　　• 워크 플로 시트 : 일의 흐름을 동적으로 보여줌
　　　• 체크리스트 : 수행수준 달성을 자가점검

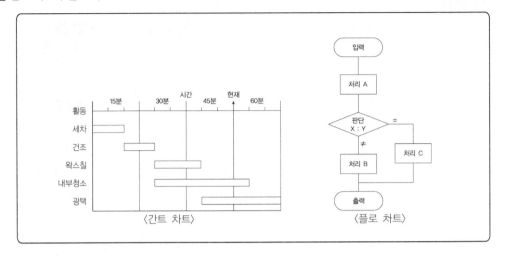

〈간트 차트〉　　　　　　〈플로 차트〉

예제 5

다음 중 업무수행 시 단계별로 업무를 시작해서 끝나는 데까지 걸리는 시간을 바 형식으로 표시하여 전체 일정 및 단계별로 소요되는 시간과 각 업무활동 사이의 관계를 볼 수 있는 업무수행 시트는?

① 간트 차트
② 워크 플로 차트
③ 체크리스트
④ 퍼트 차트

출제의도

업무수행 계획을 수립할 때 간트 차트, 워크 플로 시트, 체크리스트 등의 수단을 이용하면 효과적으로 계획하고 마지막에 급하게 일을 처리하지 않고 주어진 시간 내에 끝마칠 수 있다. 본 문항은 그러한 수단이 되는 차트들의 이해도를 묻는 문항이다.

해　설

② 일의 절차 처리의 흐름을 표현하기 위해 기호를 써서 도식화한 것
③ 업무를 세부적으로 나누고 각 활동별로 수행수준을 달성했는지를 확인하는 데 효과적
④ 하나의 사업을 수행하는 데 필요한 다수의 세부사업을 단계와 활동으로 세분하여 관련된 계획 공정으로 묶고, 각 활동의 소요시간을 낙관시간, 최가능시간, 비관시간 등 세 가지로 추정하고 이를 평균하여 기대시간을 추정

답 ①

③ 업무 방해요소

　㉠ 다른 사람의 방문, 인터넷, 전화, 메신저 등

　㉡ 갈등관리

　㉢ 스트레스

(4) 국제감각

① 세계화와 국제경영

　　㉠ 세계화 : 3Bs(국경 ; Border,　경계 ; Boundary,　장벽 ; Barrier)가 완화되면서 활동범위가 세계로 확대되는 현상이다.

　　㉡ 국제경영 : 다국적 내지 초국적 기업이 등장하여 범지구적 시스템과 네트워크 안에서 기업 활동이 이루어지는 것이다.

② 이문화 커뮤니케이션 : 서로 상이한 문화 간 커뮤니케이션으로 직업인이 자신의 일을 수행하는 가운데 문화배경을 달리하는 사람과 커뮤니케이션을 하는 것이 이에 해당한다. 이문화 커뮤니케이션은 언어적 커뮤니케이션과 비언어적 커뮤니케이션으로 구분된다.

③ 국제 동향 파악 방법

　　㉠ 관련 분야 해외사이트를 방문해 최신 이슈를 확인한다.

　　㉡ 매일 신문의 국제면을 읽는다.

　　㉢ 업무와 관련된 국제잡지를 정기구독 한다.

　　㉣ 고용노동부, 한국산업인력공단, 산업통상자원부, 중소벤처기업부, 대한상공회의소, 산업별인적자원개발협의체 등의 사이트를 방문해 국제동향을 확인한다.

　　㉤ 국제학술대회에 참석한다.

　　㉥ 업무와 관련된 주요 용어의 외국어를 알아둔다.

　　㉦ 해외서점 사이트를 방문해 최신 서적 목록과 주요 내용을 파악한다.

　　㉧ 외국인 친구를 사귀고 대화를 자주 나눈다.

④ 대표적인 국제매너

　　㉠ 미국인과 인사할 때에는 눈이나 얼굴을 보는 것이 좋으며 오른손으로 상대방의 오른손을 힘주어 잡았다가 놓아야 한다.

　　㉡ 러시아와 라틴아메리카 사람들은 인사할 때에 포옹을 하는 경우가 있는데 이는 친밀함의 표현이므로 자연스럽게 받아주는 것이 좋다.

　　㉢ 명함은 받으면 꾸기거나 계속 만지지 않고 한 번 보고나서 탁자 위에 보이는 채로 대화하거나 명함집에 넣는다.

　　㉣ 미국인들은 시간 엄수를 중요하게 생각하므로 약속시간에 늦지 않도록 주의한다.

　　㉤ 스프를 먹을 때에는 몸쪽에서 바깥쪽으로 숟가락을 사용한다.

　　㉥ 생선요리는 뒤집어 먹지 않는다.

　　㉦ 빵은 스프를 먹고 난 후부터 디저트를 먹을 때까지 먹는다.

① 자원과 자원관리

(1) 자원

① 자원의 종류 : 시간, 돈, 물적자원, 인적자원

② 자원의 낭비요인 : 비계획적 행동, 편리성 추구, 자원에 대한 인식 부재, 노하우 부족

(2) 자원관리 기본 과정

① 필요한 자원의 종류와 양 확인

② 이용 가능한 자원 수집하기

③ 자원 활용 계획 세우기

④ 계획대로 수행하기

예제 1

당신은 A출판사 교육훈련 담당자이다. 조직의 효율성을 높이기 위해 전사적인 시간관리에 대한 교육을 실시하기로 하였지만 바쁜 일정 상 직원들을 집합교육에 동원할 수 있는 시간은 제한적이다. 다음 중 귀하가 최우선의 교육 대상으로 삼아야 하는 것은 어느 부분인가?

구분	긴급한 일	긴급하지 않은 일
중요한 일	제1사분면	제2사분면
중요하지 않은 일	제3사분면	제4사분면

출제의도

주어진 일들을 중요도와 긴급도에 따른 시간관리 매트릭스에서 우선순위를 구분할 수 있는가를 측정하는 문항이다.

① 중요하고 긴급한 일로 위기사항이나 급박한 문제, 기간이 정해진 프로젝트 등이 해당되는 제1사분면

② 긴급하지는 않지만 중요한 일로 인간관계구축이나 새로운 기회의 발굴, 중장기 계획 등이 포함되는 제2사분면

③ 긴급하지만 중요하지 않은 일로 잠깐의 급한 질문, 일부 보고서, 눈 앞의 급박한 사항이 해당되는 제3사분면

④ 중요하지 않고 긴급하지 않은 일로 하찮은 일이나 시간낭비거리, 즐거운 활동 등이 포함되는 제4사분면

2 자원관리능력을 구성하는 하위능력

(1) 시간관리능력

① 시간의 특성

　㉠ 시간은 매일 주어지는 기적이다.

　㉡ 시간은 똑같은 속도로 흐른다.

　㉢ 시간의 흐름은 멈추게 할 수 없다.

　㉣ 시간은 꾸거나 저축할 수 없다.

　㉤ 시간은 사용하기에 따라 가치가 달라진다.

② 시간관리의 효과

　㉠ 생산성 향상

　㉡ 가격 인상

　㉢ 위험 감소

　㉣ 시장 점유율 증가

③ 시간계획

　㉠ 개념 : 시간 자원을 최대한 활용하기 위하여 가장 많이 반복되는 일에 가장 많은 시간을 분배하고, 최단시간에 최선의 목표를 달성하는 것을 의미한다.

　㉡ 60 : 40의 Rule

계획된 행동 (60%)	계획 외의 행동 (20%)	자발적 행동 (20%)
총 시간		

예제 2

유아용품 홍보팀의 사원 은이씨는 일산 킨텍스에서 열리는 유아용품박람회에 참여하고자 한다. 당일 회의 후 출발해야 하며 회의 종료 시간은 오후 3시이다.

장소	일시
일산 킨텍스 제2전시장	2016. 1. 20(금) PM 15:00~19:00 * 입장가능시간은 종료 2시간 전 까지

오시는 길
지하철 : 4호선 대화역(도보 30분 거리)
버스 : 8109번, 8407번(도보 5분 거리)

• 회사에서 버스정류장 및 지하철역까지 소요시간

출발지	도착지		소요시간
회사	×× 정류장	도보	15분
		택시	5분
	지하철역	도보	30분
		택시	10분

• 일산 킨텍스 가는 길

교통편	출발지	도착지	소요시간
지하철	강남역	대화역	1시간 25분
버스	×× 정류장	일산 킨텍스 정류장	1시간 45분

위의 제시 상황을 보고 은이씨가 선택할 교통편으로 가장 적절한 것은?

① 도보 – 지하철　　　　　② 도보 – 버스
③ 택시 – 지하철　　　　　④ 택시 – 버스

출제의도

주어진 여러 시간정보를 수집하여 실제 업무 상황에서 시간자원을 어떻게 활용할 것인지 계획하고 할당하는 능력을 측정하는 문항이다.

해 설

④ 택시로 버스정류장까지 이동해서 버스를 타고 가게 되면 택시(5분), 버스(1시간 45분), 도보(5분)으로 1시간 55분이 걸린다.
① 도보–지하철 : 도보(30분), 지하철(1시간 25분), 도보(30분)이므로 총 2시간 25분이 걸린다.
② 도보–버스 : 도보(15분), 버스(1시간 45분), 도보(5분)이므로 총 2시간 5분이 걸린다.
③ 택시–지하철 : 택시(10분), 지하철(1시간 25분), 도보(30분)이므로 총 2시간 5분이 걸린다.

답 ④

(2) 예산관리능력

① 예산과 예산관리

   ⊙ 예산 : 필요한 비용을 미리 헤아려 계산하는 것이나 그 비용을 말한다.

   ⓛ 예산관리 : 활동이나 사업에 소요되는 비용을 산정하고, 예산을 편성하는 것뿐만 아니라 예산을 통제하는 것 모두를 포함한다.

② 예산의 구성요소

비용	직접비용	재료비, 원료와 장비, 시설비, 여행(출장) 및 잡비, 인건비 등
	간접비용	보험료, 건물관리비, 광고비, 통신비, 사무비품비, 각종 공과금 등

③ 예산수립 과정 : 필요한 과업 및 활동 구명 → 우선순위 결정 → 예산 배정

예제 3

당신은 가을 체육대회에서 총무를 맡으라는 지시를 받았다. 다음과 같은 계획에 따라 예산을 진행하였으나 확보된 예산이 생각보다 적게 되어 불가피하게 비용항목을 줄여야 한다. 다음 중 귀하가 비용 항목을 없애기에 가장 적절한 것은 무엇인가?

〈○○산업공단 춘계 1차 워크숍〉

1. 해당부서 : 인사관리팀, 영업팀, 재무팀
2. 일　　　정 : 2016년 4월 21일~23일(2박 3일)
3. 장　　　소 : 강원도 속초 ○○연수원
4. 행사내용 : 바다열차탑승, 체육대회, 친교의 밤 행사, 기타

① 숙박비　　　　　　　　　　② 식비
③ 교통비　　　　　　　　　　④ 기념품비

출제의도

업무에 소요되는 예산 중 꼭 필요한 것과 예산을 감축해야할 때 삭제 또는 감축이 가능한 것을 구분해내는 능력을 묻는 문항이다.

해설

한정된 예산을 가지고 과업을 수행할 때에는 중요도를 기준으로 예산을 사용한다. 위와 같이 불가피하게 비용 항목을 줄여야 한다면 기본적인 항목인 숙박비, 식비, 교통비는 유지되어야 하기에 항목을 없애기 가장 적절한 정답은 ④번이 된다.

답 ④

(3) 물적관리능력

① 물적자원의 종류

  ㉠ 자연자원 : 자연상태 그대로의 자원 ex) 석탄, 석유 등

  ㉡ 인공자원 : 인위적으로 가공한 자원 ex) 시설, 장비 등

② 물적자원관리 : 물적자원을 효과적으로 관리할 경우 경쟁력 향상이 향상되어 과제 및 사업의 성공으로 이어지며, 관리가 부족할 경우 경제적 손실로 인해 과제 및 사업의 실패 가능성이 커진다.

③ 물적자원 활용의 방해요인

  ㉠ 보관 장소의 파악 문제

  ㉡ 훼손

  ㉢ 분실

④ 물적자원관리 과정

과정	내용
사용 물품과 보관 물품의 구분	• 반복 작업 방지 • 물품활용의 편리성
동일 및 유사 물품으로의 분류	• 동일성의 원칙 • 유사성의 원칙
물품 특성에 맞는 보관 장소 선정	• 물품의 형상 • 물품의 소재

S호텔의 외식사업부 소속인 K씨는 예약일정 관리를 담당하고 있다. 아래의 예약일정과 정보를 보고 K씨의 판단으로 옳지 않은 것은?

〈S호텔 일식 뷔페 1월 ROOM 예약 일정〉

* 예약 : ROOM 이름(시작시간)

SUN	MON	TUE	WED	THU	FRI	SAT
					1	2
					백합(16)	장미(11) 백합(15)
3	4	5	6	7	8	9
라일락(15)		백향목(10) 백합(15)	장미(10) 백향목(17)	백합(11) 라일락(18)	백향목(15)	장미(10) 라일락(15)

ROOM 구분	수용가능인원	최소투입인력	연회장 이용시간
백합	20	3	2시간
장미	30	5	3시간
라일락	25	4	2시간
백향목	40	8	3시간

– 오후 9시에 모든 업무를 종료함
– 한 타임 끝난 후 1시간씩 세팅 및 정리
– 동 시간 대 서빙 투입인력은 총 10명을 넘을 수 없음

안녕하세요. 1월 첫째 주 또는 둘째 주에 신년회 행사를 위해 ROOM을 예약하려고 하는데요. 저희 동호회의 총 인원은 27명이고 오후 8시쯤 마무리하려고 합니다. 신정과 주말, 월요일은 피하고 싶습니다. 예약이 가능할까요?

① 인원을 고려했을 때 장미ROOM과 백향목ROOM이 적합하겠군
② 만약 2명이 안 온다면 예약 가능한 ROOM이 늘어나겠구나
③ 조건을 고려했을 때 예약 가능한 ROOM은 5일 장미ROOM뿐이겠구나
④ 오후 5시부터 8시까지 가능한 ROOM을 찾아야해

출제의도

주어진 정보와 일정표를 토대로 이용 가능한 물적자원을 확보하여 이를 정확하게 안내할 수 있는 능력을 측정하는 문항이다. 고객이 제공한 정보를 정확하게 파악하고 그 조건 안에서 가능한 자원을 제공할 수 있어야 한다.

해 설

③ 조건을 고려했을 때 5일 장미 ROOM과 7일 장미ROOM이 예약 가능하다.
① 참석 인원이 27명이므로 30명 수용 가능한 장미ROOM과 40명 수용 가능한 백향목ROOM 두 곳이 적합하다.
② 만약 2명이 안 온다면 총 참석인원 25명이므로 라일락ROOM, 장미 ROOM, 백향목ROOM이 예약 가능하다.
④ 오후 8시에 마무리하려고 계획하고 있으므로 적절하다.

답 ③

(4) 인적자원관리능력

① 인맥 : 가족, 친구, 직장동료 등 자신과 직접적인 관계에 있는 사람들인 핵심인맥과 핵심인맥들로부터 알게 된 파생인맥이 존재한다.

② 인적자원의 특성 : 능동성, 개발가능성, 전략적 자원

③ 인력배치의 원칙

    ㉠ 적재적소주의 : 팀의 효율성을 높이기 위해 팀원의 능력이나 성격 등과 가장 적합한 위치에 배치하여 팀원 개개인의 능력을 최대로 발휘해 줄 것을 기대하는 것

    ㉡ 능력주의 : 개인에게 능력을 발휘할 수 있는 기회와 장소를 부여하고 그 성과를 바르게 평가하며 평가된 능력과 실적에 대해 그에 상응하는 보상을 주는 원칙

    ㉢ 균형주의 : 모든 팀원에 대한 적재적소를 고려

④ 인력배치의 유형

    ㉠ 양적 배치 : 부문의 작업량과 조업도, 여유 또는 부족 인원을 감안하여 소요인원을 결정하여 배치하는 것

    ㉡ 질적 배치 : 적재적소의 배치

    ㉢ 적성 배치 : 팀원의 적성 및 흥미에 따라 배치하는 것

예제 5

최근 조직개편 및 연봉협상 과정에서 직원들의 불만이 높아지고 있다. 온갖 루머가 난무한 가운데 인사팀원인 당신에게 사내 게시판의 직원 불만사항에 대한 진위여부를 파악하고 대안을 세우라는 팀장의 지시를 받았다. 다음 중 당신이 조치를 취해야 하는 직원은 누구인가?

① 사원 A는 팀장으로부터 업무 성과가 탁월하다는 평가를 받았는데도 조직개편으로 인한 부서 통합으로 인해 승진을 못한 것이 불만이다.

② 사원 B는 회사가 예년에 비해 높은 영업 이익을 얻었는데도 불구하고 연봉 인상에 인색한 것이 불만이다.

③ 사원 C는 회사가 급여 정책을 변경해서 고정급 비율을 낮추고 기본급과 인센티브를 지급하는 제도로 바꾼 것이 불만이다.

④ 사원 D는 입사 동기인 동료가 자신보다 업무 실적이 좋지 않고 불성실한 근무태도를 가지고 있는데, 팀장과의 친분으로 인해 자신보다 높은 평가를 받은 것이 불만이다.

출제의도

주어진 직원들의 정보를 통해 시급하게 진위여부를 가리고 조치하여 인력배치를 해야 하는 사항을 확인하는 문제이다.

해 설

사원 A, B, C는 각각 조직 정책에 대한 불만이기에 논의를 통해 조직적으로 대처하는 것이 옳지만, 사원 D는 팀장의 독단적인 전횡에 대한 불만이기 때문에 조사하여 시급히 조치할 필요가 있다. 따라서 가장 적절한 답은 ④번이 된다.

답 ④

① 직장생활과 수리능력

(1) 기초직업능력으로서의 수리능력

① 개념 : 직장생활에서 요구되는 사칙연산과 기초적인 통계를 이해하고 도표의 의미를 파악하거나 도표를 이용해서 결과를 효과적으로 제시하는 능력을 말한다.

② 수리능력은 크게 기초연산능력, 기초통계능력, 도표분석능력, 도표작성능력으로 구성된다.

    ㉠ 기초연산능력 : 직장생활에서 필요한 기초적인 사칙연산과 계산방법을 이해하고 활용할 수 있는 능력

    ㉡ 기초통계능력 : 평균, 합계, 빈도 등 직장생활에서 자주 사용되는 기초적인 통계기법을 활용하여 자료의 특성과 경향성을 파악하는 능력

    ㉢ 도표분석능력 : 그래프, 그림 등 도표의 의미를 파악하고 필요한 정보를 해석하는 능력

    ㉣ 도표작성능력 : 도표를 이용하여 결과를 효과적으로 제시하는 능력

(2) 업무수행에서 수리능력이 활용되는 경우

① 업무상 계산을 수행하고 결과를 정리하는 경우

② 업무비용을 측정하는 경우

③ 고객과 소비자의 정보를 조사하고 결과를 종합하는 경우

④ 조직의 예산안을 작성하는 경우

⑤ 업무수행 경비를 제시해야 하는 경우

⑥ 다른 상품과 가격비교를 하는 경우

⑦ 연간 상품 판매실적을 제시하는 경우

⑧ 업무비용을 다른 조직과 비교해야 하는 경우

⑨ 상품판매를 위한 지역조사를 실시해야 하는 경우

⑩ 업무수행과정에서 도표로 주어진 자료를 해석하는 경우

⑪ 도표로 제시된 업무비용을 측정하는 경우

다음 자료를 보고 주어진 상황에 대한 물음에 답하시오.

〈근로소득에 대한 간이 세액표〉

월 급여액(천 원) [비과세 및 학자금 제외]		공제대상 가족 수				
이상	미만	1	2	3	4	5
2,500	2,520	38,960	29,280	16,940	13,570	10,190
2,520	2,540	40,670	29,960	17,360	13,990	10,610
2,540	2,560	42,380	30,640	17,790	14,410	11,040
2,560	2,580	44,090	31,330	18,210	14,840	11,460
2,580	2,600	45,800	32,680	18,640	15,260	11,890
2,600	2,620	47,520	34,390	19,240	15,680	12,310
2,620	2,640	49,230	36,100	19,900	16,110	12,730
2,640	2,660	50,940	37,810	20,560	16,530	13,160
2,660	2,680	52,650	39,530	21,220	16,960	13,580
2,680	2,700	54,360	41,240	21,880	17,380	14,010
2,700	2,720	56,070	42,950	22,540	17,800	14,430
2,720	2,740	57,780	44,660	23,200	18,230	14,850
2,740	2,760	59,500	46,370	23,860	18,650	15,280

※ 갑근세는 제시되어 있는 간이 세액표에 따름
※ 주민세＝갑근세의 10%
※ 국민연금＝급여액의 4.50%
※ 고용보험＝국민연금의 10%
※ 건강보험＝급여액의 2.90%
※ 교육지원금＝분기별 100,000원(매 분기별 첫 달에 지급)

박○○ 사원의 5월 급여내역이 다음과 같고 전월과 동일하게 근무하였으나, 특별수당은 없고 차량지원금으로 100,000원을 받게 된다면, 6월에 받게 되는 급여는 얼마인가? (단, 원 단위 절삭)

(주) 서원플랜테크 5월 급여내역			
성명	박○○	지급일	5월 12일
기본급여	2,240,000	갑근세	39,530
직무수당	400,000	주민세	3,950
명절 상여금		고용보험	11,970
특별수당	20,000	국민연금	119,700
차량지원금		건강보험	77,140
교육지원		기타	
급여계	2,660,000	공제합계	252,290
		지급총액	2,407,710

① 2,443,910
② 2,453,910
③ 2,463,910
④ 2,473,910

(3) 수리능력의 중요성

① 수학적 사고를 통한 문제해결

② 직업세계의 변화에의 적응

③ 실용적 가치의 구현

(4) 단위환산표

구분	단위환산
길이	$1cm = 10mm$, $1m = 100cm$, $1km = 1,000m$
넓이	$1cm^2 = 100mm^2$, $1m^2 = 10,000cm^2$, $1km^2 = 1,000,000m^2$
부피	$1cm^3 = 1,000mm^3$, $1m^3 = 1,000,000cm^3$, $1km^3 = 1,000,000,000m^3$
들이	$1m\ell = 1cm^3$, $1d\ell = 100cm^3$, $1L = 1,000cm^3 = 10d\ell$
무게	$1kg = 1,000g$, $1t = 1,000kg = 1,000,000g$
시간	1분 = 60초, 1시간 = 60분 = 3,600초
할푼리	1푼 = 0.1할, 1리 = 0.01할, 1모 = 0.001할

예제 2

둘레의 길이가 4.4km인 정사각형 모양의 공원이 있다. 이 공원의 넓이는 몇 a 인가?

① 12,100a

② 1,210a

③ 121a

④ 12.1a

출제의도

길이, 넓이, 부피, 들이, 무게, 시간, 속도 등 단위에 대한 기본적인 환산 능력을 평가하는 문제로서, 소수점 계산이 필요하며, 자릿수를 읽고 구분할 줄 알아야 한다.

해 설

공원의 한 변의 길이는

$4.4 \div 4 = 1.1(km)$ 이고

$1km^2 = 10,000a$ 이므로

공원의 넓이는

$1.1km \times 1.1km = 1.21km^2 = 12,100a$

답 ①

2 수리능력을 구성하는 하위능력

(1) 기초연산능력

① 사칙연산 : 수에 관한 덧셈, 뺄셈, 곱셈, 나눗셈의 네 종류의 계산법으로 업무를 원활하게 수행하기 위해서는 기본적인 사칙연산뿐만 아니라 다단계의 복잡한 사칙연산까지도 수행할 수 있어야 한다.

② 검산 : 연산의 결과를 확인하는 과정으로 대표적인 검산방법으로 역연산과 구거법이 있다.

  ㉠ 역연산 : 덧셈은 뺄셈으로, 뺄셈은 덧셈으로, 곱셈은 나눗셈으로, 나눗셈은 곱셈으로 확인하는 방법이다.

  ㉡ 구거법 : 원래의 수와 각 자리 수의 합이 9로 나눈 나머지가 같다는 원리를 이용한 것으로 9를 버리고 남은 수로 계산하는 것이다.

예제 3

다음 식을 바르게 계산한 것은?

$$1 + \frac{2}{3} + \frac{1}{2} - \frac{3}{4}$$

① $\frac{13}{12}$　　　　　　　② $\frac{15}{12}$

③ $\frac{17}{12}$　　　　　　　④ $\frac{19}{12}$

출제의도

직장생활에서 필요한 기초적인 사칙연산과 계산방법을 이해하고 활용할 수 있는 능력을 평가하는 문제로서, 분수의 계산과 통분에 대한 기본적인 이해가 필요하다.

해 설

$$\frac{12}{12} + \frac{8}{12} + \frac{6}{12} - \frac{9}{12} = \frac{17}{12}$$

답 ③

---

(2) 기초통계능력

① 업무수행과 통계

  ㉠ 통계의 의미 : 통계란 집단현상에 대한 구체적인 양적 기술을 반영하는 숫자이다.

  ㉡ 업무수행에 통계를 활용함으로써 얻을 수 있는 이점

   • 많은 수량적 자료를 처리가능하고 쉽게 이해할 수 있는 형태로 축소

   • 표본을 통해 연구대상 집단의 특성을 유추

   • 의사결정의 보조수단

   • 관찰 가능한 자료를 통해 논리적으로 결론을 추출·검증

ⓒ 기본적인 통계치

- 빈도와 빈도분포 : 빈도란 어떤 사건이 일어나거나 증상이 나타나는 정도를 의미하며, 빈도분포란 빈도를 표나 그래프로 종합적으로 표시하는 것이다.
- 평균 : 모든 사례의 수치를 합한 후 총 사례 수로 나눈 값이다.
- 백분율 : 전체의 수량을 100으로 하여 생각하는 수량이 그중 몇이 되는가를 퍼센트로 나타낸 것이다.

② 통계기법

　ⓐ 범위와 평균

- 범위 : 분포의 흩어진 정도를 가장 간단히 알아보는 방법으로 최곳값에서 최젓값을 뺀 값을 의미한다.
- 평균 : 집단의 특성을 요약하기 위해 가장 자주 활용하는 값으로 모든 사례의 수치를 합한 후 총 사례 수로 나눈 값이다.
- 관찰값이 1, 3, 5, 7, 9일 경우 범위는 $9 - 1 = 8$이 되고, 평균은 $\dfrac{1+3+5+7+9}{5} = 5$가 된다.

　ⓑ 분산과 표준편차

- 분산 : 관찰값의 흩어진 정도로, 각 관찰값과 평균값의 차의 제곱의 평균이다.
- 표준편차 : 평균으로부터 얼마나 떨어져 있는가를 나타내는 개념으로 분산값의 제곱근 값이다.
- 관찰값이 1, 2, 3이고 평균이 2인 집단의 분산은 $\dfrac{(1-2)^2 + (2-2)^2 + (3-2)^2}{3} = \dfrac{2}{3}$이고 표준편차는 분산값의 제곱근 값인 $\sqrt{\dfrac{2}{3}}$ 이다.

③ 통계자료의 해석

　ⓐ 다섯숫자요약

- 최솟값 : 원자료 중 값의 크기가 가장 작은 값
- 최댓값 : 원자료 중 값의 크기가 가장 큰 값
- 중앙값 : 최솟값부터 최댓값까지 크기에 의하여 배열했을 때 중앙에 위치하는 사례의 값
- 하위 25%값 · 상위 25%값 : 원자료를 크기 순으로 배열하여 4등분한 값

　ⓑ 평균값과 중앙값 : 평균값과 중앙값은 그 개념이 다르기 때문에 명확하게 제시해야 한다.

인터넷 쇼핑몰에서 회원가입을 하고 디지털캠코더를 구매하려고 한다. 다음은 구입하고자 하는 모델에 대하여 인터넷 쇼핑몰 세 곳의 가격과 조건을 제시한 표이다. 표에 있는 모든 혜택을 적용하였을 때 디지털캠코더의 배송비를 포함한 실제 구매가격을 바르게 비교한 것은?

구분	A 쇼핑몰	B 쇼핑몰	C 쇼핑몰
정상가격	129,000원	131,000원	130,000원
회원혜택	7,000원 할인	3,500원 할인	7% 할인
할인쿠폰	5% 쿠폰	3% 쿠폰	5,000원
중복할인여부	불가	가능	불가
배송비	2,000원	무료	2,500원

① A<B<C
② B<C<A
③ C<A<B
④ C<B<A

직장생활에서 자주 사용되는 기초적인 통계기법을 활용하여 자료의 특성과 경향성을 파악하는 능력이 요구되는 문제이다.

㉠ A 쇼핑몰
- 회원혜택을 선택한 경우 : 129,000 −7,000 + 2,000 = 124,000(원)
- 5% 할인쿠폰을 선택한 경우 : 129,000 × 0.95 + 2,000 = 124,550
㉡ B 쇼핑몰 : 131,000 × 0.97 − 3,500 = 123,570
㉢ C 쇼핑몰
- 회원혜택을 선택한 경우 : 130,000 × 0.93 + 2,500 = 123,400
- 5,000원 할인쿠폰을 선택한 경우 : 130,000 − 5,000 + 2,500 = 127,500
∴ C<B<A

답 ④

(3) 도표분석능력

① 도표의 종류

　㉠ 목적별 : 관리(계획 및 통제), 해설(분석), 보고

　㉡ 용도별 : 경과 그래프, 내역 그래프, 비교 그래프, 분포 그래프, 상관 그래프, 계산 그래프

　㉢ 형상별 : 선 그래프, 막대 그래프, 원 그래프, 점 그래프, 층별 그래프, 레이더 차트

② 도표의 활용

　㉠ 선 그래프

　　• 주로 시간의 경과에 따라 수량에 의한 변화 상황(시계열 변화)을 절선의 기울기로 나타내는 그래프이다.

　　• 경과, 비교, 분포를 비롯하여 상관관계 등을 나타낼 때 쓰인다.

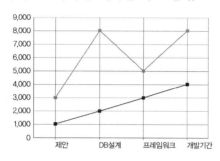

　㉡ 막대 그래프

　　• 비교하고자 하는 수량을 막대 길이로 표시하고 그 길이를 통해 수량 간의 대소관계를 나타내는 그래프이다.

　　• 내역, 비교, 경과, 도수 등을 표시하는 용도로 쓰인다.

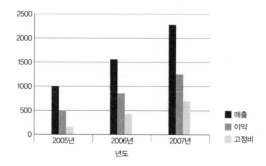

　㉢ 원 그래프

　　• 내역이나 내용의 구성비를 원을 분할하여 나타낸 그래프이다.

　　• 전체에 대해 부분이 차지하는 비율을 표시하는 용도로 쓰인다.

ⓔ 점 그래프
- 종축과 횡축에 2요소를 두고 보고자 하는 것이 어떤 위치에 있는가를 나타내는 그래프이다.
- 지역분포를 비롯하여 도시, 기방, 기업, 상품 등의 평가나 위치·성격을 표시하는데 쓰인다.

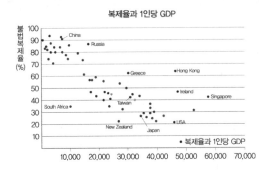

ⓜ 층별 그래프
- 선 그래프의 변형으로 연속내역 봉 그래프라고 할 수 있다. 선과 선 사이의 크기로 데이터 변화를 나타낸다.
- 합계와 부분의 크기를 백분율로 나타내고 시간적 변화를 보고자 할 때나 합계와 각 부분의 크기를 실수로 나타내고 시간적 변화를 보고자 할 때 쓰인다.

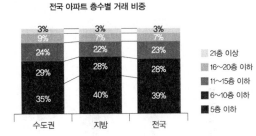

ⓑ 레이더 차트(거미줄 그래프)
- 원 그래프의 일종으로 비교하는 수량을 직경, 또는 반경으로 나누어 원의 중심에서의 거리에 따라 각 수량의 관계를 나타내는 그래프이다.
- 비교하거나 경과를 나타내는 용도로 쓰인다.

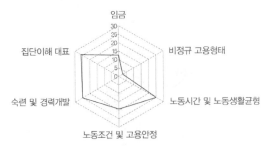

③ 도표 해석상의 유의사항

   ㉠ 요구되는 지식의 수준을 넓힌다.

   ㉡ 도표에 제시된 자료의 의미를 정확히 숙지한다.

   ㉢ 도표로부터 알 수 있는 것과 없는 것을 구별한다.

   ㉣ 총량의 증가와 비율의 증가를 구분한다.

   ㉤ 백분위수와 사분위수를 정확히 이해하고 있어야 한다.

예제 5

다음 표는 2009 ~ 2010년 지역별 직장인들의 자기개발에 관해 조사한 내용을 정리한 것이다. 이에 대한 분석으로 옳은 것은?

(단위 : %)

연도 / 지역 / 구분	2009				2010			
	자기개발하고 있음	자기개발 비용 부담 주체			자기개발하고 있음	자기개발 비용 부담 주체		
		직장 100%	본인 100%	직장50% + 본인50%		직장 100%	본인 100%	직장50% + 본인50%
충청도	36.8	8.5	88.5	3.1	45.9	9.0	65.5	24.5
제주도	57.4	8.3	89.1	2.9	68.5	7.9	68.3	23.8
경기도	58.2	12	86.3	2.6	71.0	7.5	74.0	18.5
서울시	60.6	13.4	84.2	2.4	72.7	11.0	73.7	15.3
경상도	40.5	10.7	86.1	3.2	51.0	13.6	74.9	11.6

① 2009년과 2010년 모두 자기개발 비용을 본인이 100% 부담하는 사람의 수는 응답자의 절반 이상이다.

② 자기개발을 하고 있다고 응답한 사람의 수는 2009년과 2010년 모두 서울시가 가장 많다.

③ 자기개발 비용을 직장과 본인이 각각 절반씩 부담하는 사람의 비율은 2009년과 2010년 모두 서울시가 가장 높다.

④ 2009년과 2010년 모두 자기개발을 하고 있다고 응답한 비율이 가장 높은 지역에서 자기개발비용을 직장이 100% 부담한다고 응답한 사람의 비율이 가장 높다.

출제의도

그래프, 그림, 도표 등 주어진 자료를 이해하고 의미를 파악하여 필요한 정보를 해석하는 능력을 평가하는 문제이다.

해 설

② 지역별 인원수가 제시되어 있지 않으므로, 각 지역별 응답자 수는 알 수 없다.

③ 2009년에는 경상도에서, 2010년에는 충청도에서 가장 높은 비율을 보인다.

④ 2009년과 2010년 모두 '자기 개발을 하고 있다'고 응답한 비율이 가장 높은 지역은 서울시이며, 2010년의 경우 자기개발 비용을 직장이 100% 부담한다고 응답한 사람의 비율이 가장 높은 지역은 경상도이다.

답 ①

(4) 도표작성능력

① 도표작성 절차

　　㉠ 어떠한 도표로 작성할 것인지를 결정

　　㉡ 가로축과 세로축에 나타낼 것을 결정

　　㉢ 한 눈금의 크기를 결정

　　㉣ 자료의 내용을 가로축과 세로축이 만나는 곳에 표현

　　㉤ 표현한 점들을 선분으로 연결

　　㉥ 도표의 제목을 표기

② 도표작성 시 유의사항

　　㉠ 선 그래프 작성 시 유의점

　　　• 세로축에 수량, 가로축에 명칭구분을 제시한다.

　　　• 선의 높이에 따라 수치를 파악하는 경우가 많으므로 세로축의 눈금을 가로축보다 크게 하는 것이 효과적이다.

　　　• 선이 두 종류 이상일 경우 반드시 그 명칭을 기입한다.

　　㉡ 막대 그래프 작성 시 유의점

　　　• 막대 수가 많을 경우에는 눈금선을 기입하는 것이 알아보기 쉽다.

　　　• 막대의 폭은 모두 같게 하여야 한다.

　　㉢ 원 그래프 작성 시 유의점

　　　• 정각 12시의 선을 기점으로 오른쪽으로 그리는 것이 보통이다.

　　　• 분할선은 구성비율이 큰 순서로 그린다.

　　㉣ 층별 그래프 작성 시 유의점

　　　• 눈금은 선 그래프나 막대 그래프보다 적게 하고 눈금선은 넣지 않는다.

　　　• 층별로 색이나 모양이 완전히 다른 것이어야 한다.

　　　• 같은 항목은 옆에 있는 층과 선으로 연결하여 보기 쉽도록 한다.

NCS 대표유형

의사소통능력 대표유형

의사소통은 직장생활에서 조직과 팀의 효율성과 효과성을 성취할 목적으로 이루어지는 구성원 간의 정보와 지식 전달 과정으로, 의사소통능력은 업무능력의 기본이 된다. 크게 어휘, 어법, 독해 유형으로 구분되며 공문, 보도자료, 상품설명서, 약관 등의 실용문과 함께 정치 · 경제 · 사회 · 과학 · 문화 · 예술 등 다양한 분야의 지문이 출제된다.

1

다음의 밑줄 친 단어의 의미와 동일하게 쓰인 것은?

　　기획재정부는 26일 ○○센터에서 '2017년 지방재정협의회'를 열고 내년도 예산안 편성 방향과 지역 현안 사업을 논의했다. 이 자리에는 17개 광역자치단체 부단체장과 기재부 예산실장 등 500여 명이 참석해 2018년 예산안 편성 방향과 약 530건의 지역 현안 사업에 대한 협의를 진행했다.

　　기재부 예산실장은 "내년에 정부는 일자리 창출, 4차 산업 혁명 대응, 저출산 극복, 양극화 완화 등 4대 핵심 분야에 예산을 집중적으로 투자할 계획이라며 이를 위해 신규 사업 관리 강화 등 10대 재정 운용 전략을 활용, 재정 투자의 효율성을 높여갈 것"이라고 밝혔다. 이어 각 지방자치단체에서도 정부의 예산 편성 방향에 부합하도록 사업을 신청해 달라고 요청했다.

　　기재부는 이날 논의한 지역 현안 사업이 각 부처의 검토를 <u>거쳐</u> 다음달 26일까지 기재부에 신청되면, 관계 기관의 협의를 거쳐 내년도 예산안에 반영한다.

① 학생들은 초등학교부터 중학교, 고등학교를 <u>거쳐</u> 대학에 입학하게 된다.

② 가장 어려운 문제를 해결했으니 이제 특별히 <u>거칠</u> 문제는 없다.

③ 이번 출장 때는 독일 베를린을 <u>거쳐</u> 오스트리아 빈을 다녀올 예정이다.

④ 오랜만에 뒷산에 올라 보니, 무성하게 자란 칡덩굴이 발에 <u>거친다</u>.

2

다음 단락을 논리적 흐름에 맞게 바르게 배열한 것은?

(가) 자본주의 사회에서 상대적으로 부유한 집단, 지역, 국가는 환경적 피해를 약자에게 전가하거나 기술적으로 회피할 수 있는 가능성을 가진다.

(나) 오늘날 환경문제는 특정한 개별 지역이나 국가의 문제에서 나아가 전 지구적 문제로 확대되었지만, 이로 인한 피해는 사회·공간적으로 취약한 특정 계층이나 지역에 집중적으로 나타나는 환경적 불평등을 야기하고 있다.

(다) 인간사회와 자연환경 간의 긴장관계 속에서 발생하고 있는 오늘날 환경위기의 해결 가능성은 논리적으로 뿐만 아니라 역사적으로 과학기술과 생산조직의 발전을 규정하는 사회적 생산관계의 전환을 통해서만 실현될 수 있다.

(라) 부유한 국가나 지역은 마치 환경문제를 스스로 해결한 것처럼 보이기도 하며, 나아가 자본주의 경제체제 자체가 환경문제를 해결(또는 최소한 지연)할 수 있는 능력을 갖춘 것처럼 홍보되기도 한다.

---

① (가) - (나) - (라) - (다)

② (나) - (가) - (다) - (라)

③ (나) - (가) - (라) - (다)

④ (나) - (라) - (가) - (다)

3

다음 글에서 언급한 스마트 팩토리의 특징으로 옳지 않은 것은?

> 최근 스포츠 브랜드인 아디다스에서 소비자가 원하는 디자인, 깔창, 굽 모양 등의 옵션을 적용하여 다품종 소량생산 할 수 있는 스피드 팩토리를 선보였고, 그밖에도 제조업을 비롯해 다양한 산업에서 스마트 팩토리를 도입하면서 미래형 제조 시스템인 스마트 팩토리에 대한 관심이 커지고 있다. 과연 스마트 팩토리 무엇이며 어떤 기술로 구현되고 이점은 무엇일까?
>
> 스마트 팩토리란 ICT기술을 기반으로 제품의 기획, 설계, 생산, 유통, 판매의 전 과정을 자동화, 지능화하여 최소 비용과 최소 시간으로 다품종 대량생산이 가능한 미래형 공장을 의미한다. 스마트 팩토리가 구현되기 위해서는 다양한 기술이 적용되는데, 먼저 클라우드 기술은 인터넷에 연결되어 축적된 데이터를 저장하고 IoT 기술은 각종 사물에 컴퓨터 칩과 통신 기능을 내장해 인터넷에 연결한다. 또한 데이터를 분석하는 빅데이터 기술, AI를 기반으로 스스로 학습하고 의사결정을 할 수 있는 차세대 로봇기술과 기계가 자가 학습하는 인공지능 기술을 비롯해 수많은 첨단 기술을 필요로 한다.
>
> 스마트 팩토리의 핵심 구현 요소는 디지털화, 연결화, 스마트화이다. 디지털화는 공장 내 사물들 간에 소통이 가능하도록 물리적 아날로그 신호를 디지털 신호로 변환하는 것으로 디지털화를 하면 무한대로 데이터를 복사할 수 있어 데이터 편집이 쉬워지고 데이터 통신이 자유롭게 이루어진다. 연결화는 사람을 포함한 모든 사물, 즉 공장 안에 존재하는 부품, 완제품, 설비, 공장, 건물, 기기를 연결하는 것으로, 이더넷이나 유무선 통신으로 설비를 연결해 생산 현황과 이상 유무를 관리한다. 작업자가 제조 라인에 서면 공정은 작업자의 역량, 경험 같은 것을 참고하여 합당한 공정을 수행하도록 지도해 주는 것이 연결화의 예라고 할 수 있다. 스마트화는 사물이 사람과 같이 스스로 판단하고 행동하는 것을 말하는 것으로 지능화, 자율화와 같은 의미이다. 수집된 데이터를 분석하여 스스로 판단하는 스마트화는 스마트 팩토리의 필수 전제조건이다.
>
> 스마트 팩토리의 이점은 제조 단계별로 구분해 볼 수 있다. 먼저 기획·설계 단계에서는 제품 성능 시뮬레이션을 통해 제작기간을 단축시키고, 맞춤형 제품을 개발할 수 있다는 이점이 있다. 다음으로 생산 단계에서는 설비 – 자재 – 시스템 간 통신으로 다품종 대량생산, 에너지와 설비 효율 제고의 효과가 있다. 그리고 유통·판매 단계에서는 모 기업과 협력사 간 실시간 연동을 통해 재고 비용을 감소시키고 품질, 물류 등 많은 분야를 협력할 수 있다.

① 스마트 팩토리는 최소 비용과 최소 시간으로 다품종 대량생산을 추구한다.

② 스마트 팩토리가 구현되기 위해서는 클라우드 기술, IoT기술, 인공지능 기술 등이 요구된다.

③ 디지털화는 공장 내 사물들 간에 소통이 가능하도록 디지털 신호를 물리적 아날로그 신호로 변환하는 것이다.

④ 스마트화는 사물이 사람과 같이 스스로 판단하고 행동하는 것으로 스마트 팩토리의 필수 전제조건이다.

4

다음은 N사의 단독주택용지 수의계약 공고문 중 일부이다. 공고문의 내용을 바르게 이해한 것은?

[○○ 블록형 단독주택용지(1필지) 수의계약 공고]

1. 공급대상토지

면적 (㎡)	세대수 (호)	평균규모 (㎡)	용적률 (%)	공급가격 (천원)	계약보증금 (원)	사용가능 시기
25,479	63	400	100% 이하	36,944,550	3,694,455,000	즉시

2. 공급일정 및 장소

일정	2019년 1월 11일 오전 10시부터 선착순 수의계약 (토ㆍ일요일 및 공휴일, 업무시간 외는 제외)
장소	N사 ○○지역본부 1층

3. 신청자격
   아래 두 조건을 모두 충족한 자
   - 실수요자 : 공고일 현재 주택법에 의한 주택건설사업자로 등록한 자
   - 3년 분할납부(무이자) 조건의 토지매입 신청자
     ※ 납부 조건 : 계약체결 시 계약금 10%, 중도금 및 잔금 90%(6개월 단위 6회 납부)

4. 계약체결 시 구비서류
   - 법인등기부등본 및 사업자등록증 사본 각 1부
   - 법인인감증명서 1부 및 법인인감도장(사용인감계 및 사용인감)
   - 대표자 신분증 사본 1부(위임 시 위임장 1부 및 대리인 신분증 제출)
   - 주택건설사업자등록증 1부
   - 계약금 납입영수증

---

① 계약이 체결되면 즉시 해당 토지에 단독주택을 건설할 수 있다.

② 계약체결 후 첫 번째 내야 할 중도금은 5,250,095,000원이다.

③ 규모 400㎡의 단독주택용지를 일반 수요자에게 분양하는 공고이다.

④ 계약에 대한 보증금이 공급가격보다 더 높아 실수요자에게 부담을 줄 우려가 있다.

5

다음 회의록의 내용을 보고 올바른 판단을 내리지 못한 것을 고르면?

인사팀 4월 회의록			
회의일시	2019년 4월 30일 14:00~15:30	회의장소	대회의실(예약)
참석자	팀장, 남 과장, 허 대리, 김 대리, 이 사원, 명 사원		
회의안건	• 직원 교육훈련 시스템 점검 및 성과 평가 • 차기 교육 프로그램 운영 방향 논의		
진행결과 및 협조 요청	〈총평〉 • 1사분기에는 지난해보다 학습목표시간을 상향조정(직급별 10~20시간)하였음에도 평균 학습시간을 초과하여 달성하는 등 상시학습문화가 정착됨 – 1인당 평균 학습시간: 지난해 4사분기 22시간 → 올해 1사분기 35시간 • 다만, 고직급자와 계약직은 학습 실적이 목표에 미달하였는바, 앞으로 학습 진도에 대하여 사전 통보하는 등 학습목표 달성을 적극 지원할 필요가 있음 – 고직급자 : 목표 30시간, 실적 25시간, 계약직 : 목표 40시간, 실적 34시간 〈운영방향〉 • 전 직원 일체감 형성을 위한 비전공유와 '매출 증대, 비용 절감' 구현을 위한 핵심과제 등 주요사업 시책교육 추진 • 직원이 가치창출의 원천이라는 인식하에 생애주기에 맞는 직급별 직무역량교육 의무화를 통해 인적자본 육성 강화 • 자기주도적 상시학습문화 정착에 기여한 학습관리시스템을 현실에 맞게 개선하고, 조직 간 인사교류를 확대		

① 올 1사분기에는 지난해보다 1인당 평균 학습시간이 50% 이상 증가하였다.

② 전체적으로 1사분기의 교육시간 이수 등의 성과는 우수하였다.

③ 2사분기에는 일부 직원들에 대한 교육시간이 1사분기보다 더 증가할 전망이다.

④ 2사분기에는 각 직급에 보다 적합한 교육이 시행될 것이다.

문제해결능력 대표유형

문제란 업무를 수행함에 있어 답을 요구하는 질문이나 의논하여 해결해야 하는 사항으로, 문제해결을 위해서는 전략적이고 분석적인 사고는 물론 발상의 전환과 효율적인 자원활용 등 다양한 능력이 요구된다. 따라서 명제나 추론 같은 일반적인 논리추론 유형과 함께 수리, 자원관리 등이 융합된 문제해결 유형이나 실무이해를 바탕으로 하는 유형의 문제도 다수 출제된다.

1

다음 조건을 바탕으로 할 때 정 대리가 이번 달 중국 출장 출발일로 정하기에 가장 적절한 날은 언제인가? (전체 일정은 모두 이번 달 안에 속해 있다.)

- 이번 달은 1일이 월요일인 달이다.
- 3박 4일 일정이며 출발일과 도착일이 모두 휴일이 아니어야 한다.
- 현지에서 복귀하는 비행편은 매주 화, 목요일에만 있다.
- 이번 달 셋째 주 화요일에 있을 부서의 중요한 회의에 반드시 참석해야 하며, 회의 후에 출장을 가려 한다.

① 12일   ② 15일

③ 17일   ④ 22일

2

다음은 유진이가 학교에 가는 요일에 대한 설명이다. 이들 명제가 모두 참이라고 가정할 때, 유진이가 학교에 가는 요일은?

- ㉠ 목요일에 학교에 가지 않으면 월요일에 학교에 간다.
- ㉡ 금요일에 학교에 가지 않으면 수요일에 학교에 가지 않는다.
- ㉢ 수요일에 학교에 가지 않으면 화요일에 학교에 간다.
- ㉣ 월요일에 학교에 가면 금요일에 학교에 가지 않는다.
- ㉤ 유진이는 화요일에 학교에 가지 않는다.

① 월, 수   ② 월, 수, 금

③ 수, 목, 금   ④ 수, 금

3

다음은 L공사의 국민임대주택 예비입주자 통합 정례모집 관련 신청자격에 대한 사전 안내이다. 甲~戊 중 국민임대주택 예비입주자로 신청할 수 있는 사람은? (단, 함께 살고 있는 사람은 모두 세대별 주민등록표 상에 함께 등재되어 있고, 제시되지 않은 사항은 모두 조건을 충족한다고 가정한다)

□ 2019년 5월 정례모집 개요

구분	모집공고일	대상지역
2019년 5월	2019. 5. 7(화)	수도권
	2019. 5. 15(수)	수도권 제외한 나머지 지역

□ 신청자격

입주자모집공고일 현재 무주택세대구성원으로서 아래의 소득 및 자산보유 기준을 충족하는 자

※ 무주택세대구성원이란?

다음의 세대구성원에 해당하는 사람 전원이 주택(분양권 등 포함)을 소유하고 있지 않은 세대의 구성원을 말합니다.

세대구성원(자격검증대상)	비고
• 신청자	
• 신청자의 배우자	신청자와 세대 분리되어 있는 배우자도 세대구성원에 포함
• 신청자의 직계존속 • 신청자의 배우자의 직계존속	신청자 또는 신청자의 배우자와 세대별 주민등록표상에 함께 등재되어 있는 사람에 한함
• 신청자의 직계비속 • 신청자의 직계비속의 배우자	
• 신청자의 배우자의 직계비속	신청자와 세대별 주민등록표상에 함께 등재되어 있는 사람에 한함

※ 소득 및 자산보유 기준

구분	소득 및 자산보유 기준		
	가구원수	월평균소득기준	참고사항
소득	3인 이하 가구	3,781,270원 이하	• 가구원수는 세대구성원 전원을 말함(외국인 배우자와 임신 중인 경우 태아 포함) • 월평균소득액은 세전금액으로서 세대구성원 전원의 월평균소득액을 모두 합산한 금액임
	4인 가구	4,315,641원 이하	
	5인 가구	4,689,906원 이하	
	6인 가구	5,144,224원 이하	
	7인 가구	5,598,542원 이하	
	8인 가구	6,052,860원 이하	
자산	• 총자산가액 : 세대구성원 전원이 보유하고 있는 총자산가액 합산기준 28,000만 원 이하		
	• 자동차 : 세대구성원 전원이 보유하고 있는 전체 자동차가액 2,499만 원 이하		

① 甲의 아내는 주택을 소유하고 있지만, 甲과 세대 분리가 되어 있다.

② 아내의 부모님을 모시고 살고 있는 乙 가족의 월평균소득은 500만 원이 넘는다.

③ 丙은 재혼으로 만난 아내의 아들과 함께 살고 있는데, 아들은 전 남편으로부터 물려받은 아파트 분양권을 소유하고 있다.

④ 어머니를 모시고 사는 丁은 아내가 셋째 아이를 출산하면서 丁 가족의 월평균소득으로는 1인당 80만 원도 돌아가지 않게 되었다.

4

서원 그룹의 K부서에서는 자기 부서의 정책을 홍보하기 위해 책자를 제작해 배포하는 프로젝트를 진행하였다. 프로젝트 진행 과정이 다음과 같을 때, 프로젝트 결과에 대한 평가로 항상 옳은 것을 모두 고르면?

> 이번에 K부서에서는 자기 부서의 정책을 홍보하기 위해 책자를 제작해 배포하였다. 이 홍보 사업에 참여한 K부서의 팀은 A와 B 두 팀이다. 두 팀은 각각 500권의 정책홍보 책자를 제작하였다. 그러나 책자를 어떤 방식으로 배포할 것인지에 대해 두 팀 간에 차이가 있었다. A팀은 자신들이 제작한 K부서의 모든 정책홍보책자를 서울이나 부산에 배포한다는 지침에 따라 배포하였다. 한편, B팀은 자신들이 제작한 K부서 정책홍보책자를 서울에 모두 배포하거나 부산에 모두 배포한다는 지침에 따라 배포하였다. 사업이 진행된 이후 배포된 결과를 살펴보기 위해서 서울과 부산을 조사하였다. 조사를 담당한 한 직원은 A팀이 제작·배포한 K부서 정책홍보책자 중 일부를 서울에서 발견하였다.
>
> 한편, 또 다른 직원은 B팀이 제작·배포한 K부서 정책홍보책자 중 일부를 부산에서 발견하였다. 그리고 배포 과정을 검토해 본 결과, 이번에 A팀과 B팀이 제작한 K부서 정책 홍보책자는 모두 배포되었다는 것과, 책자가 배포된 곳과 발견된 곳이 일치한다는 것이 확인되었다.

> ㉠ 부산에는 500권이 넘는 K부서 정책홍보책자가 배포되었다.
> ㉡ 서울에 배포된 K부서 정책홍보책자의 수는 부산에 배포된 K부서 정책홍보책자의 수보다 적다.
> ㉢ A팀이 제작한 K부서 정책홍보책자가 부산에서 발견되었다면, 부산에 배포된 K부서 정책홍보책자의 수가 서울에 배포된 수보다 많다.

① ㉠   ② ㉢

③ ㉠, ㉡   ④ ㉡, ㉢

5

다음은 ○○항공사의 항공이용에 관한 조사 설계의 일부분이다. 본 설문조사의 목적으로 가장 적합하지 않은 것은?

---

1. 조사 목적

[   ]

2. 과업 범위
- 조사 대상 : 서울과 수도권에 거주하고 있으며 최근 3년 이내 여행 및 출장 목적의 해외방문 경험이 있고 향후 1년 이내 해외로 여행 및 출장 의향이 있는 만 20~60세 이상의 성인 남녀
- 조사 방법 : 구조화된 질문지를 이용한 온라인 설문조사
- 표본 규모 : 총 1,000명

3. 조사 내용
- 시장 환경 파악 : 여행 출장 시장 동향 (출국 목적, 체류기간 등)
- 과거 해외 근거리 당일 왕복항공 이용 실적 파악 : 이용 빈도, 출국 목적, 목적지 등
- 향후 해외 근거리 당일 왕복항공 잠재 수요 파악 : 이용의향 빈도, 출국 목적 등
- 해외 근거리 당일 왕복항공 이용을 위한 개선 사항 파악 : 해외 근거리 당일 왕복항공을 위한 개선사항 적용 시 해외 당일 여행 계획 또는 의향
- 배경정보 파악 : 인구사회학적 특성 (성별, 연령, 거주 지역 등)

4. 결론 및 기대효과

---

① 단기 해외 여행의 수요 증가 현황과 관련 항공 시장 파악
② 해외 당일치기 여객의 수요에 부응할 수 있는 노선 구축 근거 마련
③ 해외 근거리 당일 왕복항공을 이용한 실적 및 행태 파악
④ 근거리 국가로 여행 또는 출장을 위해 당일 왕복항공을 이용할 의향과 수용도 파악

조직이해능력 대표유형

조직은 공동의 목표를 달성하기 위해 구성된 집합체이다. 조직이해능력은 조직경영, 조직구조, 조직업무 등 조직과 관련된 전 분야에 걸쳐 작용한다. 대표유형으로는 조직구조(조직도)의 이해, 경영전략, 조직문화 등 거시적 관점의 문제와 결재규정, 사내복지제도, 업무처리 등 미시적 관점의 문제가 고루 출제된다.

1

다음과 같은 팀장의 지시 사항을 수행하기 위하여 업무협조를 구해야 할 조직의 명칭이 순서대로 바르게 나열된 것은?

> 다들 사장님 보고 자료 때문에 정신이 없는 모양인데 이건 자네가 좀 처리해줘야겠군. 다음 주에 있을 기자단 간담회 자료가 필요한데 옆 부서 박 부장한테 말해 두었으니 오전 중에 좀 가져다주게나. 그리고 내일 사장님께서 보고 직전에 외부에서 오신다던데 어디서 오시는 건지 일정 좀 확인해서 알려주고, 이틀 전 퇴사한 엄 차장 퇴직금 처리가 언제 마무리 될 지도 알아봐 주게나. 아, 그리고 말이야, 자네는 아직 사원증이 발급되지 않았나? 확인해 보고 얼른 요청해서 걸고 다니게.

① 기획실, 경영관리실, 총무부, 비서실

② 영업2팀, 홍보실, 회계팀, 물류팀

③ 총무부, 구매부, 비서실, 인사부

④ 홍보실, 비서실, 인사부, 총무부

2

다음 조직도 (A), (B)와 같은 형태를 지닌 조직의 특징을 바르게 비교하지 못한 것은?

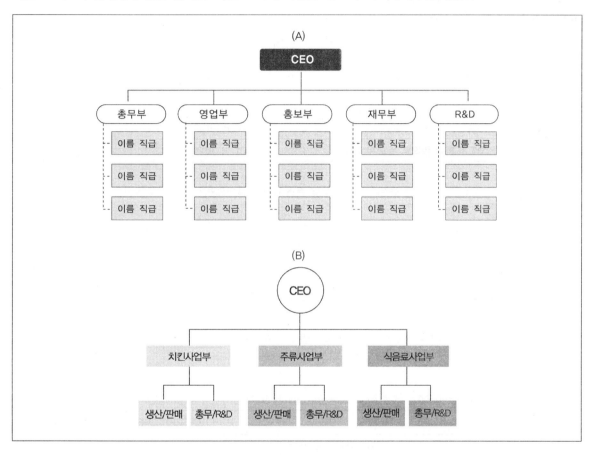

① (A)는 업무 구분이 명확하고, 엄격한 위계질서가 있다.

② (B)와 같은 조직은 대체적으로 의사결정 권한이 집중화되는 경향을 보인다.

③ (A)는 신속한 의사결정을 위해 더 적절한 조직구조이다.

④ (B)는 중간관리자에게 많은 역할이 주어지게 된다.

3

다음 〈보기〉에 제시되고 있는 활동들은 기업 경영에 필요한 전략을 설명하고 있다. 설명된 전략들에 해당하는 것은?

〈보기〉
- 모든 고객을 만족시킬 수는 없다는 것과 회사가 모든 역량을 가질 수는 없다는 것을 전제로 선택할 수 있는 전략이다.
- 기업이 고유의 독특한 내부 역량을 보유하고 있는 경우에 더욱 효과적인 전략이다.
- 사업 목표와 타당한 틈새시장을 찾아야 한다.
- 다양한 분류의 방법을 동원하여 고객을 세분화한다.

① 차별화 전략　　　　　　　　　　② 집중화 전략
③ 비교우위 전략　　　　　　　　　④ 원가우위 전략

4

'SWOT 분석'에 대한 〈보기〉 설명을 읽고 휴대폰 제조업체가 실시한 아래 환경분석 결과에 대응하는 전략을 적절하게 분석한 것은?

〈보기〉

SWOT이란, 강점(Strength), 약점(Weakness), 기회(Opportunity), 위험(Threat)의 머리말을 모아 만든 단어로 경영전략을 수립하기 위한 분석도구이다. SWOT분석을 통해 도출된 조직의 외부/내부 환경을 분석 결과를 통해 각각에 대응하는 도출하게 된다.

SO 전략이란 기회를 활용하면서 강점을 더욱 강화하는 공격적인 전략이고, WO 전략이란 외부환경의 기회를 활용하면서 자신의 약점을 보완하는 전략으로 이를 통해 기업이 처한 국면의 전환을 가능하게 할 수 있다. ST전략은 외부환경의 위험요소를 회피하면서 강점을 활용하는 전략이며, WT 전략이란 외부환경의 위협요인을 회피하고 자사의 약점을 보완하는 전략으로 방어적 성격을 갖는다.

내/외부환경 구분	강점(Strength)	약점(Weakness)
기회(Opportunity)	① SO 전략(강점/기회전략)	② WO 전략(약점/기회전략)
위협(Threat)	③ ST 전략(강점/위협전략)	④ WT 전략(약점/위협전략)

〈휴대폰 제조업체의 환경분석 결과〉

강점(Strength)	• 다양한 부가기능 탑재를 통한 성능 우위 • 기타 디지털기기 기능의 흡수를 통한 영역확대
약점(Weakness)	• 제품의 수익성 악화 • 제품 간 성능, 디자인의 평준화 • 국산 제품의 가격경쟁력 약화
기회(Opportunity)	• 신흥시장의 잠재적 수요 • 개인 휴대용기기의 대중화
위협(Threat)	• 전자제품의 사용기간 단축 • MP3폰 등 기타 디지털기기와의 경쟁 심화

내/외부환경 구분	강점(Strength)	약점(Weakness)
기회(Opportunity)	① 기능의 다양화로 잠재 시장의 수요 창출	② 휴대기기의 대중화에 힘입어 MP3폰의 성능 강화
위협(Threat)	③ 다양한 기능을 추가한 판매 신장으로 이익 확대	④ 휴대용 기기 보급 확대에 따라 디지털기기와 차별화된 제품 개발

5

다음의 위임전결규정을 보고 잘못 이해한 것은?

[위임전결규정]
- 결재를 받으려는 업무에 대해서는 최고결재권자(대표이사)를 포함한 이하 직책자의 결재를 받아야 한다.
- '전결'이라 함은 회사의 경영활동이나 관리활동을 수행함에 있어 의사 결정이나 판단을 요하는 일에 대하여 최고결재권자의 결재를 생략하고, 자신의 책임 하에 최종적으로 의사 결정이나 판단을 하는 행위를 말한다.
- 전결사항에 대해서도 위임 받은 자를 포함한 이하 직책자의 결재를 받아야 한다.
- 표시내용 : 결재를 올리는 자는 최고결재권자로부터 전결 사항을 위임 받은 자가 있는 경우 결재란에 전결이라고 표시하고 최종 결재권자란에 위임 받은 자를 표시한다. 다만, 결재가 불필요한 직책자의 결재란은 상향대각선으로 표시한다.
- 최고결재권자의 결재사항 및 최고결재권자로부터 위임된 전결사항은 아래의 표에 따른다.
- 본 규정에서 정한 전결권자가 유고 또는 공석 시 그 직급의 직무 권한은 직상급직책자가 수행함을 원칙으로 하며, 각 직급은 긴급을 요하는 업무처리에 있어서 상위 전결권자의 결재를 득할 수 없을 경우 차상위자의 전결로 처리하며, 사후 결재권자의 결재를 득해야 한다.

업무내용		결재권자			
		사장	부사장	본부장	팀장
주간업무보고					○
팀장급 인수인계			○		
일반 예산 집행	잔업수당	○			
	회식비			○	
	업무활동비			○	
	교육비		○		
	해외연수비	○			
	시내교통비			○	
	출장비	○			
	도서인쇄비				○
	법인카드사용		○		
	소모품비				○
	접대비(식대)			○	
	접대비(기타)				○
이사회 위원 위촉		○			
임직원 해외 출장		○(임원)		○(직원)	
임직원 휴가		○(임원)		○(직원)	
노조관련 협의사항			○		

※ 100만 원 이상의 일반예산 집행과 관련한 내역은 사전 사장 품의를 득해야 하며, 품의서에 경비 집행 내역을 포함하여 준비한다. 출장계획서는 품의서를 대체한다.

※ 위의 업무내용에 필요한 결재서류는 다음과 같다.
 - 품의서, 주간업무보고서, 인수인계서, 예산집행내역서, 위촉장, 출장보고서(계획서), 휴가신청서, 노조협의사항 보고서

① 전결권자 공석 시의 최종결재자는 차상위자가 된다.

② 전결권자 업무 복귀 시, 부재 중 결재 사항에 대하여 반드시 사후 결재를 받아두어야 한다.

③ 팀장이 새로 부임하면 부사장 전결의 인수인계서를 작성하게 된다.

④ 전결권자가 해외 출장으로 자리를 비웠을 경우에는 차상위자가 직무 권한을 위임받는다.

자원관리능력 대표유형

자원에는 시간, 돈, 물적자원, 인적자원 등이 포함된다. 자원관리란 이러한 자원을 적재적소에 활용하는 것으로 필요한 자원의 종류와 양을 확인하고 이용 가능한 자원을 수집하며, 수집한 자원을 계획적으로 활용하는 전 과정을 말한다. 따라서 자원관리능력에서는 업무 수행을 위한 시간 및 예산관리, 물적 · 인적자원의 배분 및 활용에 관한 상황을 전제로 한 문제가 주로 출제된다.

1

제시된 자료는 ○○기관 직원의 교육비 지원에 대한 내용이다. 다음 중 A~D 직원 4명의 총 교육비 지원 금액은 얼마인가?

교육비 지원 기준
• 임직원 본인의 대학 및 대학원 학비 : 100% 지원
• 임직원 가족의 대학 및 대학원 학비
– 임직원의 직계 존 · 비속 : 90% 지원
– 임직원의 형제 및 자매 : 80% 지원(단, 직계 존 · 비속 지원이 우선되며, 해당 신청이 없을 경우에 한하여 지급함)
– 교육비 지원 신청은 본인을 포함 최대 3인에 한한다.

교육비 신청 내역	
A 직원	본인 대학원 학비 3백만 원, 동생 대학 학비 2백만 원
B 직원	딸 대학 학비 2백만 원
C 직원	본인 대학 학비 3백만 원, 아들 대학 학비 4백만 원
D 직원	본인 대학 학비 2백만 원, 딸 대학 학비 2백만 원, 아들 대학원 학비 2백만 원

① 15,200,000원

② 17,000,000원

③ 18,600,000원

④ 26,200,000원

2

다음은 K공사의 신입사원 채용에 관한 안내문의 일부 내용이다. 다음 내용을 근거로 할 때, K공사가 안내문의 내용에 부합되게 취할 수 있는 행동이라고 볼 수 없는 것은?

□ 기타 유의사항

• 모든 응시자는 1인 1개 분야만 지원할 수 있습니다.

• 응시 희망자는 지역제한 등 응시자격을 미리 확인하고 응시원서를 접수하여야 하며, 응시원서의 기재사항 누락, 공인어학능력시험 점수 및 자격증·장애인·취업지원대상자 가산점수·가산비율 기재 착오, 연락불능 등으로 발생되는 불이익은 일체 응시자의 책임으로 합니다.

• 입사지원서 작성내용은 추후 증빙서류 제출 및 관계기관에 조회할 예정이며 내용을 허위로 입력한 경우에는 합격이 취소됩니다.

• 응시자는 시험장소 공고문, 답안지 등에서 안내하는 응시자 주의사항에 유의하여야 하며, 이를 준수하지 않을 경우에 본인에게 불이익이 될 수 있습니다.

• 원서접수결과 지원자가 채용예정인원 수와 같거나 미달하더라도 적격자가 없는 경우 선발하지 않을 수 있습니다.

• 시험일정은 사정에 의하여 변경될 수 있으며 변경내용은 7일 전까지 공사 채용홈페이지를 통해 공고할 계획입니다.

• 제출된 서류는 본 채용목적 이외에는 사용하지 않으며, 채용절차의 공정화에 관한 법령에 따라 최종합격자 발표일 이후 180일 이내에 반환청구를 할 수 있습니다.

• 최종합격자 중에서 신규임용후보자 등록을 하지 않거나 관계법령에 의한 신체검사에 불합격한 자 또는 공사 인사규정 제21조에 의한 응시자격 미달자는 신규임용후보자 자격을 상실하고 차순위자를 추가합격자로 선발할 수 있습니다.

• 임용은 교육성적을 포함한 채용시험 성적순으로 순차적으로 임용하되, 장애인 또는 경력자의 경우 성적순위에도 불구하고 우선 임용될 수 있습니다.

※ 공사 인사규정 제22조 제2항에 의거 신규임용후보자의 자격은 임용후보자 등록일로부터 1년으로 하며, 필요에 따라 1년의 범위 안에서 연장될 수 있습니다.

---

① 동일한 응시자가 사무직과 운영직에 중복 응시한 사실이 발견되어 임의로 운영직 응시 관련 사항 일체를 무효처리하였다.

② 대학 졸업예정자로 채용된 A씨는 마지막 학기 학점이 부족하여 졸업이 미뤄지는 바람에 채용이 취소되었다.

③ 50명 선발이 계획되어 있었고, 45명이 지원을 하였으나 42명만 선발하였다.

④ 최종합격자 중 신규임용후보자 자격을 상실한 자가 있어 불합격자 중 임의의 인원을 추가 선발하였다.

3

다음은 차량 A, B, C의 연료 및 경제속도 연비, 연료별 리터당 가격에 대한 자료이다. 제시된 〈조건〉을 적용하였을 때, 두 번째로 높은 연료비가 소요되는 차량과 해당 차량의 연료비를 바르게 나열한 것은?

〈A, B, C 차량의 연료 및 경제속도 연비〉

차량 \ 구분	연료	경제속도 연비(km/L)
A	LPG	10
B	휘발유	16
C	경유	20

※ 차량 경제속도는 60km/h 이상 90km/h 미만임

〈연료별 리터당 가격〉

연료	LPG	휘발유	경유
리터당 가격(원/L)	1,000	2,000	1,600

〈조건〉

1. A, B, C 차량은 모두 아래와 같이 각 구간을 한 번씩 주행하고, 각 구간별 주행속도 범위 내에서만 주행한다.

구간	1구간	2구간	3구간
주행거리(km)	100	40	60
주행속도(km/h)	30 이상 60 미만	60 이상 90 미만	90 이상 120 미만

2. A, B, C 차량의 주행속도별 연비적용률은 다음과 같다.

차량	주행속도(km/h)	연비적용률(%)
A	30 이상 60 미만	50.0
A	60 이상 90 미만	100.0
A	90 이상 120 미만	80.0
B	30 이상 60 미만	62.5
B	60 이상 90 미만	100.0
B	90 이상 120 미만	75.0
C	30 이상 60 미만	50.0
C	60 이상 90 미만	100.0
C	90 이상 120 미만	75.0

※ 연비적용률이란 경제속도 연비 대비 주행속도 연비를 백분율로 나타낸 것임

① A, 31,500원

② B, 24,500원

③ B, 35,000원

④ C, 25,600원

4

전기안전관리 대행업체의 인사팀 직원 K는 다음의 기준에 의거하여 직원들의 자격증 취득 전후 경력을 산정하려고 한다. 다음 중 K가 산정한 경력 중 옳은 것을 모두 고르면?

〈전기안전관리자 경력 조건 인정 범위〉	
조건	인정 범위
1. 자격 취득 후 경력 기간 100% 인정	• 전력시설물의 설계 · 공사 · 감리 · 유지보수 · 관리 · 진단 · 점검 · 검사에 관한 기술업무 • 전력기술 관련 단체 · 업체 등에서 근무한 자의 전력기술에 관한 업무
2. 자격 취득 후 경력 기간 80% 인정	• 「전기용품안전관리법」에 따른 전기용품의 설계 · 제조 · 검사 등의 기술업무 • 「산업안전보건법」에 따른 전기분야 산업안전 기술업무 • 건설관련법에 의한 전기 관련 기술업무 • 전자 · 통신관계법에 의한 전기 · 전자통신기술에 관한 업무
3. 자격 취득 전 경력 기간 50% 인정	1.의 각목 규정에 의한 경력
사원 甲	• 2001.1.1~2005.12.31 전기 안전기술 업무 • 2015.10.31 전기산업기사 자격 취득
사원 乙	• 2010.1.1~2012.6.30 전기부품제조 업무 • 2009.10.31 전기기사 자격 취득
사원 丙	• 2011.5.1~2012.7.31 전자통신기술 업무 • 2011.3.31 전기기능장 자격 취득
사원 丁	• 2013.1.1~2014.12.31 전기검사 업무 • 2015.7.31 전기기사 자격 취득

ㄱ 甲 : 전기산업기사로서 경력 5년

ㄴ 乙 : 전기기사로서 경력 1년

ㄷ 丙 : 전기기능장으로서 경력 1년

ㄹ 丁 : 전기기사로서 경력 1년

① ㄱ, ㄴ

② ㄱ, ㄷ

③ ㄴ, ㄹ

④ ㄷ, ㄹ

5

K공사는 사내 냉방 효율을 위하여 층별 에어컨 수와 종류를 조정하려고 한다. 사내 냉방 효율 조정 방안을 충족하되 버리는 구형 에어컨과 구입하는 신형 에어컨을 최소화하고자 할 때, K공사는 신형 에어컨을 몇 대 구입해야 하는가?

사내 냉방 효율 조정 방안		
적용순서	조건	미충족 시 조정 방안
1	층별 월 전기료 60만 원 이하	구형 에어컨을 버려 조건 충족
2	구형 에어컨 대비 신형 에어컨 비율 1/2 이상 유지	신형 에어컨을 구입해 조건 충족

※ 구형 에어컨 1대의 월 전기료는 4만 원이고, 신형 에어컨 1대의 월 전기료는 3만 원이다.

사내 냉방시설 현황						
	1층	2층	3층	4층	5층	6층
구형	9	15	12	8	13	10
신형	5	7	6	3	4	5

① 1대
② 2대
③ 3대
④ 4대

> **수리능력 대표유형**
>
> 수리능력은 직장생활에서 요구되는 기본적인 사칙연산과 기초적인 통계를 이해하고 도표의 의미를 파악하거나 도표를 이용해서 결과를 효과적으로 제시하는 능력을 말한다. 따라서 기본적은 계산능력을 파악하는 유형과 함께 자료해석, 도표분석 능력 등을 요구하는 유형의 문제가 주로 출제된다.

1

A와 B가 다음과 같은 규칙으로 게임을 하였다. 규칙을 참고할 때, 두 사람 중 점수가 낮은 사람은 몇 점인가?

- 이긴 사람은 4점, 진 사람은 2점의 점수를 얻는다.
- 두 사람의 게임은 모두 20회 진행되었다.
- 20회의 게임 후 두 사람의 점수 차이는 12점이었다.

① 50점   ② 52점

③ 54점   ④ 56점

2

다음은 국민연금 보험료를 산정하기 위한 소득월액 산정 방법에 대한 설명이다. 다음 설명을 참고할 때, 김갑동 씨의 신고 소득월액은 얼마인가?

소득월액은 입사(복직) 시점에 따른 근로자간 신고 소득월액 차등이 발생하지 않도록 입사(복직) 당시 약정되어 있는 급여 항목에 대한 1년치 소득총액에 대하여 30일로 환산하여 결정하며, 다음과 같은 계산 방식을 적용한다.

소득월액 = 입사(복직) 당시 지급이 약정된 각 급여 항목에 대한 1년간 소득총액 ÷ 365 × 30

〈김갑동 씨의 급여 내역〉

- 기본급 : 1,000,000원
- 교통비 : 월 100,000원
- 고정 시간외 수당 : 월 200,000원
- 분기별 상여금(1, 4, 7, 10월 지급) : 기본급의 100%
- 하계휴가비(매년 7월 지급) : 500,000원

① 1,645,660원 ② 1,652,055원

③ 1,668,900원 ④ 1,727,050원

3

다음은 2018년 한국인 사망 원인 '5대 암'과 관련된 자료이다. 2018년 총 인구를 5,100만 명이라고 할 때, 치명률을 구하는 공식으로 옳은 것을 고르면?

종류	환자수	완치자수	후유장애자수	사망자수	치명률
폐암	101,600명	3,270명	4,408명	2,190명	2.16%
간암	120,860명	1,196명	3,802명	1,845명	1.53%
대장암	157,200명	3,180명	2,417명	1,624명	1.03%
위암	184,520명	2,492명	3,557명	1,950명	1.06%
췌장암	162,050명	3,178명	2,549명	2,765명	1.71%

※ 환자수란 현재 해당 암을 앓고 있는 사람 수를 말한다.

※ 완치자수란 과거에 해당 암을 앓았던 사람으로 일상생활에 문제가 되는 장애가 남지 않고 5년 이내 재발이 없는 경우를 말한다.

※ 후유장애자수란 과거에 해당 암을 앓았던 사람으로 암으로 인하여 일상생활에 문제가 되는 영구적인 장애가 남은 경우를 말한다.

※ 사망자수란 해당 암으로 사망한 사람 수를 말한다.

① 치명률 $= \dfrac{\text{완치자수}}{\text{환자수}} \times 100$

② 치명률 $= \dfrac{\text{후유장애자수}}{\text{환자수}} \times 100$

③ 치명률 $= \dfrac{\text{사망자수}}{\text{환자수}} \times 100$

④ 치명률 $= \dfrac{\text{사망자수} + \text{후유장애자수}}{\text{인구수}} \times 100$

4
제시된 자료를 참조하여, 2013년부터 2015년의 건강수명 비교에 대한 설명으로 옳은 것은?

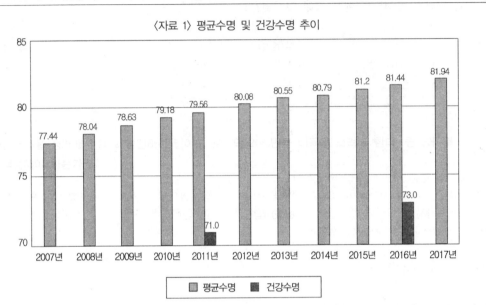

〈자료 1〉 평균수명 및 건강수명 추이

평균수명: 77.44(2007년), 78.04(2008년), 78.63(2009년), 79.18(2010년), 79.56(2011년), 80.08(2012년), 80.55(2013년), 80.79(2014년), 81.2(2015년), 81.44(2016년), 81.94(2017년)

건강수명: 71.0(2011년), 73.0(2016년)

■ 평균수명   ■ 건강수명

※ 평균수명 : 0세의 출생자가 향후 생존할 것으로 기대되는 평균생존연수 '0세의 기대여명' 을 나타냄

※ 건강수명 : 평균수명에서 질병이나 부상으로 인하여 활동하지 못한 기간을 뺀 기간을 나타냄

※ 2017년은 예상 수치임

〈자료 2〉 건강수명 예상치 추정 정보

• 건강수명 예상치의 범위는 평균수명의 90%에서 ±1% 수준이다.

• 건강수명 예상치는 환경 개선 정도에 영향을 받는다고 가정한다.

연도	2012년	2013년	2014년	2015년
환경 개선	보통	양호	불량	불량

– 해당 연도 환경 개선 정도가 '양호'이면 최대치(+1%)로 계산된다.

– 해당 연도 환경 개선 정도가 '보통'이면 중간치(±0%)로 계산된다.

– 해당 연도 환경 개선 정도가 '불량'이면 최소치(-1%)로 계산된다.

① 2013년 건강수명이 2014년 건강수명보다 짧다.

② 2014년 건강수명이 2015년 건강수명보다 짧다.

③ 2013년 건강수명이 2015년 건강수명 보다 짧다.

④ 2014년 환경 개선 정도가 보통일 경우 2013년 건강수명이 2014년 건강수명보다 짧다.

5

다음은 건설업과 관련된 주요 지표이다. 이에 대한 설명으로 옳은 것은?

〈건설업 주요 지표〉

(단위 : 개, 천 명, 조 원, %)

구분	2016년	2017년	전년대비	
			증감	증감률
기업체수	69,508	72,376	2,868	4.1
종사자수	1,573	1,670	97	6.1
건설공사 매출액	356.6	392.0	35.4	9.9
국내 매출액	313.1	354.0	40.9	13.1
해외 매출액	43.5	38.0	-5.5	-12.6
건설비용	343.2	374.3	31.1	9.1
건설 부가가치	13.4	17.7	4.3	32.1

〈연도별 건설업체수 및 매출 증감률〉

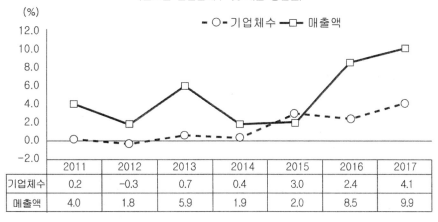

	2011	2012	2013	2014	2015	2016	2017
기업체수	0.2	-0.3	0.7	0.4	3.0	2.4	4.1
매출액	4.0	1.8	5.9	1.9	2.0	8.5	9.9

① 2012년의 기업체 수는 65,000개 이하이다.

② 건설공사 매출액 중 국내 매출액의 비중은 2017년보다 2016년이 더 크다.

③ 해외 매출액의 증감은 건설 부가가치의 증감에 영향을 미친다.

④ 건설업 주요 지표별 증감 추이는 모든 항목이 동일하다.

PART III

NCS 예상문제

1   다음은 중소규모의 환경기업의 사업화·상용화를 위한 지원사업의 지원 자격에 대한 내용이다. 다음 중 해당 사업에 지원할 수 있는 기업은?

가. 지원 자격 및 기술요건

구분	지원 자격	기술요건
사업화	- 접수 마감일 기준 업력 2년 이상 중소기업 - 신청과제 관련 환경기술(국가 R&D 성공판정 또는 특허출원) 보유 - 협약기간 내 시제품 제작·개선을 통해 매출 발생이 가능한 경우	TRL6 이상 환경기술
상용화	- 접수 마감일 기준 업력 2년 이상 중소·중견기업 - 신청과제 관련 환경기술의 권리(특허권) 보유 - 환경설비를 설치할 수요기관을 확보하고, 협약기간 내 설치 완료 후 3개월 이상 가동하여 목표 성능을 달성할 수 있는 경우	TRL7 이상 환경기술
투자유치	- 중소기업(업력제한 없음) - 국내·외 투자기관을 통해 민간자금 조달을 희망하는 환경기업	-

※ 1) (TRL6 이상) 시작품(프*로토타입) 제작 및 성능평가를 완료하고 시제품 제작이 가능한 단계

  2) (TRL7 이상) 시제품 제작 및 유사환경 성능평가를 완료하고 실제 환경에서의 시제품

나. 신청자격 제한

구분	제한 요건
공통	– 부도, 파산, 회생절차, 개인회생절차 개시 신청이 이루어진 경우 – 국세 및 지방세를 체납 중인 경우 – 「신용정보의 이용 및 보호에 관한 법률」 제4조에 따라 허가받은 신용정보회사에서 기업채무 불이행 등 비정상 또는 불량 거래처로 확인된 경우 – 휴 · 폐업 중인 경우 – 사업 공고일 기준 최근 1년 이내 환경관련 법률 위반으로 30일 또는 1개월 이상의 조업 · 영업 · 사업정지 또는 사용중지 처분을 받거나 그에 갈음하는 과징금을 처분 받은 경우 – 중소환경기업 사업화 · 상용화 지원사업 관리지침 제32조에 따라 제재 중인 경우 – 국가연구개발사업의 참여제한 중인 경우 – 사업화(매출발생) 목적이 아닌 연구개발 목적인 경우
사업화 상용화	– 동일 사업계획으로 정부의 지원을 받은 경우 – 최근 2년 연속 자본잠식 50% 이상 자본잠식률(%) = [(자본금−자기자본)/자본금]×100 – 최근 2년 연속 이자보상배율 1 미만인 경우(단, 영업이익이 발생되고 있으면서 이자가 없는 이자보상배율 "0"인 경우, 사회적기업 인증기업 및 예비사회적기업 지정 기업인 경우 제외) 이자보상배율 = 영업이익/이자비용

① 시작품 성능평가 완료 직전 단계에 있으며 협약기간 내에 시제품 제작과 판매가 가능한 사업화 기술을 가진 업력 5년인 A기업

② 기술 상용화를 위한 환경설비를 설치할 수요기관을 확보한 상태로 협약 기간 내 목표 성능을 달성할 수 있는 TRL6의 기술을 보유한 B기업

③ 최근 2년간 자본잠식률이 45%이며 사업화를 위한 신청과제 관련 특허를 가지고 있는 업력 3년인 C기업

④ 신청과제와 관련된 환경기술의 특허기술을 가지고 있는 휴업 상태인 중견기업 D기업

2 신재생 에너지의 보급과 관련된 다음 글을 참고할 때, 밑줄 친 '솔루션'이 갖추어야 할 특성으로 가장 거리가 먼 것은?

> 신재생 에너지란 태양, 바람, 해수와 같이 자연을 이용한 신에너지와 폐열, 열병합, 폐열 재활용과 같은 재생에너지가 합쳐진 말이다. 현재 신재생 에너지는 미래 인류의 에너지로서 다양한 연구가 이루어지고 있다. 특히 과거에는 이들의 발전 효율을 높이는 연구가 주로 이루어졌으나 현재는 이들을 관리하고 사용자가 쉽게 사용하도록 하는 연구와 개발이 많이 진행되고 있다. 신재생 에너지는 화석 연료의 에너지 생산 비용에 근접하고 있으며 향후에 유가가 상승되고 신재생 에너지 시스템의 효율이 높아짐에 따라 신재생 에너지의 생산 비용이 오히려 더 저렴해질 것으로 보인다.
>
> 따라서 미래의 신재생 에너지의 보급은 지금 보다 훨씬 광범위하게 다양한 곳에서 이루어 질 것이며 현재의 전력 공급 체계를 변화시킬 것이다. 현재 중앙 집중식으로 되어있는 전력공급의 체계가 미래에는 다양한 곳에서 발전이 이루어지는 분산형으로 변할 것으로 보인다. 분산형 전원 시스템 체계에서 가장 중요한 기술인 스마트 그리드는 전력과 IT가 융합한 형태로서 많은 연구가 이루어지고 있다.
>
> 스마트 그리드 기반의 분산형 전원 보급이 활발해질 미래에는 곳곳에 중소규모의 신재생 에너지 시스템이 설치될 것으로 예상하며, 따라서 이들을 통합적으로 관리하고 정보 교환 기술을 갖춘 다양한 솔루션이 등장할 것으로 보인다.
>
> 신재생 에너지 시스템의 보급은 인류의 에너지 문제를 해결하는 유일한 방안이지만 화석 에너지와 달리 발전량을 쉽게 제어할 수 없는 문제점을 가지고 있다. 또한 같은 시스템일지라도 지역의 환경에 따라 발전량이 서로 다르게 될 것이기 때문에 스마트 그리드를 기반으로 한 마이크로 그리드 시스템이 구축될 때 정보 처리 기술은 신재생 에너지 시스템 관리 측면에서 중요한 인자가 될 것이다.
>
> 신재생 에너지 시스템을 관리하기 위해선 에너지 데이터 처리가 중요할 것으로 보인다. 특히 미래 신재생 에너지 관리 시스템은 관리가 체계적으로 되어 있을 발전단지보다는 비교적 관리 체계가 확립되기 힘든 주택, 빌딩 등에서 필요할 것으로 보인다. 다시 말해 주택, 빌딩에 신재생 에너지 시스템이 설치가 되면 이들을 관리할 수 있는 <u>솔루션</u>을 함께 설치해야 하며 이들을 운용하기 위한 애플리케이션도 함께 등장해야 한다.

① 소비자가 에너지의 생산과 소비를 모두 고려할 수 있는 지능형 에너지 서비스
② 잉여 에너지가 발생되지 않도록 수요와 공급에 맞는 발전량 자동 조절 기능
③ 다양한 OS로 기능을 구현할 수 있는 웹 서비스 기반의 범호환적인 플랫폼 기술
④ 생성된 에너지 데이터를 종합·분석하여 맞춤형 서비스를 제공

3 다음 글의 밑줄 친 ㉠~㉣ 중, 전체 글의 문맥과 논리적으로 어울리지 않는 의미를 포함하고 있는 것은 어느 것인가?

> 정부의 지방분권 강화의 흐름은 에너지정책 측면에서도 매우 시의적절해 보인다. 왜냐하면 현재 정부가 강력히 추진 중인 에너지전환정책의 성공 여부는 그 특성상 지자체의 협력과 역할에 달려 있기 때문이다.
>
> 현재까지의 중앙 정부 중심의 에너지정책은 필요한 에너지를 값싸게 충분히 안정적으로 공급한다는 공급관리 목표를 달성하는 데 매우 효율적이었다고 평가할 수 있다. 또한 중앙 정부 부처가 주도하는 현재의 정책 결정 구조는 에너지공급 설비와 비용을 최소화할 수 있으며, ㉠일관된 에너지정책을 추구하여 개별 에너지정책들 간의 충돌을 최소화할 수 있는 장점이 있다. 사실, 특정지역 대형설비 중심의 에너지정책을 추진할 때는 지역 경제보다는 국가경제 차원의 비용편익 분석이 타당성을 확보할 수 있고, 게다가 ㉡사업 추진 시 상대해야 할 민원도 특정지역으로 한정되는 경우가 많기 때문에 중앙정부 차원에서의 정책 추진이 효율적일 수 있다.
>
> 그러나 신재생에너지 전원과 같이 소규모로 거의 전 국토에 걸쳐 설치되어야 하는 분산형 전원 비중이 높아지는 에너지전환정책 추진에는 사정이 달라진다. 중앙 정부는 실제 설비가 들어서는 수많은 개별 지역의 특성을 세심히 살펴 추진할 수 없어 소규모 전원의 전국적 관리는 불가능하다. 실제로 현재 태양광이나 풍력의 보급이 지체되는 가장 큰 이유로 지자체의 인허가 단계에서 발생하는 다양한 민원이 지적되고 있다. 중앙정부 차원에서 평가한 신재생에너지의 보급 잠재력이 아무리 많아도, 실제 사업단계에서 부딪치는 다양한 어려움을 극복하지 못하면 보급 잠재력은 허수에 지나지 않게 된다. 따라서 ㉢소규모 분산전원의 확대는 거시적 정책이 아니라 지역별 특성을 세심히 고려한 미시적 정책에 달려 있다고 해도 지나치지 않다. 당연히 지역 특성을 잘 살필 수 있는 지자체가 분산전원 확산에 주도권을 쥐는 편이 에너지전환정책의 성공에 도움이 될 수 있다.
>
> 이뿐만 아니라 경제가 성장하면서 에너지소비 구조도 전력, 도시가스, 지역난방 등과 같은 네트워크에너지 중심으로 변화하다 보니 지역별 공급비용에 대한 불균형을 고려해 ㉣지역별 요금을 단일화해야 한다는 목소리도 점점 커지고 있고, 환경과 안전에 대한 국민들의 인식도 과거와 비교해 매우 높아져 이와 관련한 지역 사안에 관심도 커지고 있다. 이러한 변화는 때로는 지역 간 갈등으로 혹은 에너지시설 건설에 있어 님비(NIMBY)현상 등으로 표출되기도 한다. 모두 지역의 특성을 적극적으로 감안하고 지역주민들의 의견을 모아 해결해야 할 사안이다. 당연히 중앙정부보다 지자체가 훨씬 잘 할 수 있는 영역이다.
>
> 하지만 중앙정부의 역할이 결코 축소되어서는 안 된다. 소규모 분산전원이 확대됨에 따라 에너지공급의 안정성을 유지하기 위해 현재보다 더 많은 에너지 설비가 요구될 수 있으며 설비가 소형화되면서 공급 비용과 비효율성이 높아질 우려도 있기 때문이다. 따라서 지역 간 에너지시스템을 연계하는 등 공급 효율성을 높이기 위해 지자체 간의 협력과 중앙정부의 조정기능이 더욱 강조되어야 한다. 에너지전환정책은 중앙정부와 지자체 모두의 에너지정책 수요를 증가시키고 이들 간의 협력의 필요성을 더욱 요구할 것이다.

① ㉠

② ㉡

③ ㉢

④ ㉣

4　다음 글의 내용과 일치하는 것은?

　　1894년 콜먼이 「정신이 말짱한 사람이 보이는, 감각기관의 국부적 기질성 질환과 관련된 환각」이라는 논문에서 강조한 바 있지만, 지금도 '환각'이라고 하면 일반인과 의사 모두 정신병이나 뇌의 기질성 질환을 먼저 떠올린다. 1970년대 이전까지 정신이 말짱한 사람에게도 환각이 흔히 일어난다는 사실을 알아차리지 못했던 것은 어쩌면 그러한 환각이 어떻게 일어나는지에 관한 이론이 없었기 때문일 것이다. 그러다 1967년 폴란드의 신경생리학자 예르지 코노르스키가 『뇌의 통합적 활동』에서 '환각의 생리적 기초'를 여러 쪽에 걸쳐 논의했다. 코노르스키는 '환각이 왜 일어나는가?'라는 질문을 뒤집어 '환각은 왜 항상 일어나지 않는가? 환각을 구속하는 것은 무엇인가?'라는 질문을 제기했다. 그는 '지각과 이미지와 환각을 일으킬 수 있는' 역동적 체계, '환각을 일으키는 기제가 우리 뇌 속에 장착되어 있지만 몇몇 예외적인 경우에 만 작동하는' 체계를 상정했다. 그리고 감각기관에서 뇌로 이어지는 구심성(afferent) 연결뿐만 아니라 반대 방향으로 진행되는 역방향(retro) 연결도 존재한다는 것을 보여주는 증거를 수집했다. 그런 역방향 연결은 구심성 연결에 비하면 빈약하고 정상적인 상황에서는 활성화되지 않는다. 하지만 코노르스키는 바로 그 역방향 연결이 환각 유도에 필수적인 해부학적, 생리적 수단이 된다고 보았다.

　　그렇다면 정상적인 상황에서 이것이 활성화되지 못하도록 방해하는 것은 무엇일까? 결정적인 요인은 눈과 귀 같은 감각기관에서 입력되는 감각 자료라고 코노르스키는 주장했다. 이런 자료가 평소에 피질의 중추 부위에서 말초 부위로 활동이 역류하지 못하게 막는다는 것이다. 그러나 만약 감각기관에 들어오는 자료가 눈에 띄게 부족해지면 역류가 쉽게 일어나 환각과 지각을 생리적, 주관적으로 구별할 수 없게 된다. 평상시에는 침묵이나 어둠 속에 있다고 해서 입력되는 자료가 그렇게 줄어들지 않는다. 멸 단위(off units)가 계속적인 활동을 발화하고 생성하기 때문이다.

　　코노르스키의 이론은 훗날 '구심성 차단(de-afferentation)'과 관련된 '방출(release)' 환각이라 불리게 될 현상을 간단하고도 훌륭하게 설명해준다. 그런 설명은 이제는 당연하게 보이고 거의 동어반복으로 여겨지지만 1960년대만 하더라도 이를 독창적이고 대담하게 입증해야 했다.

　　뇌 영상 연구를 통해 코노르스키의 주장을 뒷받침해줄 훌륭한 증거들이 나오고 있다. 2000년에 티머시 그리피스는 음악 환청의 신경적 기초를 상세하게 밝혀낸 선구적인 논문을 발표했다. 그는 양전자단층촬영을 통해 음악 환청이 일어나는 순간 평소 실제 음악을 들을 때 활성화되는 것과 똑같은 신경 네트워크가 폭넓게 가동된다는 사실을 보여주었다.

---

① 코노르스키는 '환상은 왜 일어나는가?'에 대한 질문을 제기하여 환각의 체계를 구축했다.

② 코노르스키는 구심성 연결뿐만 아니라 뇌에서 감각기관으로 진행되는 연결을 만들어냈다.

③ 정상적인 상황에서 감각 자료는 피질의 중추 부위에서 말초 부위로 활동이 역류하지 못하게 막는다.

④ 평상시에 침묵이나 암흑 속에서 역류가 쉽게 일어나는 이유는 정상적인 상황보다 감각 자료가 적어지기 때문이다.

5 다음 글을 통해 알 수 있는 냉동보존술에 대한 내용으로 옳지 않은 것은?

수명 연장의 꿈을 갖고 제안된 것들 중 하나로 냉동보존이 있다. 이는 낮은 온도에서는 화학적 작용이 완전히 중지된다는 점에 착안해, 지금은 치료할 수 없는 환자를 그가 사망한 직후 액화질소 안에 냉동한 후, 냉동 및 해동에 따른 손상을 회복시키고 원래의 병을 치료할 수 있을 정도로 의학기술이 발전할 때까지 보관한다는 생각이다. 그러나 인체 냉동보존술은 제도권 내에 안착하지 못했으며, 현재는 소수의 열광자들에 의해 계승되어 이와 관련된 사업을 알코어 재단이 운영 중이다.

그런데 시신을 냉동하는 과정에서 시신의 세포 내부에 얼음이 형성되어 심각한 세포 손상이 일어난다는 것이 밝혀졌다. 이를 방지하기 위하여 저속 냉동보존술이 제시되었는데, 이는 주로 정자나 난자, 배아, 혈액 등의 온도를 1분에 1도 정도로 천천히 낮추는 방식이었다. 이 기술에서 느린 냉각은 삼투압을 이용해 세포 바깥의 물을 얼음 상태로 만들고 세포 내부의 물은 냉동되지 않도록 하는 방식이다. 그러나 이 또한 치명적이지는 않더라도 여전히 세포들을 손상시킨다. 최근에는 액체 상태의 체액을 유리질 상태로 변화시키는 방법을 이용해 세포들을 냉각시키는 방법이 개발되었다. 유리질 상태는 고체이지만 결정 구조가 아니다. 그것의 물 분자는 무질서한 상태로 남아있으며, 얼음 결정에서 보이는 것과 같은 규칙적인 격자 형태로 배열되어 있지 않다. 알코어 재단은 시신 조직의 미시적 구조가 손상되는 것을 줄이기 위해 최근부터 유리질화를 이용한 냉동방법을 활용하고 있다.

하지만 뇌과학자 A는 유리질화를 이용한 냉동보존에 대해서 회의적인 입장이다. 그에 따르면 우리의 기억이나 정체성을 이루고 있는 것은 신경계의 뉴런들이 상호 연결되어 있는 연결망의 총체로서의 커넥톰이다. 냉동보존된 인간을 다시 살려냈을 때, 그 사람이 냉동 이전의 사람과 동일한 사람이라고 할 수 있기 위해서는 뉴런들의 커넥톰이 그대로 보존되어 있어야 한다. 그러나 A는 이러한 가능성에 대해서 회의적이다. 인공호흡기로 연명하던 환자를 죽은 뒤에 부검해보면, 신체의 다른 장기들은 완전히 정상으로 보이지만 두뇌는 이미 변색이 일어나고 말랑하게 되거나 부분적으로 녹은 채로 발견되었다. 이로부터 병리학자들은 두뇌가 신체의 나머지 부분보다 훨씬 이전에 죽는다고 결론을 내렸다. 알코어 재단이 냉동보존할 시신을 수령할 무렵 시신의 두뇌는 최소한 몇 시간 동안 산소 결핍 상태에 있었으며, 살아있는 뇌세포는 하나도 남아있지 않았고 심하게 손상된 상태였다.

① 냉동보존술은 자본주의 사회에서 인간의 목숨을 물화하는 기술이다.

② 저속 냉동보존술을 통해 세포를 고체 상태이면서 결정 구조가 아닌 상태로 만든다.

③ 정자나 난자, 배아, 혈액을 냉각할 때는 세포 내부의 물을 냉각시켜 삼투압을 방지한다.

④ 유리질화 냉동보존에 회의적인 과학자는 알코어 재단이 시신을 보존하기 시작하는 시점에 뉴런들의 커넥톰은 이미 정상 상태에 있지 않다고 본다.

6 다음의 사례를 가장 잘 표현한 것을 고르면?

처음 보는 사람을 평가할 때 몇 초 안에 첫인상이 모든 것을 좌우한다고 할 수 있다. 첫인상이 좋으면 이후에 발견되는 단점은 작게 느껴지지만 첫인상이 좋지 않으면 그의 어떠한 장점도 눈에 들어오지 않는 경우가 많다. 면접관들이 면접자들을 평가 할 때 그들의 부분적인 특성인 외모나 용모, 인상 등만을 보고 회사 업무에 잘 적응할 만한 사람이라고 판단하는 경우 이러한 효과가 작용했다고 할 수 있다. 미국 유명 기업 CEO들의 평균 신장이 180cm를 넘는다는 것 역시 큰 키에서 우러나오는 것들이 다른 특징들을 압도했다고 볼 수 있을 것이다.

소비자들이 가격이 비싼 명품 상품이나 인기 브랜드의 상품을 판단할 때 대상의 품질이나 디자인에 있어 다른 브랜드의 상품들에 비해 우수할 것이라고 생각하는 경우도 역시 이러한 내용이 작용한 결과라고 볼 수 있다. '브랜드의 명성'이 라는 일부에 대한 특성이 품질, 디자인 등 대상의 전체적인 평가에까지 영향을 준 것이다.

축구선수 차두리는 아버지 차범근의 영향을 받아 국가대표 시절 큰 기대를 받았다. 차범근의 축구 실력을 아들도 이어받았을 것이라고 생각한 것이다. 배우 이완과 엄태웅 역시 각각 누나인 김태희와 엄정화의 효과를 받아 데뷔 시절부터 큰 주목을 받았다.

① 스스로가 지각할 수 있는 사실들을 집중적으로 조사해가면서, 알고 싶어하지 않는 것들을 무시해 버리는 경향이다.
② 고과자가 스스로가 가지고 있는 특성과 비교하여 피고과자를 고과하는 것이다.
③ 근무성적평정 등에 있어서 평정 결과의 분포가 우수한 쪽으로 집중되는 경향을 말하는 것이다.
④ 어떤 한 부분에 있어 어떠한 사람에 대해서 호의적인 태도 등이 다른 부분에 있어서도 그 사람에 대한 평가에 영향을 주는 것이다.

7 다음 내용을 바탕으로 글을 쓸 때 그 주제로 알맞은 것은?

> - 경찰청은 고속도로 갓길 운행을 막기 위해 갓길로 운행하다 적발되면 30일 간의 면허정지 처분을 내리기로 결정했다.
> - 교통사고 사망률 세계 1위라는 불명예는 1991년에 이어 1992년에도 계속되었다.
> - 교통사고의 원인으로는 운전자의 부주의와 교통 법규 위반의 비율이 가장 높다.
> - 교통 법규 위반자는 자신의 과실로 다른 사람에게 피해를 준다는 점에서 문제가 더욱 심각하다.
> - 우리나라는 과속 운전, 난폭 운전이 성행하고 있다. 이를 근절하기 위한 엄격한 법이 필요하다.

① 교통사고를 줄이기 위해서는 엄격한 법이 필요하다.
② 사고 방지를 위한 대국민적인 캠페인 운동을 해야 한다.
③ 교통사고의 사망률은 교통 문화 수준을 반영한 것이다.
④ 올바른 교통 문화 정착을 위해 국민적 자각이 요구된다.

8 다음의 자료를 활용하여 글을 쓰기 위해 구상한 내용으로 적절하지 않은 것은?

> 우리나라 중학교 여학생의 0.9%, 고등학교 여학생의 7.3%, 남학생의 경우는 중학생의 3.5%, 고등학생의 23.6%가 흡연을 하고 있다. 그리고 매년 청소년 흡연율은 증가하는 추세이다. 청소년보호법에 따르면 미성년자에게 담배를 팔 경우 2년 이하의 징역이나 1천만 원 이하의 벌금, 100만 원 이하의 과징금을 내도록 되어 있다. 그러나 담배 판매상의 잘못된 의식, 시민들의 고발정신 부족 등으로 인해 청소년에게 담배를 판매하는 행위가 제대로 시정되지 않고 있다. 또한 현재 담배 자동판매기의 대부분(96%)이 국민건강증진법에 허용된 장소에 설치되어 있다고는 하나, 그 장소가 주로 공공건물 내의 식당이나 상가 내 매점 등에 몰려 있다. 이런 장소들은 청소년들의 출입이 용이하기 때문에 그들이 성인의 주민등록증을 도용하여 담배를 사더라도 이를 단속하기가 어려운 실정이다.

① 시사점 : 시민의 관심이 소홀하며 시설 관리 체계가 허술하다.
② 원인 분석 : 법규의 실효성이 미흡하고 상업주의가 만연하고 있다.
③ 대책 : 국민건강증진법에 맞는 담배 자동판매기를 설치한다.
④ 결론 : 현실적으로 실효성이 있는 금연 관련법으로 개정한다.

9 아래의 글을 읽고 컨스터블의 풍경화에 대한 내용으로 적절한 것을 고르면?

수확을 앞둔 밀밭 사이로 양 떼를 몰고 가는 양치기 소년과 개, 이른 아침 농가의 이층 창밖으로 펼쳐진 청록의 들녘 등, 이런 평범한 시골 풍경을 그린 컨스터블(1776~1837)은 오늘날 영국인들에게 사랑을 받는 영국의 국민 화가이다. 현대인들은 그의 풍경화를 통해 영국의 전형적인 농촌 풍경을 떠올리지만, 사실 컨스터블이 활동하던 19세기 초반까지 이와 같은 소재는 풍경화의 묘사 대상이 아니었다. 그렇다면 평범한 농촌의 일상 정경을 그린 컨스터블은 왜 영국의 국민 화가가 되었을까?

컨스터블의 그림은 당시 풍경화의 주요 구매자였던 영국 귀족의 취향에서 어긋나 그다지 인기를 끌지 못했다. 당시 유행하던 픽처레스크 풍경화는 도식적이고 이상화된 풍경 묘사에 치중했지만, 컨스터블의 그림은 평범한 시골의 전원 풍경을 사실적으로 묘사한 것처럼 보인다. 이 때문에 그의 풍경화는 자연에 대한 과학적이고 객관적인 관찰을 바탕으로, 아무도 눈여겨보지 않았던 평범한 농촌의 아름다운 풍경을 포착하여 표현해 낸 결과물로 여겨져 왔다. 객관적 관찰과 사실적 묘사를 중시하는 관점에서 보면 컨스터블은 당대 유행하던 화풍과 타협하지 않고 독창적인 화풍을 추구한 화가이다.

그러나 1980년대에 들어서면서 이와 같은 관점에 대해 의문을 제기하는 비판적 해석이 등장한다. 새로운 해석은 작품이 제작 될 당시의 구체적인 사회적 상황을 중시하며 작품에서 지배 계급의 왜곡된 이데올로기를 읽어내는 데 중점을 둔다. 이 해석에 따르면 컨스터블의 풍경화는 당시 농촌의 모습을 있는 그대로 전달 해 주지 않는다. 사실 컨스터블이 활동하던 19세기 전반 영국은 산업혁명과 더불어 도시화가 급속히 진행되어 전통적 농촌 사회가 와해되면서 농민 봉기가 급증하였다. 그런데 그의 풍경화에 등장하는 인물들은 거의 예외 없이 원경으로 포착되어 얼굴이나 표정을 알아보기 어렵다. 시골에서 나고 자라 복잡한 농기구까지 세밀하게 그릴 줄 알았던 컨스터블이 있는 그대로의 자연을 포착 하려 했다면 왜 농민들의 모습은 구체적으로 표현하지 않았을까? 이는 풍경의 관찰자인 컨스터블과 풍경 속 인물들 간에는 항상 일정한 심리적 거리가 유지되고 있기 때문이다. 수정주의 미술 사학자들은 컨스터블의 풍경화에 나타나는 인물과 풍경의 불편한 동거는 바로 이러한 거리 두기에서 비롯한다고 주장하면서, 이 거리는 계급 간의 거리라고 해석한다. 지주의 아들이었던 그는 19세기 전반 영국 농촌 사회의 불안한 모습을 애써 외면했고, 그 결과 농민들은 적당히 화면에서 떨어져 있도록 배치하여 결코 그 들의 일그러지고 힘든 얼굴을 볼 수 없게 하였다는 것이다.

여기서 우리는 위의 두 견해가 암암리에 공유하는 기본 전제에 주목할 필요가 있다. 두 견해는 모두 작품이 가진 의미의 생산자를 작가로 보고 있다. 유행을 거부하고 남들이 보지 못한 평범한 농촌의 아름다움을 발견한 '천재' 컨스터블이나 지주 계급 출신으로 불안한 농촌 현실을 직시하지 않으려 한 '반동적' 컨스터블은 결국 동일한 인물로서 작품의 제작자이자 의미의 궁극적 생산자로 간주된다. 그러나 생산자가 있으면 소비자가 있게 마련이다. 기존의 견해는 소비자의 역할에 주목하지 않았다. 하지만 소비자는 생산자가 만들어낸 작품을 수동적으로 수용하는 존재가 아니다. 미술 작품을 포함한 문화적 텍스트의 의미는 그 텍스트를 만들어 낸 생산자나 텍스트 자체에 내재하는 것이 아니라 텍스트를 수용하는 소비자와의 상호 작용에 의해 결정된다. 다시 말해 수용자는 이해와 수용의 과정을 통해 특정 작품의 의미를 끊임없이 재생산하는 능동적 존재인 것이다. 따라서 앞에서 언급 한 해석들은 컨스터블 풍경화가 함축한 의미의 일부만 드러낸 것이고 나머지 의미는 그것을 바라보는 감상자의 경험과 기대가 투사되어 채워지는 것이라고 할 수 있다.

즉 컨스터블의 풍경화가 지니는 가치는 풍경화 그 자체가 아니라 감상자의 의미 부여에 의해 완성되는 것이다. 이런 관점에서 보면 컨스터블의 풍경화에 담긴 풍경이 실재와 얼마나 일치하는가는 크게 문제가 되지 않는다.

① 목가적인 전원을 그려 당대에 그에게 큰 명성을 안겨 주었다.
② 사실적 화풍으로 제작되어 당시 영국 귀족들에게 선호되지 못했다.
③ 서정적인 농촌 정경을 담고 있는 전형적인 픽처레스크 풍경화이다.
④ 세부 묘사가 결여되어 있어 그가 인물 표현에는 재능이 없었음을 보여준다.

10 다음 글에서 언급된 밑줄 친 '합리적 기대이론'에 대한 설명으로 적절하지 않은 것은 무엇인가?

　　과거에 중앙은행들은 자신이 가진 정보와 향후의 정책방향을 외부에 알리지 않는 이른바 비밀주의를 오랜 기간 지켜왔다. 통화정책 커뮤니케이션이 활발하지 않았던 이유는 여러 가지가 있었지만 무엇보다도 통화정책 결정의 영향이 파급되는 경로가 비교적 단순하고 분명하여 커뮤니케이션의 필요성이 크지 않았기 때문이었다. 게다가 중앙은행에게는 권한의 행사와 그로 인해 나타난 결과에 대해 국민에게 설명할 어떠한 의무도 부과되지 않았다.

　　중앙은행의 소극적인 의사소통을 옹호하는 주장 가운데는 비밀주의가 오히려 금융시장의 발전을 가져올 수 있다는 견해가 있었다. 중앙은행이 모호한 표현을 이용하여 자신의 정책의도를 이해하기 어렵게 설명하면 금리의 변화 방향에 대한 불확실성이 커지고 그 결과 미래 금리에 대한 시장의 기대가 다양하게 형성된다. 이처럼 미래의 적정금리에 대한 기대의 폭이 넓어지면 금융거래가 더욱 역동적으로 이루어짐으로써 시장의 규모가 커지는 등 금융시장이 발전하게 된다는 것이다. 또한 통화정책의 효과를 극대화하기 위해 커뮤니케이션을 자제해야 한다는 생각이 통화정책 비밀주의를 오래도록 유지하게 한 요인이었다. <u>합리적 기대이론</u>에 따르면 사전에 예견된 통화정책은 경제주체의 기대 변화를 통해 가격조정이 정책의 변화 이전에 이루어지기 때문에 실질생산량, 고용 등의 변수에 변화를 가져올 수 없다. 따라서 단기간 동안이라도 실질변수에 변화를 가져오기 위해서는 통화정책이 예상치 못한 상황에서 수행되어야 한다는 것이다.

　　이 외에 통화정책결정에 있어 중앙은행의 독립성이 확립되지 않은 경우 비밀주의를 유지하는 것이 외부의 압력으로부터 중앙은행을 지키는 데 유리하다는 견해가 있다. 중앙은행의 통화정책이 공개되면 이해관계가 서로 다른 집단이나 정부 등이 정책결정에 간섭할 가능성이 커지고 이들의 간섭이 중앙은행의 독립적인 정책수행을 어렵게 할 수 있다는 것이다.

① 사람들은 현상을 충분히 합리적으로 판단할 수 있으므로 어떠한 정책 변화도 미리 합리적으로 예상하여 행동한다.

② 경제주체들이 자신의 기대형성 방식이 잘못되었다는 것을 알면서도 그런 방식으로 계속 기대를 형성한다고 가정하는 것이다.

③ 예상하지 못한 정책 충격만이 단기적으로 실질변수에 영향을 미친다.

④ 1년 후의 물가가 10% 오를 것으로 예상될 때 10% 이하의 금리로 돈을 빌려 주면 손실을 보게 되기 때문에, 대출 금리를 10% 이상으로 인상시켜 놓게 된다.

11 다음은 농어촌 주민의 보건복지 증진을 위해 추진하고 있는 방안을 설명하는 글이다. 주어진 단락 (가)~(라) 중 농어촌의 사회복지서비스를 소개하고 있는 단락은 어느 것인가?

(가) 「쌀 소득 등의 보전에 관한 법률」에 따른 쌀 소득 등 보전직접 지불금 등은 전액 소득인정액에 반영하지 않으며, 농어민 가구가 자부담한 보육비용의 일부, 농어업 직접 사용 대출금의 상환이자 일부 등을 소득 산정에서 제외하고 있다. 또한 경작농지 등 농어업과 직접 관련되는 재산의 일부에 대해서도 소득환산에서 제외하고 있다.

(나) 2019년까지 한시적으로 농어민에 대한 국민연금보험료 지원을 실시하고 있다. 기준소득 금액은 910천 원으로 본인이 부담할 연금 보험료의 1/2를 초과하지 않는 범위 내에서 2015년 최고 40,950원/월을 지원하였다.

(다) 급격한 농어촌 고령화에 따라 농어촌 지역에 거주하는 보호가 필요한 거동불편노인, 독거노인 등에게 맞춤형 대책을 제공하기 위한 노인돌보기, 농어촌 지역 노인의 장기 요양 욕구 충족 및 부양가족의 부담 경감을 위한 노인요양시설 확충 등을 추진하고 있다.

(라) 농어촌 지역 주민의 암 조기발견 및 조기치료를 유도하기 위한 국가 암 검진 사업을 지속적으로 추진하고, 농어촌 재가암환자서비스 강화를 통하여 농어촌 암환자의 삶의 질 향상, 가족의 환자 보호·간호 등에 따른 부담 경감을 도모하고 있다.

① (가)

② (나)

③ (다)

④ (라)

사진이 등장하면서 회화는 대상을 사실적으로 재현(再現)하는 역할을 사진에 넘겨주게 되었고, 그에 따라 화가들은 회화의 의미에 대해 고민하게 되었다. 19세기 말 등장한 인상주의와 후기 인상주의는 전통적인 회화에서 중시되었던 사실주의적 회화 기법을 거부하고 회화의 새로운 경향을 추구하였다.

인상주의 화가들은 색이 빛에 의해 시시각각 변화하기 때문에 대상의 고유한 색은 존재하지 않는다고 생각하였다. 인상주의 화가 모네는 대상을 사실적으로 재현하는 회화적 전통에서 벗어나기 위해 빛에 따라 달라지는 사물의 색채와 그에 따른 순간적 인상을 표현하고자 하였다.

모네는 대상의 세부적인 모습보다는 전체적인 느낌과 분위기, 빛의 효과에 주목했다. 그 결과 빛에 의한 대상의 순간적 인상을 포착하여 대상을 빠른 속도로 그려 내었다. 그에 따라 그림에 거친 붓 자국과 물감을 덩어리로 찍어 바른 듯한 흔적이 남아 있는 경우가 많았다. 이로 인해 대상의 윤곽이 뚜렷하지 않아 색채 효과가 형태 묘사를 압도하는 듯한 느낌을 준다.

이와 같은 기법은 그가 사실적 묘사에 더 이상 치중하지 않았음을 보여 주는 것이었다. 그러나 모네 역시 대상을 '눈에 보이는 대로' 표현하려 했다는 점에서 이전 회화에서 추구했던 사실적 표현에서 완전히 벗어나지는 못했다는 평가를 받았다.

후기 인상주의 화가들은 재현 위주의 사실적 회화에서 근본적으로 벗어나는 새로운 방식을 추구하였다. 후기 인상주의 화가 세잔은 "회화에는 눈과 두뇌가 필요하다. 이 둘은 서로 도와야 하는데, 모네가 가진 것은 눈뿐이다."라고 말하면서 사물의 눈에 보이지 않는 형태까지 찾아 표현하고자 하였다. 이러한 시도는 회화란 지각되는 세계를 재현하는 것이 아니라 대상의 본질을 구현해야 한다는 생각에서 비롯되었다.

세잔은 하나의 눈이 아니라 두 개의 눈으로 보는 세계가 진실이라고 믿었고, 두 눈으로 보는 세계를 평면에 그리려고 했다. 그는 대상을 전통적 원근법에 억지로 맞추지 않고 이중 시점을 적용하여 대상을 다른 각도에서 바라보려 하였고, 이를 한 폭의 그림 안에 표현하였다. 또한 질서 있는 화면 구성을 위해 대상의 선택과 배치가 자유로운 정물화를 선호하였다.

세잔은 사물의 본질을 표현하기 위해서는 '보이는 것'을 그리는 것이 아니라 '아는 것'을 그려야 한다고 주장하였다. 그 결과 자연을 관찰하고 분석하여 사물은 본질적으로 구, 원통, 원뿔의 단순한 형태로 이루어졌다는 결론에 도달하였다. 이를 회화에서 구현하기 위해 그는 이중 시점에서 더 나아가 형태를 단순화하여 대상의 본질을 표현하려 하였고, 윤곽선을 강조하여 대상의 존재감을 부각하려 하였다. 회화의 정체성에 대한 고민에서 비롯된 ⊙ 그의 이러한 화풍은 입체파 화가들에게 직접적인 영향을 미치게 되었다.

12 윗글의 내용과 일치하지 않는 것은?

① 사진은 화가들이 회화의 의미를 고민하는 계기가 되었다.

② 전통 회화는 대상을 사실적으로 묘사하는 것을 중시했다.

③ 모네의 작품은 색채 효과가 형태 묘사를 압도하는 듯한 느낌을 주었다.

④ 모네는 대상의 고유한 색 표현을 위해서 전통적인 원근법을 거부하였다.

13 〈보기〉를 바탕으로 할 때, 세잔의 화풍을 ⊙과 같이 평가한 이유로 가장 적절한 것은?

〈보기〉

입체파 화가들은 사물의 본질을 표현하고자 대상을 입체적 공간으로 나누어 단순화한 후, 여러 각도에서 바라보는 관점으로 사물을 해체하였다가 화폭 위에 재구성하는 방식을 취하였다. 이러한 기법을 통해 관찰자의 위치와 각도에 따라 각기 다르게 보이는 대상의 다양한 모습을 한 화폭에 담아내려 하였다.

① 대상의 본질을 드러내기 위해 다양한 각도에서 바라보아야 한다는 관점을 제공하였기 때문에

② 대상을 복잡한 형태로 추상화하여 대상의 전체적인 느낌을 부각하는 방법을 시도하였기 때문에

③ 사물을 최대한 정확하게 묘사하기 위해 전통적 원근법을 독창적인 방법으로 변용시켰기 때문에

④ 시시각각 달라지는 자연을 관찰하고 분석하여 대상의 인상을 그려 내는 화풍을 정립하였기 때문에

14 두 과학자 진영 A와 B의 진술 내용과 부합하지 않는 것은?

우리 은하와 비교적 멀리 떨어져 있는 은하들이 모두 우리 은하로부터 점점 더 멀어지고 있다는 사실이 확인되었다. 이 사실을 두고 우주의 기원과 구조에 대해 서로 다른 견해를 가진 두 진영이 다음과 같이 논쟁하였다.

A진영 : 우주는 시간적으로 무한히 오래되었다. 우주가 팽창하는 것은 사실이다. 그렇다고 우리 견해가 틀렸다고 볼 필요는 없다. 우주는 팽창하지만 전체적으로 항상성을 유지한다. 은하와 은하가 멀어질 때 그 사이에서 물질이 연속적으로 생성되어 새로운 은하들이 계속 형성되기 때문이다. 비록 우주는 약간씩 변화가 있겠지만, 우주 전체의 평균 밀도는 일정하게 유지된다. 만일 은하 사이에서 새로 생성되는 은하를 관측한다면, 우리의 가설을 입증할 수 있다. 반면 우주가 자그마한 씨앗으로부터 대폭발에 의해 생겨났다는 주장은 터무니없다. 이처럼 방대한 우주의 물질과 구조가 어떻게 그토록 작은 점에 모여 있을 수 있겠는가?

B진영 : A의 주장은 터무니없다. 은하 사이에서 새로운 은하가 생겨난다면 도대체 그 물질은 어디서 온 것이라는 말인가? 은하들이 우리 은하로부터 점점 더 멀어지고 있다는 사실은 오히려 우리 견해가 옳다는 것을 입증할 뿐이다. 팽창하는 우주를 거꾸로 돌린다면 우주가 시공간적으로 한 점에서 시작되었다는 결론을 얻을 수 있다. 만일 우주 안의 모든 물질과 구조가 한 점에 있었다면 초기 우주는 현재와 크게 달랐을 것이다. 대폭발 이후 우주의 물질들은 계속 멀어지고 있으며 우주의 밀도는 계속 낮아지고 있다. 대폭발 이후 방대한 전자기파가 방출되었는데, 만일 우리가 이를 관측한다면, 우리의 견해가 입증될 것이다.

① A에 따르면 물질의 총 질량이 보존되지 않는다.
② A에 따르면 우주는 시작이 없고, B에 따르면 우주는 시작이 있다.
③ A에 따르면 우주는 국소적인 변화는 있으나 전체적으로는 변화가 없다.
④ A와 B는 인접한 은하들 사이의 평균 거리가 커진다는 것을 받아들인다.

15 다음 글의 문맥상 빈 칸 (가)에 들어갈 가장 적절한 말은 어느 것인가?

여름이 빨리 오고 오래 가다보니 의류업계에서 '쿨링'을 컨셉으로 하는 옷들을 앞다퉈 내놓고 있다. 그물망 형태의 옷감에서 냉감(冷感)을 주는 멘톨(박하의 주성분)을 포함한 섬유까지 접근 방식도 제각각이다. 그런데 가까운 미래에는 미생물을 포함한 옷이 이 대열에 합류할지도 모르겠다. 박테리아 같은 미생물은 여름철 땀냄새의 원인이라는데 어떻게 옷에 쓰일 수 있을까.

생물계에서 흡습형태변형은 널리 관찰되는 현상이다. 솔방울이 대표적인 예로 습도가 높을 때는 비늘이 닫혀있어 표면이 매끈한 덩어리로 보이지만 습도가 떨어지면 비늘이 삐죽삐죽 튀어나온 형태로 바뀐다. 밀이나 보리의 열매(낟알) 끝에 달려 있는 까끄라기도 습도가 높을 때는 한 쌍이 거의 나란히 있지만 습도가 낮아지면 서로 벌어진다. 이런 현상은 한쪽 면에 있는 세포의 길이(크기)가 반대 쪽 면에 있는 세포에 비해 습도에 더 민감하게 변하기 때문이다. 즉 습도가 낮아져 세포 길이가 짧아지면 그쪽 면을 향해 휘어지는 것이다.

MIT의 연구자들은 미생물을 이용해서도 이런 흡습형태변형을 구현할 수 있는지 알아보기로 했다. 즉 습도에 영향을 받지 않는 재질인 천연라텍스 천에 농축된 대장균 배양액을 도포해 막을 형성했다. 대장균은 별도의 접착제 없이도 소수성 상호작용으로 라텍스에 잘 달라붙는다. 라텍스 천의 두께는 150~500μm(마이크로미터. 1μm는 100만분의 1m)이고 대장균 막의 두께는 1~5μm다. 이 천을 상대습도 15%인 건조한 곳에 두자 대장균 세포에서 수분이 빠져나가며 대장균 막이 도포된 쪽으로 휘어졌다. 이 상태에서 상대습도 95%인 곳으로 옮기자 천이 서서히 펴지며 다시 평평해졌다. 이 과정을 여러 차례 반복해도 같은 현상이 재현됐다.

연구자들은 원자힘현미경(AFM)으로 대장균 막을 들여다봤고 상대습도에 따라 크기(부피)가 변한다는 사실을 확인했다. 즉 건조한 곳에서는 대장균 세포부피가 30% 정도 줄어드는데 이 효과가 천에서 세포들이 나란히 배열된 쪽을 수축시키는 현상으로 나타나 그 방향으로 휘어지는 것이다. 연구자들은 이런 흡습형태변형이 대장균만의 특성인지 미생물의 일반 특성인지 알아보기 위해 몇 가지 박테리아와 단세포 진핵생물인 효모에 대해서도 같은 실험을 해봤다. 그 결과 정도의 차이는 있었지만 패턴은 동일했다.

다음으로 연구자들은 양쪽 면에 미생물이 코팅된 천이 쿨링 소재로 얼마나 효과적인지 알아보기로 했다. 연구팀은 흡습형태변형이 효과를 낼 수 있도록 독특한 형태로 옷을 디자인했다. 즉,
((가)   )
그 결과 공간이 생기면서 땀의 배출을 돕는다. 측정 결과 미생물이 코팅된 천으로 만든 옷을 입을 경우 같은 형태의 일반 천으로 만든 옷에 비해 피부 표면 공기의 온도가 2도 정도 낮아 쿨링 효과가 있는 것으로 나타났다.

① 체온이 높은 등 쪽으로 천이 휘어지게 되는 성질을 이용해 평상시에는 옷이 바깥쪽으로 더 튀어나오도록 디자인했다.

② 미생물이 코팅된 천이 땀으로 인한 습도의 영향을 잘 받을 수 있도록 옷의 안쪽 면에 부착하여 옷의 바깥쪽과는 완전히 다른 환경을 유지할 수 있도록 디자인했다.

③ 땀이 많이 나는 등 쪽에 칼집을 낸 형태로 만들어 땀이 안 날 때는 평평하다가 땀이 나면 피부 쪽 면의 습도가 높아져 미생물이 팽창해 천이 바깥쪽으로 휘어지도록 디자인했다.

④ 땀이 나서 습도가 올라가면 등 쪽의 세포 길이가 짧아질 것을 고려해 천이 안쪽으로 휘어져 공간이 생길 수 있도록 디자인했다.

16 다음 글을 참고할 때, '깨진 유리창의 법칙'이 시사하는 바로 가장 적절한 설명은 무엇인가?

> 1969년 미국 스탠포드 대학의 심리학자인 필립 짐바르도 교수는 아주 흥미로운 심리실험을 진행했다. 범죄가 자주 발생하는 골목을 골라 새 승용차 한 대를 보닛을 열어놓은 상태로 방치시켰다. 일주일이 지난 뒤 확인해보니 그 차는 아무런 이상이 없었다. 원상태대로 보존된 것이다. 이번에는 똑같은 새 승용차를 보닛을 열어놓고, 한쪽 유리창을 깬 상태로 방치시켜 두었다. 놀라운 일이 벌어졌다. 불과 10분이 지나자 배터리가 없어지고 차 안에 쓰레기가 버려져 있었다. 시간이 지나면서 낙서, 도난, 파괴가 연이어 일어났다. 1주일이 지나자 그 차는 거의 고철상태가 되어 폐차장으로 실려 갈 정도가 되었던 것이다. 훗날 이 실험결과는 '깨진 유리창의 법칙'이라는 이름으로 불리게 된다.
>
> 1980년대의 뉴욕 시는 연간 60만 건 이상의 중범죄가 발생하는 범죄도시로 악명이 높았다. 당시 여행객들 사이에서 '뉴욕의 지하철은 절대 타지 마라'는 소문이 돌 정도였다. 미국 라토가스 대학의 겔링 교수는 '깨진 유리창의 법칙'에 근거하여, 뉴욕 시의 지하철 흉악 범죄를 줄이기 위한 대책으로 낙서를 철저하게 지울 것을 제안했다. 낙서가 방치되어 있는 상태는 창문이 깨져있는 자동차와 같은 상태라고 생각했기 때문이다.

① 범죄는 대중교통 이용 공간에서 발생확률이 가장 높다.

② 문제는 확인되기 전에 사전 단속이 중요하다.

③ 작은 일을 철저히 관리하면 큰 사고를 막을 수 있다.

④ 낙서는 가장 핵심적인 범죄의 원인이 된다.

17 다음 글에서 A의 추리가 전제하고 있는 것을 〈보기〉에서 모두 고른 것은?

낭포성 섬유증은 치명적 유전 질병으로 현대 의학이 발달하기 전에는 이 질병을 가진사람은 어린 나이에 죽었다. 지금도 낭포성 섬유증을 가진 사람은 대개 청년기에 이르기 전에 사망한다. 낭포성 섬유증은 백인에게서 3,000명에 1명 정도의 비율로 나타나며 인구의 약 5% 정도가 이 유전자를 가지고 있다. 진화생물학 이론에 의하면 유전자는 자신이 속하는 종에 어떤 이점을 줄 때에만 남아 있다. 만일 어떤 유전자가 치명적 질병과 같이 생물에 약점으로 작용한다면 이 유전자를 가지고 있는 생물은 그렇지 않은 생물보다 생식할 수 있는 기회가 줄어들기 때문에, 이 유전자는 궁극적으로 유전자 풀(pool)에서 사라질 것이다. 낭포성 섬유증 유전자는 이 이론으로 설명할 수 없는 것으로 보인다.

1994년 미국의 과학자 A는 흥미로운 실험 결과를 발표하였다. 정상 유전자를 가진 쥐에게 콜레라 독소를 주입하자 쥐는 심한 설사로 죽었다. 그러나 낭포성 섬유증 유전자를 1개 가지고 있는 쥐는 독소를 주입한 다음 설사 증상을 보였지만 그 정도는 낭포성 섬유증 유전자가 없는 쥐에 비해 반 정도였다. 낭포성 섬유증 유전자를 2개 가진 쥐는 독소를 주입한 후에도 전혀 증상을 보이지 않았다. 낭포성 섬유증 증세를 보이는 사람은 장과 폐로부터 염소이온을 밖으로 퍼내는 작용을 정상적으로 하지 못한다. 반면 콜레라 독소는 장으로부터 염소이온을 비롯한 염분을 과다하게 분비하게 하고 이로 인해 물을 과다하게 배출시켜 설사를 일으킨다. 이 결과로부터 A는 낭포성 섬유증 유전자의 작용이 콜레라 독소가 과도한 설사를 일으키는 메커니즘을 막기 때문에, 낭포성 섬유증 유전자를 가진 사람이 콜레라로부터 보호될 수 있을 것이라고 추측하였다. 그러므로 1800년대에 유럽을 강타했던 콜레라 대유행에서 낭포성 섬유증 유전자를 가진 사람이 살아남기에 유리했다고 주장하였다.

〈보기〉
㉠ 쥐에서 나타나는 질병 양상은 사람에게도 유사하게 적용된다.
㉡ 낭포성 섬유증은 백인 외의 인종에서는 드문 유전 질병이다.
㉢ 콜레라 독소는 콜레라균에 감염되었을 때와 같은 증상을 유발한다.
㉣ 낭포성 섬유증 유전자를 가진 모든 사람이 낭포성 섬유증으로 인하여 청년기 전에 사망하는 것은 아니다.

① ㉠, ㉡
② ㉠, ㉢
③ ㉡, ㉣
④ ㉠, ㉢, ㉣

18 다음은 정부와 한전에서 중점 추진하고 있는 에너지 신산업에 대한 글이다. 다음 글의 밑줄 친 부분이 의미하는 변화를 이루기 위해 가장 핵심적으로 요구되는 두 가지 기술 요소를 적절하게 연결한 것은 어느 것인가?

우리나라는 에너지 신산업의 일환으로 에너지 프로슈머 사업을 적극적으로 추진한다는 계획 하에 소규모 시범사업부터 대규모 프로슈머의 시범사업을 추진하고 있다. 기본적으로 에너지 프로슈머 사업이 활성화되기 위해서는 소비자 스스로 태양광 발전설비를 설치하고, 이웃과 거래할 수 있는 유인이 있어야 한다. 이러한 유인이 존재하려면 전력회사가 제공하는 전기의 요금보다 신재생에너지 발전단가가 낮아야 할 것이다. 앞으로도 소비자들의 프로슈머화는 가속화될 것이고 궁극적으로는 <u>자급자족 에너지 시스템으로의 변화로</u> 이어질 것으로 예상되고 있다.

에너지 프로슈머는 전력회사로부터 전력을 공급받아 단순히 소비만 하던 에너지 사용방식에서 탈피하여 신재생에너지원을 활용하여 직접 생산하여 소비한 후 남는 전력을 판매하기도 하는 소비자를 일컫는다. 소비자는 주로 태양광 발전설비를 이용하여 낮에 전력을 생산하여 자가 소비 후 잉여전력을 전력회사나 이웃에게 판매하는 방식으로 처리할 수 있다. 이 과정에서 소비자는 생산된 전력량으로부터 자가 소비량과 잉여전력량을 조절하는 한편, 전력회사로부터의 전력구입량도 관리하는 등 에너지 관리에 대한 선택이 확대된다. 더구나 전력저장장치가 결합된다면 저녁 시간대의 전력 활용에 대한 선택이 커지므로 보다 전략적으로 에너지 관리를 할 수 있을 것이다.

소비자의 에너지 사용에 대한 행동변화는 소비자의 에너지 프로슈머화를 촉진시킬 뿐만 아니라 현재 대규모 설비위주의 중앙집중적 에너지 공급시스템을 분산형 전원을 활용하여 자급자족이 가능한 에너지 시스템으로 변화되도록 유도하고 있다. 그리고 소비자의 에너지 활용과 관련한 선택의 범위가 확대됨에 따라 다양한 에너지 서비스의 활성화에도 기여하고 있다. 소비자의 행동변화에 따라 에너지 사용데이터를 기반으로 공급자들도 에너지 수요관리와 관련된 다양한 서비스를 제공하는 한편, 에너지 프로슈머와의 경쟁적 환경에 놓이게 된 것이다.

① 전력저장장치, 전력구입량 관리 설비
② 전력저장장치, 분산형 전원
③ 중앙집중적 에너지 공급시스템, 전력구입량 관리 설비
④ 에너지 사용데이터 관리 시스템, 전력저장장치

19 다음 글은 사회보장제도와 국민연금에 관한 내용이다. 다음 글을 읽고 정리한 〈보기〉의 내용 중 빈 칸 ㈎, ㈏에 들어갈 적절한 말이 순서대로 나열된 것은 어느 것인가?

산업화 이전의 사회에서도 인간은 질병·노령·장애·빈곤 등과 같은 문제를 겪어 왔습니다. 그러나 이 시기의 위험은 사회구조적인 차원의 문제라기보다는 개인적인 문제로 여겨졌습니다. 이에 따라 문제의 해결 역시 사회구조적인 대안보다는 개인이나 가족의 책임 아래에서 이루어졌습니다.

그러나 산업사회로 넘어오면서 환경오염, 산업재해, 실직 등과 같이 개인의 힘만으로는 해결하기 어려운 각종 사회적 위험이 부각되었고, 부양 공동체 역할을 수행해오던 대가족 제도가 해체됨에 따라, 개인 차원에서 다루어지던 다양한 문제들이 국가개입 필요성이 요구되는 사회적 문제로 대두되기 시작했습니다.

이러한 다양한 사회적 위험으로부터 모든 국민을 보호하여 빈곤을 해소하고 국민생활의 질을 향상시키기 위해 국가는 제도적 장치를 마련하였는데, 이것이 바로 사회보장제도입니다. 우리나라에서 시행되고 있는 대표적인 사회보장제도는 국민연금, 건강보험, 산재보험, 고용보험, 노인장기요양보험 등과 같은 사회보험제도, 기초생활보장과 의료보장을 주목적으로 하는 공공부조제도인 국민기초생활보장제도, 그리고 노인·부녀자·아동·장애인 등을 대상으로 제공되는 다양한 사회복지서비스 등이 있습니다. 우리나라의 사회보장제도는 1970년대까지만 해도 구호사업과 구빈정책 위주였으나, 1970년대 후반에 도입된 의료보험과 1988년 실시된 국민연금제도를 통해 그 외연을 확장할 수 있었습니다.

이처럼 다양한 사회보장제도 중에서 국민연금은 보험원리에 따라 운영되는 대표적인 사회보험제도라고 할 수 있습니다. 즉, 가입자, 사용자로부터 일정액의 보험료를 받고, 이를 재원으로 사회적 위험에 노출되어 소득이 중단되거나 상실될 가능성이 있는 사람들에게 다양한 급여를 제공하는 제도입니다. 국민연금제도를 통해 제공되는 급여에는 노령으로 인한 근로소득 상실을 보전하기 위한 노령연금, 주소득자의 사망에 따른 소득상실을 보전하기 위한 유족연금, 질병 또는 사고로 인한 장기근로능력 상실에 따른 소득상실을 보전하기 위한 장애연금 등이 있으며, 이러한 급여를 지급함으로써 국민의 생활안정과 복지증진을 도모하고자 합니다.

<보기>

사회보장 (광의)	사회보장 (협의)	사회보험	건강보험, (가), 고용보험, 노인장기요양보험
			공적연금 – 노령연금, 유족연금, (나)
		공공부조 : 생활보장, 의료보장, 재해보장	
		사회복지서비스 (노인·부녀자·아동·장애인복지 등)	
	관련제도	주택 및 생활환경, 지역사회개발, 공중보건 및 의료	
		영양, 교육, 인구 및 고용대책	

① 연금급여, 사회보험
② 산재보험, 장애연금
③ 사회보험, 연금급여
④ 사회보험, 장애연금

20 다음 육아휴직에 관한 글을 올바르게 이해하지 못한 설명은 어느 것인가?

□ 육아휴직이란?

육아휴직이란 근로자가 만 8세 이하 또는 초등학교 2학년 이하의 자녀를 양육하기 위하여 신청, 사용하는 휴직을 말합니다.

□ 육아휴직기간

육아휴직의 기간은 1년 이내입니다.

* 자녀 1명당 1년 사용 가능하므로 자녀가 2명이면 각각 1년씩 2년 사용 가능
* 근로자의 권리이므로 부모가 모두 근로자면 한 자녀에 대하여 아빠도 1년, 엄마도 1년 사용 가능

□ 육아휴직급여 지급대상

- 사업주로부터 30일 이상 육아휴직을 부여받아야 합니다.
  ※ ① 근로한 기간이 1년 미만인 근로자, ② 같은 자녀에 대하여 배우자가 육아휴직을 하고 있는 근로자에 대하여는 사업주가 육아휴직을 거부할 수 있으니 유의하세요.
- 육아휴직 개시일 이전에 피보험단위기간(재직하면서 임금 받은 기간)이 모두 합해서 180일 이상이 되어야 합니다.
  ※ 단, 과거에 실업급여를 받았을 경우 인정받았던 피보험기간은 제외
- 같은 자녀에 대해서 피보험자인 배우자가 동시에 육아휴직(30일 미만은 제외) 중인 경우에는 중복된 기간에 대하여는 1명만 지급합니다.

□ 육아휴직급여 지급액

- 육아휴직기간 동안 매월 통상임금의 100분의 40을 육아휴직급여로 지급하고(상한액 : 월 100만 원, 하한액 : 월 50만 원), 육아휴직급여액 중 100분의 25는 직장복귀 6개월 후에 일시불로 지급합니다.
- 또한, 육아휴직 기간 중 사업주로부터 육아휴직을 이유로 금품을 지급받은 경우로서 매월 단위로 육아휴직기간 중 지급받은 금품과 육아휴직 급여의 100분의 75에 해당하는 금액(그 금액이 50만 원 미만인 경우에는 하한액 50만 원)을 합한 금액이 육아휴직 시작일 기준으로 한 월 통상임금을 초과한 경우에는 그 초과한 금액을 육아휴직 급여의 100분의 75에 해당하는 금액에서 빼고 지급합니다.
- 육아 휴직 시작일이 2015년 7월 1일 이전은 육아휴직 급여의 100분의 85에 해당하는 금액(그 금액이 50만 원 미만인 경우에는 하한액 50만 원)을 합한 금액이 육아 휴직 시작일 기준으로 한 월 통상임금을 초과한 경우에는 그 초과한 금액을 육아휴직 급여의 100분의 85에 해당하는 금액에서 빼고 지급합니다.

□ 신청 시기

육아휴직을 시작한 날 이후 1개월부터 매월 단위로 신청하되, 당월 중에 실시한 육아휴직에 대한 급여의 지급 신청은 다음 달 말일까지 해야 합니다. 매월 신청하지 않고 기간을 적치하여 신청 가능합니다(사전 신청한 경우). 단, 육아휴직이 끝난 날 이후 12개월 이내에 신청하지 않을 경우 동 급여를 지급하지 않습니다.

① 해당 연령대 자녀가 2명인 부모가 사용할 수 있는 총 육아휴직 합산 기간은 4년이다.

② 통상임금이 200만 원인 근로자의 경우, 직장복귀 6개월 후 50만 원을 지급받게 된다.

③ 육아휴직급여를 받기 위해서는 이전 재직기간이 최소한 180일 이상이어야 한다.

④ 통상임금이 200만 원인 근로자가 사업주로부터 육아휴직을 이유로 150만 원의 격려금을 지급받았을 경우, 해당 월의 육아휴직급여액은 50만 원이 된다.

21 다음 글의 내용을 참고할 때, 빈 칸에 들어갈 가장 적절한 말은 어느 것인가?

사람을 비롯한 포유류에서 모든 피를 만드는 줄기세포는 뼈에 존재한다. 그러나 물고기의 조혈 줄기세포(조혈모세포)는 신장에 있다. 신체의 특정 위치 즉 '조혈 줄기세포 자리(blood stem cell niche)'에서 피가 만들어진다는 사실을 처음 알게 된 1970년대 이래, 생물학자들은 생물들이 왜 서로 다른 부위에서 이 기능을 수행하도록 진화돼 왔는지 궁금하게 여겨왔다. 그 40년 뒤, 중요한 단서가 발견됐다. 조혈 줄기세포가 위치한 장소는 (   ) 진화돼 왔다는 사실이다.

이번에 발견된 '조혈 줄기세포 자리' 퍼즐 조각은 조혈모세포 이식의 안전성을 증진시키는데 도움이 될 것으로 기대된다. 연구팀은 실험에 널리 쓰이는 동물모델인 제브라피쉬를 관찰하다 영감을 얻게 됐다.

프리드리히 카프(Friedrich Kapp) 박사는 "현미경으로 제브라피쉬의 조혈 줄기세포를 관찰하려고 했으나 신장 위에 있는 멜라닌세포 층이 시야를 가로막았다"고 말했다. 멜라닌세포는 인체 피부 색깔을 나타내는 멜라닌 색소를 생성하는 세포다.

카프 박사는 "신장 위에 있는 멜라닌세포의 모양이 마치 파라솔을 연상시켜 이 세포들이 조혈 줄기세포를 자외선으로부터 보호해 주는 것이 아닐까 하는 생각을 하게 됐다"고 전했다. 이런 생각이 들자 카프 박사는 정상적인 제브라피쉬와 멜라닌세포가 결여된 변이 제브라피쉬를 각각 자외선에 노출시켰다. 그랬더니 변이 제브라피쉬의 조혈 줄기세포가 줄어드는 현상이 나타났다. 이와 함께 정상적인 제브라피쉬를 거꾸로 뒤집어 자외선을 쬐자 마찬가지로 줄기세포가 손실됐다.

이 실험들은 멜라닌세포 우산이 물리적으로 위에서 내리쬐는 자외선으로부터 신장을 보호하고 있다는 사실을 확인시켜 주었다.

① 줄기세포가 햇빛과 원활하게 접촉할 수 있도록
② 줄기세포에 일정한 양의 햇빛이 지속적으로 공급될 수 있도록
③ 멜라닌 색소가 생성되기에 최적의 공간이 형성될 수 있도록
④ 햇빛의 자외선으로부터 이 줄기세포를 보호하도록

22 다음 글의 문맥상 빈칸에 들어갈 말로 가장 적절한 것은?

> 기본적으로 전기차의 충전수요는 주택용 및 직장용 충전방식을 통해 상당부분 충족될 수 있다. 집과 직장은 우리가 하루 중 대부분의 시간을 보내는 장소이며, 그만큼 우리의 자동차가 가장 많은 시간을 보내는 장소이다. 그러나 서울 및 대도시를 포함하여, 전국적으로 주로 아파트 등 공동주택에 거주하는 가구비중이 높은 국내 현실을 감안한다면, 주택용 충전방식의 제약은 단기적으로 해결하기는 어려운 것이 또한 현실이다. 더욱이 우리가 자동차를 소유하고 활용할 때 직장으로의 통근용으로만 사용하지는 않는다. 때론 교외로 때론 지방으로 이동할 때 자유롭게 활용 가능해야 하며, 이때 (   ), 전기차의 시장침투는 그만큼 제약될 수밖에 없다. 직접 충전을 하지 않더라도 적어도 언제 어디서나 충전이 가능하다는 인식이 자동차 운전자들에게 보편화되지 않는다면, 배터리에 충전된 전력이 다 소진되어, 도로 한가운데서 꼼짝달싹할 수 없게 될 수도 있다는 두려움, 즉 주행가능거리에 대한 우려로 인해 기존 내연기관차에서 전기차로의 전환은 기피대상이 될 수밖에 없다.
>
> 결국 누구나 언제 어디서나 접근이 가능한 공공형 충전소가 도처에 설치되어야 하며, 이를 체계적으로 운영 관리하여 전기차 이용자들이 편하게 사용할 수 있는 분위기 마련이 시급하다. 이를 위해서는 무엇보다 전기차 충전서비스 시장이 두터워지고, 잘 작동해야 한다.

① 이동하고자 하는 거리가 너무 멀다면
② 충전 요금이 과도하게 책정된다면
③ 전기 차 보급이 활성화되어 있지 않다면
④ 기존 내연기관차보다 불편함이 있다면

23 제시된 문장을 글의 흐름이 자연스럽도록 순서대로 배열한 것을 고르면?

> (가) 그 덕분에 인류의 문명은 발달될 수 있었다.
> (나) 그 대신 사람들은 잠을 빼앗겼고 생물들은 생체 리듬을 잃었다.
> (다) 인간은 오랜 세월 태양의 움직임에 따라 신체 조건을 맞추어 왔다.
> (라) 그러나 밤에도 빛을 이용해 보겠다는 욕구가 관솔불, 등잔불, 전등을 만들어 냈고, 이에 따라 밤에 이루어지는 인간의 활동이 점점 많아졌다.

① (가)-(나)-(다)-(라) ② (나)-(가)-(라)-(다)
③ (다)-(라)-(가)-(나) ④ (라)-(다)-(나)-(가)

이것은 퍽 우려할 일이다. 즉, 위에서 본 현대 사회의 중요한 문제들에 접해서 많은 선택과 결정을 내려야 할 사람들이 이들 문제의 바탕이 되는 과학의 내용을 이해하기는커녕, 접근하기조차 힘들 정도로 과학이 일반 지식인들로부터 유리(遊離)된 것은 커다란 문제인 것이다. 더구나 이런 실정이 쉽게 해결되기가 힘든 뚜렷한 이유, 즉 과학의 내용 자체가 가지는 어려움은 계속 존재하거나 심해질 것이기 때문에 문제는 더욱 심각하다.

그러나 이러한 과학의 유리 상태를 심화시키는 데에 과학 내용의 어려움보다도 더 크게 작용하는 것은 과학에 관해 널리 퍼져 있는 잘못된 생각이다. 흔히들 현대 사회의 많은 문제들이 과학의 책임인 것으로 생각한다. 즉, 과학이 인간의 윤리나 가치 같은 것은 무시한 채 맹목적으로 발전해서 많은 문제들 예를 들어, 무기 개발, 전쟁 유발, 환경 오염, 인간의 기계화, 생명의 존귀성 위협을 야기(惹起)시키면서도 이에 대해서 아무런 책임을 지지 않고 있다는 생각이 그것이다.

대부분의 경우, 이런 생각의 바탕에는 과학이 가치 중립적(價値中立的)이거나 혹은 가치와 무관하다는 명제(命題)가 깔려 있다. 물론, 과학이 가치 중립적이라는 생각은 여러 의미에서 타당한 생각이며 실제로 많은 사람들이 받아들이는 생각이다. 최근에 와서 이에 회의(懷疑)를 표시하는 사람들도 거의 대부분 이 명제 자체를 부정하는 것보다는 과학에 가치 중립적이 아닌 측면도 있음을 보이는 데에 그친다. 그러나 일반 사람들이 위의 문제들에 관한 책임을 과학에 돌리면서 흔히 가지는 생각은 과학의 가치 중립성에 대한 잘못된 이해에서 연유할 때가 많다.

과학이 가치 중립적이라는 말은 크게 보아서 다음 두 가지의 의미를 지니고 있다. 첫째는 자연 현상을 기술하는 데에 있어서 얻게 되는 과학의 법칙이나 이론으로부터 개인적 취향(趣向)이나 가치관에 따라 결론을 취사 선택할 수 없다는 점이고, 둘째는 과학으로부터 얻은 결론, 즉 과학 지식이 그 자체로서 가치에 대한 판단이나 결정을 내려 주지 못한다는 점이다.

사람에 따라서는 이 중 첫째는 수긍하면서 둘째에 대해서는 반론(反論)을 제기하기도 한다. 예를 들어, 그들은 인간의 질병 중 어떤 것이 유전(遺傳)한다는 유전학의 지식이 유전성 질병이 있는 사람은 아기를 낳지 못하게 해야 한다는 결론을 내린다고 생각한다. 즉, 과학적 지식이 인간의 문제에 관하여 결정을 내려 준다고 생각한다. 그러나 보다 주의 깊게 살펴보면 이것이 착각이라는 것은 분명하다.

24 이 글의 내용과 일치하지 않는 것은?

① 과학은 가치중립적이다.
② 과학은 인간의 문제에 대해 결정을 내려주지 못한다.
③ 현대의 모든 문제는 과학으로부터 해결 방안을 찾을 수 있다.
④ 흔히 현대 사회의 많은 문제들이 과학의 책임이라고 생각한다.

25 이 글 다음에 이어질 내용으로 적절한 것은?

① 과학의 발달 과정을 자세히 살펴보아야 한다.
② 인간에 관한 모든 문제는 과학이 책임져야 한다.
③ 인간과 사회의 모든 문제점을 검토해 봐야 한다.
④ 인간 문제에 관해 결정을 내리는 것은 인간 자신이다.

┃26-27┃ 다음 글을다음 글을 읽고 물음에 답하시오.

인간 생활에 있어서 웃음은 하늘의 별과 같다. 웃음은 별처럼 한 가닥의 광명을 던져 주고, 신비로운 암시도 풍겨 준다. 웃음은 또한 봄비와도 같다. 이것이 없었던들 인생은 벌써 사막이 되어 버렸을 것인데, 감미로운 웃음으로 하여 인정의 초목은 무성을 계속하고 있는 것이다. 웃음에는 여러 가지 색채가 있다. 빙그레 웃는 파안대소가 있는가 하면, 갈갈대며 웃는 박장대소가 있다. 깨가 쏟아지는 간간대소가 있는가 하면, 허리가 부러질 정도의 포복절도도 있다. 이러한 종류의 웃음들은 우리 인생에 해로운 것이 조금도 없다. 그러나 웃음이 언제나 우리를 복된 동산으로만 인도하는 것은 아니다. 남을 깔보고 비웃는 냉소도 있고, 허풍도 떨고 능청을 부리는 너털웃음도 있다. 대상을 유혹하기 위하여 눈초리에 간사가 흐르는 눈웃음이 있는가 하면, 상대방의 호기심을 사기 위하여 지어서 웃는 선웃음이라는 것도 있다. 사람이 기쁠 때 웃고 슬플 때 운다고만 생각하면 잘못이다. 기쁨이 너무 벅차면 눈물이 나고 슬픔이 극도에 이르면 도리어 기막힌 웃음보가 터지지 않을 수 없다. 이것은 탄식의 웃음이요, 절망의 웃음이다.

㉠ 그러나 이것은 극단의 예술이요, 대체로 슬플 때 울고, 기쁠 때 웃는 것이 정상이요 일반적이 아닐 수 없다. 마음속에 괴어오르는 감정을 표면에 나타내지 않는 것으로써 군자의 덕을 삼는 동양에서는, 치자다소(痴者多笑)라 하여, 너무 헤프게 웃는 것을 경계하여 왔다. 감정적 동물인 인간으로부터, 희로애락(喜怒哀樂)을 불현어외(不顯於外)*하는 신의 경지에까지 접근하려는 노력과 욕구에서 오는 기우(杞憂)가 아니었을까.

* 불현어외(不顯於外) : 밖으로 드러내지 않음.

26 이 글에 대한 설명으로 적절하지 않은 것은?

① 웃음을 다양한 관점에서 고찰하고 있다.
② 웃음을 인격 완성의 조건으로 보고 있다.
③ 예리한 관찰과 비유적 표현이 나타나 있다.
④ 웃음의 의미를 삶과 관련지어 평가하고 있다.

27 ㉠에서 글쓴이가 경계하고 있는 삶의 태도는?

① 예의를 갖추지 않고 함부로 행동하는 태도
② 감정을 속여서 남에게 피해를 주려는 태도
③ 상황 판단을 못하여 비정상적인 감정을 표현하려는 태도
④ 체면을 중시하여 감정을 제대로 표현하지 않으려는 태도

28 다음 글을 통해 알 수 있는 것은?

조선시대 우리의 전통적인 전술은 흔히 장병(長兵)이라고 불리는 것이었다. 장병은 기병(騎兵)과 보병(步兵)이 모두 궁시(弓矢)나 화기(火器) 같은 장거리 무기를 주무기로 삼아 원격전(遠隔戰)에서 적을 제압하는 것이 특징이었다. 이에 반해 일본의 전술은 창과 검을 주무기로 삼아 근접전(近接戰)에 치중하였기 때문에 단병(短兵)이라 일컬어졌다. 이러한 전술상의 차이로 인해 임진왜란 이전에는 조선의 전력(戰力)이 일본의 전력을 압도하는 형세였다. 조선의 화기 기술은 고려 말 왜구를 효과적으로 격퇴하는 방도로 수용된 이래 발전을 거듭했지만, 단병에 주력하였던 일본은 화기 기술을 습득하지 못하고 있었다. 그러나 이러한 전력상의 우열관계는 임진왜란 직전 일본이 네덜란드 상인들로부터 조총을 구입함으로써 역전되고 말았다. 일본의 새로운 장병 무기가 된 조총은 조선의 궁시나 화기보다도 사거리나 정확도 등에서 훨씬 우세하였다. 조총은 단지 조선의 장병 무기류를 압도하는데 그치지 않고 일본이 본래 가지고 있던 단병 전술의 장점을 십분 발휘하게 하였다. 조선이 임진왜란 때 육전(陸戰)에서 참패를 거듭한 것은 정치·사회 전반의 문제가 일차적 원인이겠지만, 이러한 전술상의 문제에도 전혀 까닭이 없지 않았던 것이다. 그러나 일본은 근접전이 불리한 해전(海戰)에서 조총의 화력을 압도하는 대형 화기의 위력에 눌려 끝까지 열세를 만회하지 못했다. 일본은 화약무기 사용의 전통이 길지 않았기 때문에 해전에서도 조총만을 사용하였다. 반면 화기 사용의 전통이 오래된 조선의 경우 비록 육전에서는 소형화기가 조총의 성능을 당해내지 못했지만, 해전에서는 함선에 탑재한 대형 화포의 화력이 조총의 성능을 압도하였다. 해전에서 조선 수군이 거둔 승리는 이순신의 탁월한 지휘력에도 힘입은 바 컸지만, 이러한 장병 전술의 우위가 승리의 기본적인 토대가 되었던 것이다.

① 조선의 장병 전술은 고려 말 화기의 수용으로부터 시작되었다.
② 원격전에 능한 조선 장병 전술의 장점이 해전에서 잘 발휘되었다.
③ 장병 무기인 조총은 일본의 근접 전투기술을 약화시켰다.
④ 임진왜란 당시 조선은 육전에서 전력상 우위를 점하고 있었다.

29 다음 글 ㈎~㈑의 중심 내용으로 알맞지 않은 것은?

㈎ 표준어는 맞춤법이나 표준 발음의 대상이 된다. 즉, '한글맞춤법'은 "표준어를 소리대로 적되, 어법에 맞도록 함을 원칙으로 한다."고 하였으며, '표준 발음법'은 "표준어의 실제 발음을 따르되, 국어의 전통성과 합리성을 고려하여 정함을 원칙으로 한다."고 하였으니, 올바른 한글 표기와 표준 발음을 하기 위해서 표준어를 꼭 알아야 함은 물론이다.

㈏ 표준어를 정해서 쓰면, 모든 국민이 의사소통이 원활하게 되어, 통합이 용이해진다. 또한 표준어를 통하여 지식이나 정보를 얻을 수 있고, 문화생활도 누릴 수 있다. 그리고 교육적인 면에서도 효율적이며, 국어 순화에도 기여할 수 있다.

㈐ 표준어가 아닌 말은 모두 방언이라고 하는데, 방언 중에서 지역적 요인에 의한 것을 지역 방언이라고 하고, 사회적 요인에 의한 것을 사회 방언 또는 계급 방언이라고 한다. 그러나 좁은 의미에서의 방언은 지역 방언만을 의미한다. 지역 방언은 동일한 언어를 사용하는 사람들이 서로 다른 지역에서 살게 되면서 변이된 것이다. 그러므로 가까운 거리의 지역보다는 먼 지역 간의 방언 차이가 더 크며, 교통이 잘 발달되지 않은 지역이나, 옛날에 다른 나라에 속했던 지역 간에도 방언의 차이가 크게 나타난다.

㈑ 사회 방언은 언어의 사회적 요인에 의한 변이가 나타난 것인데, 대체로 계층, 세대, 성별, 학력, 직업 등이 중요한 사회적 요인이다. 사회 방언의 예를 들면, '물개'는 군인들이 '해군'을 의미하는 말로 쓰며, '낚다, 건지다'는 신문이나 방송에 종사하는 사람들이 '(좋은) 기사를 취재하다'라는 의미로 사용한다.

① ㈎ : 표준어의 기능
② ㈏ : 표준어 사용의 이점
③ ㈐ : 방언의 분류
④ ㈑ : 방언의 폐해

30 다음 상황을 나타내는 말로 가장 적절한 것은?

> 생체를 얼리고 녹이는 기술이 빠른 속도로 발전하면서 냉동 인간의 소생 가능성에 대한 관심이 높아지고 있다. 현재의 저온 생물학 기술은 1948년 인간의 정자를 최초로 냉동하는 데 성공한 이래, 크기가 가장 큰 세포인 난자에 대해서도 성공을 거두고 있다.
>
> 지금까지 개발된 세계 최고의 생체 냉동 기술은 세포 수준을 넘은 강낭콩 크기만한 사람의 난소를 얼려 보관한 뒤 이를 다시 녹여서 이식해 임신하도록 하는 수준이다. 이것 역시 한국의 의사들이 일궈 낸 것이다. 이제 냉동 인간에 대한 꿈은 세포 수준을 넘어 조직까지 그 영역을 넓히고 있다. 하지만 인체가 이보다 수백, 수천 배 큰 점을 감안하면 통째로 얼린 뒤 되살리는 기술의 개발에는 얼마나 긴 세월이 필요할지 짐작하기 힘들다. 한편 냉동 인간은 기술 개발과는 별개로 윤리적 문제도 야기하리라 예상된다. 냉동시킨 사람이 나중에 살아난 경우 친인척 사이에 연배 혼란이 생길 수 있고, 한 인간으로서의 존엄성을 인정받기가 곤란하다는 것이다. 특히 뇌만 냉동 보관하는 경우 뇌세포에서 체세포 복제 기술로 몸을 만들어 내야 하는 문제도 발생할 수 있다. 어쩌면 냉동 인간은 최근의 생명 복제 기술처럼 또 다른 윤리적 문제를 잉태한 채 탄생을 준비하고 있는지도 모른다.

① 양날의 칼
② 물 위의 기름
③ 어둠 속의 등불
④ 유리벽 속의 보석

31 다음 글에 나타난 글쓴이의 태도로 적절한 것은?

> 삶을 수동적으로만 받아들이던 옛 사람이 아니더라도 구름의 모습에 관심을 가질 때, 그 구름이 갖는 어떤 상징을 느끼면, 고르지 못한 인생에 새삼 개탄을 하게 된다. 과학의 발달에 따라 인간의 이지(理智)가 모든 불합리성을 거부하게 되었다 할지라도, 이 '느낌'이란 것을 어찌할 수 없어, 우리는 지금도 달이라면 천체(天體) 사진을 통하여 본 달의 죽음의 지각(地殼)보다도, 먼저 계수나무의 환상을 머리에 떠올린다.
>
> 고도한 과학력은 또 인공운(人工雲)을 조성하여, 인공 강우까지도 가능케 하리라 한다. 그러나 인간의 의지로 발생한 인공 수정(人工受精)된 생명도 자연 생명과 같은 삶을 이어 갈 수밖에 없듯이, 인공으로 이루어졌다 하더라도 우리에게 오는 느낌은 자연운(自然雲)과 같은 허무(虛無) 그것일 뿐이다.
>
> 식자(識者)는 혹 이런 느낌을 황당하다고 웃을지 모르나, 그 옛날 나의 어린 정서를 흔들고 키워 준 구름에서 이제 나이 먹어 지친 지금은 또 다른 의미를 찾고자 한다. 흐르는 물과 일었다 스러지는 구름의 모습은 나에게 가르치는 것이 많다고 생각하는 것이다. 물은 언제나 흐르되 그 자리에 있고, 항상 그 자리를 채우는 것은 같은 물이 아니듯이, 하늘에 뜬 구름 역시 일었다 스러지나, 같은 모습을 띄우되 같은 것은 아니라는 것 ― 그리고 모든 것은 그렇게 있게 마련이라는 것을 깨우쳐 준다. 이런 상념은 체념이 아니고 달관(達觀)이었으면 하는 것이 이즈음의 나의 소망인 것이다.

① 자연과 일체가 되는 조화로운 삶을 살고자 한다.
② 자연을 스승으로 삼아서 인생의 교훈을 얻고자 한다.
③ 자연에 순응하지 않는 적극적인 삶의 태도를 갖고자 한다.
④ 인간이 만든 과학의 성과에 대해 비판적으로 생각하고 있다.

32 다음 글의 중심내용으로 적절한 것은?

> 정보 사회라고 하는 오늘날, 우리는 실제적 필요와 지식 정보의 획득을 위해서 독서하는 경우가 많다. 일정한 목적의식이나 문제의식을 안고 달려드는 독서일수록 사실은 능률적인 것이다. 르네상스적인 만능의 인물이었던 괴테는 그림에 열중하기도 했다. 그는 그림의 대상이 되는 집이나 새를 더 관찰하기 위해서 그리는 것이라고, 의아해 하는 주위 사람에게 대답했다고 전해진다. 그림을 그리겠다는 목적의식을 가지고 집이나 꽃을 관찰하면 분명하고 세밀하게 그 대상이 떠오를 것이다. 마찬가지로 일정한 주제 의식이나 문제의식을 가지고 독서를 할 때 보다 창조적이고 주체적인 독서 행위가 성립될 것이다.
>
> 오늘날 기술 정보 사회의 시민이 취득해야 할 상식과 정보는 무량하게 많다. 간단한 읽기, 쓰기와 셈하기 능력만 갖추고 있으면 얼마 전까지만 하더라도 문맹(文盲)상태를 벗어날 수 있었다. 오늘날 사정은 이미 동일하지 않다. 자동차 운전이나 컴퓨터 조작이 바야흐로 새 시대의 '문맹' 탈피 조건으로 부상하고 있다. 현대인 앞에는 그만큼 구비해야 할 기본적 조건과 자질이 수없이 기다리고 있다.
>
> 사회가 복잡해짐에 따라 신경과 시간을 바쳐야 할 세목도 증가하게 마련이다. 그러나 어느 시인이 얘기한 대로 인간 정신이 마련해 낸 가장 위대한 세계는 언어로 된 책의 마법 세계이다. 그 세계 속에서 현명한 주민이 되기 위해서는 무엇보다도 자기 삶의 방향에 맞게 시간을 잘 활용해야 할 것이다.

① 정보량의 증가에 비례한 서적의 증가
② 시대에 따라 변화하는 문맹의 조건
③ 목적의식을 가진 독서의 필요성
④ 정보 사회에서 르네상스의 시대적 의미

33 다음 글의 빈칸에 들어갈 문장으로 가장 적절한 것은?

전통 예술의 현대화나 민족 예술의 세계화라는 명제와 관련하여 흔히 사물놀이를 모범 사례로 든다. 전통의 풍물놀이 '농악'을 무대 연주 음악으로 탈바꿈시킨 사물놀이는 짧은 역사에도 불구하고 한국 현대 예술에서 당당히 한 자리를 잡은 가운데 우리 전통 음악의 신명을 세계에 전하는 구실을 하고 있다.

그러나 문화계 일각에서는 사물놀이에 대한 비판적 관점도 제기되고 있다. 특히 전통 풍물을 살리기 위한 노력을 전개하는 쪽에서 적지 않은 우려를 나타내고 있다. 그들은 무엇보다도 사물놀이가 풍물놀이의 굿 정신을 잃었거나 또는 잃어 가고 있다는 데 주목한다. 풍물놀이는 흔히 '풍물굿'으로 불리는 것으로서 모두가 마당에서 함께 어울리는 가운데 춤·기예(技藝)와 더불어 신명나는 소리를 펼쳐내는 것이 본질적인 특성인데, 사물놀이는 리듬악이라는 좁은 세계에 안착함으로써 풍물놀이 본래의 예술적 다양성과 생동성을 약화시켰다는 것이다. 사물놀이에 의해 풍물놀이가 대체되는 흐름은 우리 민족 예술의 정체성 위기로까지도 이어질 수 있다는 의견이다. 사물놀이에 대한 우려는 그것이 창조적 발전을 거듭하지 못한 채 타성에 젖어 들고 있다는 측면에서도 제기된다. 많은 사물놀이 패가 새로 생겨났지만, 사물놀이의 창안자들이 애초에 이룩한 음악 어법이나 수준을 넘어서서 새로운 발전을 이루어 내지 못한 채 그 예술적 성과와 대중적 인기에 안주하고 있다는 것이다. 이는 사물놀이가 민족 예술로서의 정체성을 뚜렷이 갖추지 못한 데에 따른 결과로 분석되기도 한다. 이런 맥락에서 비판자들은 혹시라도 사물놀이가 _____으로 흘러갈 경우 머지않아 위기를 맞게 될지도 모른다고 경고하고 있다.

① 본래의 예술성과 생동성을 찾아가는 방향
② 대중의 일시적인 기호에 영합하는 방향
③ 서양 음악과의 만남을 시도하는 방향
④ 형식과 전통을 뛰어 넘는 방향

34 다음에 제시된 글을 흐름이 자연스럽도록 순서대로 배열한 것을 고르면?

> ㈎ 진화는 반드시 이상적이고 완벽한 구조를 창출해 내는 방향으로만 이루어지는 것은 아니다.
>
> ㈏ 그래서 진화는 불가피하게 타협적인 구조를 선택하는 방향으로 이루어지며, 순간순간의 필요에 대응한 결과가 축적되는 과정이라고 할 수 있다.
>
> ㈐ 진화 과정에서는 새로운 환경에 적응하기 위한 최선의 구조가 선택되지만, 그 구조는 기존의 구조를 허물고 처음부터 다시 만들어 낸 최상의 구조와는 차이가 있다.
>
> ㈑ 질식의 원인이 되는 교차된 기도와 식도의 경우처럼, 진화의 산물이 우리가 보기에는 납득할 수 없는 불합리한 구조를 지니게 되는 이유가 바로 여기에 있다.

① ㈎ - ㈑ - ㈐ - ㈏   ② ㈏ - ㈑ - ㈎ - ㈐
③ ㈎ - ㈐ - ㈏ - ㈑   ④ ㈏ - ㈑ - ㈐ - ㈎

35 다음 제시된 글의 주제로 알맞은 것은?

> 한 개인의 창의성 발휘는 자기 영역의 규칙이나 내용에 대한 이해뿐만 아니라 현장에서 적용되는 평가기준과도 밀접한 관련을 가지고 있다. 어떤 미술 작품이 창의적인 것으로 평가받기 위해서는 당대 미술가들이나 비평가들이 작품을 바라보는 잣대에 들어맞아야 한다. 마찬가지로 문학 작품의 창의성 여부도 당대 비평가들의 평가기준에 따라 달라질 수 있다. 예를 들면, 라파엘로의 창의성은 미술사학, 미술 비평이론, 그리고 미적 감각의 변화에 따라 그 평가가 달라진다. 라파엘로는 16세기와 19세기에는 창의적이라고 여겨졌으나, 그 사이 기간이나 그 이후에는 그렇지 못했다. 라파엘로는 사회가 그의 작품에서 감동을 받고 새로운 가능성을 발견할 때 창의적이라 평가받을 수 있었다. 그러나 만일 그의 그림이 미술을 아는 사람들의 눈에 도식적이고 고리타분하게 보인다면, 그는 기껏해야 뛰어난 제조공이나 꼼꼼한 채색가로 불릴 수 있을 뿐이다.

① 창의성은 본질적으로 신비하고 불가사의한 영역이다.
② 상징에 의해 전달되는 지식은 우리의 외부에서 온다.
③ 창의성은 일정한 준비 기간을 필요로 한다.
④ 창의성의 발휘는 평가 기준과 밀접한 관련이 있다.

36 다음에 제시된 글을 흐름이 자연스럽도록 순서대로 배열한 것을 고르면?

> ㈎ 목청껏 소리를 지르고 손뼉을 치고 싶은 충동 같은 것 말이다.
> ㈏ 나는 가끔 충동을 느낄 때가 있다.
> ㈐ 환호가 아니라도 좋으니 속이 후련하게 박장대소라도 할 기회나마 거의 없다.
> ㈑ 마음속 깊숙이 잠재한 환호에의 갈망 같은 게 이런 충동을 느끼게 하는지도 모르겠다.
> ㈒ 그러나 요샌 좀처럼 이런 갈망을 풀 기회가 없다.

① ㈎ - ㈑ - ㈏ - ㈒ - ㈐   ② ㈏ - ㈎ - ㈑ - ㈒ - ㈐
③ ㈏ - ㈎ - ㈒ - ㈐ - ㈑   ④ ㈐ - ㈎ - ㈑ - ㈒ - ㈏

37 다음 제시된 글에서 추론할 수 있는 것은?

> 가격분산이 발생하는 원인은 크게 판매자의 경제적인 이유에 의한 요인, 소비자 시장구조에 의한 요인, 재화의 특성에 따른 요인, 소비자에 의한 요인으로 구분할 수 있다. 첫째, 판매자 측의 경제적인 이유로는 소매상점의 규모에 따른 판매비용의 차이와 소매상인들의 가격 차별화 전략의 두 가지를 들 수 있다. 상점의 규모가 클수록 대량으로 제품을 구매할 수 있으므로 판매비용이 절감되어 보다 낮은 가격에 제품을 판매할 수 있다. 가격 차별화 전략은 소비자의 지불 가능성에 맞추어 그때그때 최고 가격을 제시함으로써 이윤을 극대화하는 전략을 말한다. 둘째, 소비자 시장구조에 의한 요인으로 소비자 시장의 불완전성과 시장 규모의 차이에서 기인하는 것이다. 새로운 판매자가 시장에 진입하거나 퇴거할 때 각종 가격 세일을 실시하는 것과 소비자의 수가 많고 적음에 따라 가격을 다르게 정할 수 있는 것을 예로 들 수 있다. 셋째, 재화의 특성에 따른 요인으로 하나의 재화가 얼마나 다른 재화와 밀접하게 관련되어 있느냐에 관한 것, 즉 보완재의 여부에 따라 가격분산을 가져올 수 있다. 넷째, 소비자에 의한 요인으로 가격과 품질에 대한 소비자의 그릇된 인지를 들 수 있다. 소비자가 가격분산의 정도를 잘못 파악하거나 가격분산을 과소평가하게 되면 정보 탐색을 적게 하고 이는 시장의 규율을 늦춤으로써 가격분산을 지속시키는 데 기여하게 되는 것이다.

① 가격분산이 큰 제품일수록 가격에 대한 신뢰도는 낮을 것이다.
② 대체할 재화의 유무에 따라 가격분산이 발생할 수 있을 것이다.
③ 정부의 엄격한 규제가 있으면 가격분산을 막을 수 있을 것이다.
④ 정보력의 부재는 가격분산에 따른 소비자의 피해를 키우는 원인이 될 것이다.

38 다음에 제시된 글을 흐름이 자연스럽도록 순서대로 배열한 것을 고르면?

> (가) 이러한 활성화 에너지를 낮추는 것이 정촉매이고, 활성화 에너지를 높이는 것이 부촉매이다.
> (나) 촉매는 정촉매와 부촉매로 구분되는데, 활성화 에너지와 반응 속도를 통해 설명할 수 있다.
> (다) 이 화학 반응의 속도를 변화시키는 물질이 촉매이다.
> (라) 활성화 에너지란 어떤 물질이 화학 반응을 일으키기 위해 필요한 최소한의 에너지이다. 활성화 에너지가 낮아지면 반응 속도가 빨라지고, 활성화 에너지가 높아지면 반응 속도가 느려지게 된다.
> (마) 우리가 섭취한 영양소로부터 생활에 필요한 에너지를 얻거나 몸에 필요한 물질을 합성하는 과정은 모두 화학 반응에 의해 이루어진다.

① (마)－(다)－(나)－(라)－(가)
② (다)－(마)－(나)－(라)－(가)
③ (다)－(마)－(나)－(가)－(라)
④ (마)－(가)－(나)－(라)－(다)

39 다음 중 주어진 글의 빈칸에 들어갈 문장으로 가장 적절한 것을 고르면?

> 문화 상품의 저작권 보호를 위해 기본적으로 필요한 요소는 ＿＿＿＿＿＿＿＿＿＿. 하지만 우리 소비자들은 수년간의 면역 효과로 인해 공짜 문화 상품의 맛에서 헤어 나오지 못하고 있다. 저작권에 대한 소비자의 의식에 획기적인 변화가 없는 한 문화 상품에 대한 가치는 어디서고 인정받지 못하게 될 것이고 문화 산업계가 꿈꾸고 있는 장밋빛 미래도 없을 것이라고 단언한다.

① 제작자의 관대한 태도이다.
② 제작자와 소비자의 대화와 화해이다.
③ 저작권 가치에 대한 소비자의 인식이다.
④ 수출업자의 적극적인 홍보이다.

40 다음 중 주어진 글의 빈칸에 들어갈 문장으로 가장 적절한 것을 고르면?

> 우리 속담 가운데 콩 심은 데 콩 나고, 팥 심은 데 팥 난다. 라는 말이 있다. 공부하지 않고 성적이 향상되기를 바라는 사람에게 주는 교훈이다. 농부가 씨앗을 잘 간수해 두었다가 때를 맞추어 뿌리고, 심고, 가꾸어야 풍성한 결실을 거둘 수 있다. 돈을 낭비하면 가난뱅이가 되고, 시간을 낭비하면 낙오자가 된다.
>
> 논밭을 망치는 것은 잡초요, 사람을 망치는 것은 허영이다. 모든 일은 심은 대로 거두는 것이다. 우리는 심은 것을 거두는 _____(을)를 마음속에 되새겨야 할 것이다.

① 자연이 주는 혜택
② 인과응보의 진리
③ 긍정적 사고방식
④ 낭비하지 않는 습관

41 다음 중 주어진 글의 빈칸에 들어갈 문장으로 가장 적절한 것을 고르면?

> 웹 만화의 특징으로 들 수 있는 것은 인터넷상에서 두루마리처럼 아래로 길게 펼쳐 읽는 것이다. 일반적인 출판 만화는 한 편을 오른쪽에서 왼쪽으로 장을 넘겨 가며 읽는 책의 형식인 반면, 웹 만화는 마우스를 이용해 위에서 아래로 내려가며 읽는 형식을 취하고 있다. 이와 같은 웹 만화의 세로 읽기는 한 회의 만화를 끊김 없이 읽어 내려가게 함으로써 _____. 출판 만화의 경우 긴장이 고조된 장면이라고 할지라도 한 장 한 장 넘기며 읽어야 하기 때문에 감정의 흐름이 끊길 수 있지만, 웹 만화는 장면을 연속적으로 이어 볼 수 있으므로 긴장감을 지속적으로 유지해 나갈 수 있다.

① 궁금증을 유발할 수 있다
② 독자의 피곤함을 덜 수 있다
③ 더 빠르게 읽을 수 있다
④ 독자의 흥미를 배가시킬 수 있다

도덕이나 윤리는 원만한 사회생활을 위한 지혜이며, 나를 포함한 모든 사람들을 위하여 매우 소중하고 보배로운 것이다. 그런데 우리 사회에는 윤리와 도덕을 존중하는 것이 오히려 손해를 보는 것이라는 인식이 널리 퍼져 있다. 사람들은 왜 도덕적 삶이 자신에게 손해를 가져온다고 생각하는 것일까?

첫째 이유는 그러한 주장을 하는 사람들의 계산법이 근시안적이기 때문이다. 당장 눈앞에 보이는 이해관계만을 계산할 때 우리는 윤리를 존중하는 사람은 손해를 본다는 결론을 내리게 된다. 근시안적인 관점에서 눈에 보이는 이해관계만을 눈여겨볼 때, 정직하고 성실한 사람은 손해를 본다는 인상을 받기 쉽다. 그러나 긴 안목으로 볼 때는, 정직하고 성실한 사람이 불행한 생애의 주인공이 된 경우보다는 부도덕하기로 소문난 사람이 말년을 비참하게 보낸 사례가 더 많을 것이다. ㉠ (이)라는 말이 언제나 적중한다고는 보기 어려우나 전혀 근거 없는 허사(虛辭)라고 보기는 더욱 어렵다.

둘째 이유는 우리 사회에 도덕률을 어기는 사람들이 너무나 많기 때문이다. 도덕률 또는 윤리가 삶의 지혜로서의 진가를 발휘하는 것은 대부분의 사회 성원이 그것을 준수할 경우이다. 대부분의 사람들이 도덕률을 실천으로써 존중할 경우에 나를 포함한 모든 사람들이 도덕률의 혜택을 입게 되는 것이며, 대부분의 사람들이 그것을 지키지 않고 소수만이 그것을 지킬 경우에는 도덕을 지키는 소수의 사람들은 피해자가 될 염려가 있다.

셋째 이유는 시대상 또는 사회상이 급변하는 과정에서 옛날의 전통 윤리가 오늘의 우리 현실에 적합하지 않을 경우도 많기 때문이다. 삶의 지혜로서의 윤리는 행복한 삶을 위한 행위의 원칙 또는 그 처방에 해당한다. 그 행위의 처방은 상황에 적합해야 하거니와, 시대상 또는 사회상이 크게 바뀌고 생활의 조건이 크게 달라지면, 행복을 위한 행위의 처방도 따라서 달라져야 할 경우가 많다. 그런데 우리가 윤리와 도덕성을 강조할 때 사람들의 머리에 떠오르는 것은 대체로 전통 윤리의 규범들이다. 그 전통 윤리의 규범 가운데는 현대의 생활 조건에 맞지 않는 것도 흔히 있으며, 오늘의 상황에 맞지 않는 윤리의 규범을 맹목적으로 지키는 사람들은 현대의 생활 조건에 적응하지 못하고 어려움을 겪게 된다. 이러한 경우에 '윤리를 지키는 사람은 손해를 본다'. 라는 말이 나올 수 있는 여지가 생기는 것이다.

42 이 글의 중심 내용으로 가장 적절한 것은?

① 바뀌는 시대상과 도덕성의 관계

② 도덕적 삶이 손해라고 인식하는 까닭

③ 전통 윤리에 깃들어 있는 도덕적 가치

④ 손해를 무릅쓰고 도덕을 지켜야 하는 이유

43 문맥상 ㉠에 들어갈 알맞은 한자 성어는?

① 사필귀정(事必歸正)
② 권선징악(勸善懲惡)
③ 적자생존(適者生存)
④ 선공후사(先公後私)

44 다음은 □□전자의 스마트폰 사용에 관한 조사 설계의 일부분이다. 본 설문조사의 목적으로 가장 적합하지 않은 것은?

---

1. 조사목적

2. 과업 범위
   ① 조사 대상 : 서울과 수도권에 거주하고 있으며 최근 5년 이내에 스마트폰 변경 이력이 있고, 향후 1년 이내에 스마트폰 변경 의향이 있는 만 20~30세의 성인 남녀
   ② 조사 방법 : 구조화된 질문지를 이용한 온라인 조사
   ③ 표본 규모 : 총 1,000명
3. 조사 내용
   ① 시장 환경 파악 : 스마트폰 시장 동향 (사용기기 브랜드 및 가격, 기기사용 기간 등)
   ② 과거 스마트폰 변경 현황 파악 : 변경 횟수, 변경 사유 등
   ③ 향후 스마트폰 변경 잠재 수요 파악 : 변경 사유, 선호 브랜드, 변경 예산 등
   ④ 스마트폰 구매자를 위한 개선 사항 파악 : 스마트폰 구매자를 위한 요금할인, 사은품 제공 등 개선 사항 적용 시 스마트폰 변경 의향
   ⑤ 배경정보 파악 : 인구사회학적 특성 (연령, 성별, 거주 지역 등)
4. 결론 및 기대효과

---

① 스마트폰 구매자를 위한 요금할인 프로모션 시행의 근거 마련
② 평균 스마트폰 기기사용 기간 및 주요 변경 사유 파악
③ 광고 매체 선정에 참고할 자료 구축
④ 스마트폰 구매 시 사은품 제공 유무가 구입 결정에 미치는 영향 파악

45 다음 중 언어적인 의사소통과 비교한 문서적 측면으로서 의사소통의 특징이 아닌 것은?

① 권위감이 있다.
② 정확성을 기하기 쉽다.
③ 전달성이 높다.
④ 상대방의 반응이나 감정을 살필 수 있다.

46 다음의 괄호에 알맞은 한자성어는?

> 일을 하다 보면 균형과 절제가 필요하다는 것을 알게 된다. 일의 수행 과정에서 부분적 잘못을 바로 잡으려다 정작 일 자체를 뒤엎어 버리는 경우가 왕왕 발생하기 때문이다. 흔히 속담에 "빈대 잡으려다 초가삼간 태운다."라는 말은 여기에 해당할 것이다. 따라서 부분적 결점을 바로 잡으려다 본질을 해치는 (　　　　)의 어리석음을 저질러서는 안 된다.

① 개과불린(改過不吝)
② 경거망동(輕擧妄動)
③ 교각살우(矯角殺牛)
④ 부화뇌동(附和雷同)

47 다음 보도자료 작성 요령을 참고할 때, 적절한 보도자료 문구를 〈보기〉에서 모두 고른 것은?

1. 인명과 호칭

〈우리나라 사람의 경우〉

• 우리나라 사람의 인명은 한글만 쓴다. 동명이인 등 부득이한 경우에만 괄호 안에 한자를 써 준다.

• 직함은 소속기관과 함께 이름 뒤에 붙여 쓴다.

• 두 명 이상의 이름을 나열할 경우에는 맨 마지막 이름 뒤에 호칭을 붙인다.

〈외국인의 경우〉

• 중국 및 일본사람의 이름은 현지음을 한글로 외래어 표기법에 맞게 쓰고 괄호 안에 한자를 쓴다. 한자가 확인이 안 될 경우에는 현지음만 쓴다.

• 기타 외국인의 이름은 현지발음을 외래어 표기법에 맞게 한글로 적고 성과 이름 사이를 띄어 쓴다.

2. 지명

• 장소를 나타내는 국내 지명은 광역시·도→시·군·구→동·읍·면·리 순으로 표기한다.

• 시·도명은 줄여서 쓴다.

• 자치단체명은 '서울시', '대구시', '경기도', '전남도' 등으로 적는다.

• 중국과 일본 지명은 현지음을 한글로 외래어 표기법에 맞게 쓰고 괄호 안에 한자를 쓴다.(확인이 안 될 경우엔 현지음과 한자 중 택1)

• 외국 지명의 번역명이 통용되는 경우 관용에 따른다.

3. 기관·단체명

• 기관이나 단체 이름은 처음 나올 때는 정식 명칭을 적고 약칭이 있으면 괄호 안에 넣어주되 행정부처 등 관행화된 것은 넣지 않는다. 두 번째 표기부터는 약칭을 적는다.

• 기관이나 단체명에 대표 이름을 써야 할 필요가 있을 때는 괄호 안에 표기한다.

• 외국의 행정부처는 '부', 부처의 장은 '장관'으로 표기한다. 단, 한자권 지역은 그 나라에서 쓰는 정식명칭을 따른다.

• 국제기구나 외국 단체의 경우 처음에는 한글 명칭과 괄호 안에 영문 약어 표기를 쓴 다음 두 번째부터는 영문 약어만 표기한다.

• 언론기관 명칭은 AP, UPI, CNN 등 잘 알려진 경우는 영문을 그대로 사용하되 잘 알려지지 않은 기관은 그 앞에 설명을 붙여 준다.

• 약어 영문 이니셜이 우리말로 굳어진 것은 우리말 발음대로 표기한다.

<보기>

㈎ '최한국 사장, 조대한 사장, 강민국 사장을 등 재계 주요 인사들은 모두 ～'

㈏ '버락오바마 미국 대통령의 임기는 ～'

㈐ '절강성 온주에서 열리는 박람회에는 ～'

㈑ '국제노동기구(ILO) 창설 기념일과 때를 같이하여 ILO 회원국들은 ～'

① ㈏

② ㈑

③ ㈎, ㈏

④ ㈎, ㈐, ㈑

48 다음 글의 문맥으로 보아 밑줄 친 단어의 쓰임이 올바른 것은?

우리나라의 저임금근로자가 소규모사업체 또는 자영업자에게 많이 고용되어 있기 때문에 최저임금의 급하고 과도한 인상은 많은 자영업자의 추가적인 인건비 인상을 ㉠표출할 것이다. 이것은 최저임금위원회의 심의 과정에서 지속적으로 논의된 사안이며 ㉡급박한 최저임금 인상에 대한 가장 강력한 반대 논리이기도 하다. 아마도 정부가 최저임금 결정 직후에 매우 포괄적인 자영업 지원대책을 발표한 이유도 이것 때문으로 보인다. 정부의 대책에는 기존의 자영업 지원대책을 비롯하여 1차 분배를 개선하기 위한 장·단기적인 대책과 단기적 충격 완화를 위한 현금지원까지 포함되어 있다. 현금지원의 1차적인 목적은 자영업자 보호이지만 최저임금제도가 근로자 보호를 위한 제도이기 때문에 궁극적인 목적은 근로자의 고용 안정 도모이다. 현금지원에 고용안정자금이라는 꼬리표가 달린 이유도 이 때문일 것이다.

정부의 현금지원 발표 이후 이에 대한 비판이 쏟아졌다. 비판의 요지는 자영업자에게 최저임금 인상으로 인한 추가적인 인건비 부담을 현금으로 지원할거면 최저임금을 덜 올리고 현금지원 예산으로 근로 장려세제를 ㉢축소하면 되지 않느냐는 것이다. 그러나 이는 두 정책의 대상을 ㉣혼동하기 때문에 제기되는 주장이라고 판단된다. 최저임금은 1차 분배 단계에서 임금근로자를 보호하기 위한 제도적 틀이고 근로 장려세제는 취업의 의지가 낮은 노동자의 노동시장 참여를 유보하기 위해 고안된 사회부조(2차 분배)라는 점을 기억해야 할 것이다. 물론 현실적으로 두 정책의 적절한 조합이 필요할 것이다.

① ㉠

② ㉡

③ ㉢

④ ㉣

49 다음 사례를 통해 알 수 있는 소셜미디어의 특징으로 가장 적절한 것은?

> ○○일보
>
> 2018년 1월 15일
>
> 소셜미디어의 활약, 너무 반짝반짝 눈이 부셔!
>
> 자연재해 시마다 소셜미디어의 활약이 눈부시다. 지난 14일 100년만의 폭설로 인해 지하철 운행이 중단되고 곳곳의 도로가 정체되는 등 교통대란이 벌어졌지만 많은 사람들이 스마트폰의 도움으로 최악의 상황을 피할 수 있었다.
>
> 누리꾼들은, '폭설로 인한 전력공급 중단으로 지하철 1호선 영등포역 정차 중', '올림픽대로 상행선 가양대교부터 서강대교까지 정체 중' 등 서로 소셜미디어를 통해 실시간 피해상황을 주고받았으며 이로 인해 출근 준비 중이던 대부분의 시민들은 다른 교통수단으로 혼란 없이 회사로 출근할 수 있었다.

① 정보전달방식이 일방적이다.

② 상위계층만 누리던 고급문화가 대중화된 사례이다.

③ 정보의 무비판적 수용을 조장한다.

④ 정보수용자와 제공자 간의 경계가 모호하다.

50 다음에 제시된 문장의 빈칸 ㉠～㉤에 들어갈 알맞은 말을 순서대로 나열한 것은?

> • 선약이 있어서 모임에 (㉠)이(가) 어렵게 되었다.
> • 홍보가 부족했는지 사람들의 (㉡)이(가) 너무 적었다.
> • 그 모임에는 (㉢)하는 데에 의의를 두자.
> • 손을 뗀다고 했으면 (㉣)을(를) 말아라.
> • 애 학교에서 하는 공개수업에 (㉤)할 예정이다.

① 참여, 참석, 참가, 참견, 참관

② 참석, 참여, 참관, 참견, 참가

③ 참석, 참가, 참여, 참견, 참관

④ 참석, 참여, 참가, 참견, 참관

1 A학교의 국어과, 수학과, 체육과, 영어과에는 이 선생, 최 선생, 정 선생, 강 선생이 근무한다. 다음 조건을 참고할 때, 최 선생은 어느 과인가? (네 사람은 각각 1명씩 네 개 교과의 선생님이다.)

> • 이 선생는 체육과와 영어과 중 하나의 교과 담당이다.
> • 최 선생는 수학과가 아니다.
> • 정 선생와 강 선생는 국어과와 체육과가 아니다.

① 국어과 　　　　　　　　　　　② 수학과
③ 영어과 　　　　　　　　　　　④ 체육과

2 다음 두 사건은 별개의 사건으로 다음이 조건을 따를 때 옳은 것은?

> 〈사건 1〉
>
> 가인 : 저는 빵을 훔치지 않았어요.
> 나은 : 다영이는 절대 빵을 훔치지 않았어요.
> 다영 : 제가 빵을 훔쳤습니다.
> 　그런데 나중에 세 명 중 두 명은 거짓말을 했다고 자백하였고, 빵을 훔친 사람은 한 명이라는 것이 밝혀졌다.
>
> 〈사건 2〉
>
> 라희 : 저는 결코 창문을 깨지 않았습니다.
> 마준 : 라희의 말이 맞습니다.
> 바은 : 제가 창문을 깼습니다.
> 　그런데 나중에 창문을 깬 사람은 한 명이고 그 범인은 거짓말을 했다는 것이 밝혀졌다.

① 가인이의 진술은 참이었다.

② 사건 2에서 참을 말한 사람이 1명 이상이다.

③ 마준이는 창문을 깬 범인이다.

④ 나은이는 거짓을 말하지 않았다.

3 기초대사량에 대한 다음 설명을 참고할 때, 제시된 두 남녀의 일일 칼로리 요구량이 순서대로 올바르게 나열된 것은 어느 것인가? (모든 계산은 반올림하여 소수 둘째 자리까지 표시한다.)

> 기초 대사량은 성별, 나이, 체중, 개인의 신진 대사율이나 근육량 등 신체적인 요소에 따라 차이가 있지만, 일반적으로 남성은 체중 1kg당 1시간에 1kcal를 소모하고, 여성은 0.9kcal를 소모하는 것으로 알려졌다. 기초 대사량은 우리가 하루 소모하는 총 에너지의 60~70%를 차지할 정도로 중요하다. 체중 조절을 위해 무리하게 굶게 되면 우리 몸에서는 에너지가 부족하다는 것을 느끼게 되고 에너지가 고갈되지 않게 하려고 기초 대사량을 줄여나간다. 따라서 에너지 소모가 활발하게 이루어지지 않아, 장기적으로 보면 오히려 다이어트에 역효과를 주게 된다. 굶기보다는 꾸준한 운동을 통해 근육량을 증가시켜 기초 대사량을 높이는 것이 도움이 된다.
>
> 기초대사량 산출방법은 남녀 각각 다른데, 남자의 경우 66.47+(13.75×체중)+(5×키)-(6.76×나이)를 계산하면 된다. 여자의 경우 655.1+(9.56×체중)+(1.85×키)-(4.68×나이)를 계산하면 기초대사량이 나온다.
>
> 기초대사량을 구한 후에는 칼로리 지수를 곱하여 일일 칼로리 요구량을 계산할 수 있다. 거의 운동을 하지 않는 사람은 기초대사량에 1.2를 곱하면 일일 칼로리 요구량을 얻을 수 있다. 가벼운 운동을 하는 사람은 1.375를 곱해야 하고 적당한 운동을 하는 사람은 1.55를 곱한다. 심한 운동을 하는 사람은 1.725를 곱하고 아주 심한 운동을 하는 사람은 1.9를 곱한다.

> • 김길동(남, 48세) : 체중 75kg, 신장 175cm, 운동선수로 매우 심한 운동을 함.
> • 이갑순(여, 36세) : 체중 52kg, 신장 165cm, 적당한 운동을 하는 일반인.

① 1,997.93칼로리, 1,648.24칼로리

② 1,648.24칼로리, 1,288.99칼로리

③ 1,288.99칼로리, 1,648.24칼로리

④ 3,131.66칼로리, 1,997.93칼로리

│4-5│ 다음은 W병원 신경외과의 진료 현황에 대한 안내이다. 다음 안내를 보고 이어지는 물음에 답하시오.

〈이번 달 담당의사별 진료 시간 안내〉

구분	신경외과							
	A과장		B과장		C과장		D과장	
	오전	오후	오전	오후	오전	오후	오전	오후
월요일	진료	수술	진료	수술	수술	진료	진료	수술
화요일	수술	진료	진료	수술	진료	수술	진료	수술
수요일	진료	수술	수술	진료	진료	수술	진료	수술
목요일	수술	진료	진료	수술	수술	진료	진료	수술
금요일	진료	수술	수술	진료	진료	수술	진료	수술
토요일	진료 또는 수술		진료		진료 또는 수술		수술	
토요일 휴무	넷째 주		둘째 주		첫째 주		셋째 주	

* 토요일 진료시간: 09:00~13:00
* 평일 진료시간: 09:00~12:30 / 14:00~18:00
* 접수마감 시간: 오전 12:00, 오후 17:30

〈기타 안내사항〉
- 이번 달 15일(수)~18일(토)은 병원 내부 공사로 인해 외래진료 및 수술, 신규 환자 접수는 불가합니다.
- MRI 및 CT 촬영은 최소 3일 전 예약을 하셔야 합니다.
- 외래진료 시 MRI 등 영상 자료가 있어야 합니다(필요한 경우에 한함).
- 초진의 경우, 건강보험증을 지참하시고 원무과에서 접수를 하시기 바랍니다. 접수 후 진료실에서 진료를 마친 환자분께서는 다시 원무과로 오셔서 진료비를 수납 후 P창구에서 처방전을 받아 약을 받아 가시기 바랍니다. 예약 또는 재진하시는 환자분은 곧바로 진료실로 가셔서 진료 후 원무과에 수술 또는 영상 촬영 여부를 알려주시고 수술이신 경우 H창구에서 입원 수속을 하시고, 영상 촬영이 필요하신 분은 영상센터로 가시어 안내를 받으시기 바랍니다.

4 다음 중 위의 안내문에 대한 올바른 설명이 아닌 것은 어느 것인가?

① 일주일 전 예약을 하고 찾아 온 환자는 원무과를 거치지 않고 곧장 진료를 받으면 된다.

② 오전은 진료시간과 접수 가능 시간이 모두 오후보다 30분 더 짧다.

③ 처음 내원한 환자는 '원무과 → 진료실 → 원무과 → P창구 → 약국'의 동선으로 이동하게 된다.

④ 평일의 경우, D과장을 제외한 나머지 세 명은 모두 진료와 수술 일정이 오전과 오후에 고르게 분배되어 있다.

5 K씨는 평소 앓고 있던 허리 디스크를 고치기 위하여 '이번 달'에 수술을 하기로 결정하였다. W병원 신경외과의 A과장이나 C과장에게 꼭 수술을 받고자 하며, 가급적 오전에 수술하기를 원하는 K씨의 상황에 대한 다음 설명 중 올바른 것은 어느 것인가?

① 20일에 MRI 촬영 예약을 하여 23일에 MRI 촬영 및 진료 후 다음 날인 24일에 수술을 하면 된다.

② 25일에 A과장에게 수술을 받을 수 있다.

③ 평일 중 원하는 시간에 수술을 받을 수 있는 요일은 월요일과 목요일뿐이다.

④ 수요일과 금요일에는 K씨가 원하는 시간에 수술을 받을 수 없다.

6 다음 〈조건〉에 따를 때, 각 팀의 신사업 제안서 검토 순서의 가능한 조합으로 옳은 것은?

> A팀과 B 팀은 가~바 총 6개의 제안서를 각각 6주 동안 검토할 것이다. 가, 나, 다 3개 제안서는 문화예술에 관한 제안서이고, 라, 마, 바 3개 제안서는 관광정책에 관한 제안서이다. A 팀과 B 팀은 다음과 같은 원칙대로 제안서를 검토한다.
> ○ B 팀은 A 팀이 먼저 검토하지 않은 문화예술에 관한 제안서는 검토할 수 없다.
> ○ A 팀은 B 팀이 먼저 검토하지 않은 관광정책에 관한 제안서는 검토할 수 없다.
> ○ B 팀은 문화예술에 관한 제안서 2개를 연속으로 검토할 수 없다.
> ○ A 팀은 4주 차에 라 제안서를 검토해야 한다.
> ○ 각 팀은 6주에 걸쳐 매주 하나의 제안서를 검토한다.
> ○ 어떤 제안서도 같은 주에 A, B 팀에서 동시에 검토하지 않는다.

	1주	2주	3주	4주	5주	6주

① A팀 : 가 – 나 – 라 – 바 – 다 – 마
   B팀 : 라 – 가 – 바 – 나 – 마 – 다

② A팀 : 나 – 바 – 가 – 라 – 다 – 마
   B팀 : 바 – 가 – 라 – 나 – 마 – 다

③ A팀 : 나 – 다 – 가 – 라 – 마 – 바
   B팀 : 라 – 나 – 다 – 마 – 바 – 가

④ A팀 : 가 – 마 – 나 – 라 – 다 – 바
   B팀 : 마 – 가 – 라 – 나 – 바 – 다

7 연철이는 이번 여름휴가에 친구들이랑 강릉으로 여행을 계획하고 있다. 그러던 중 여러 가지 교통수단을 생각하게 되었다. 아래의 표를 참조하여 보완적 평가방식을 활용해 연철이와 친구들이 강릉까지 이동 가능한 교통운송 수단을 고르면 어떤 대안이 선택될 수 있는가?

평가 기준	중요도	교통운송수단에 관한 평가			
		비행기	기차	고속버스	승용차
경제성	20	4	5	4	3
디자인	30	4	4	5	7
승차감	40	7	5	7	8
속도	50	9	8	5	6

① 기차

② 비행기

③ 고속버스

④ 승용차

8 김대리는 모스크바 현지 영업소로 출장을 갈 계획이다. 4일 오후 2시 모스크바에서 회의가 예정되어 있어 모스크바 공항에 적어도 오전 11시 이전에는 도착하고자 한다. 인천에서 모스크바까지 8시간이 걸리며, 시차는 인천이 모스크바보다 6시간이 더 빠르다. 김대리는 인천에서 늦어도 몇 시에 출발하는 비행기를 예약하여야 하는가?

① 3일 09 : 00

② 3일 19 : 00

③ 4일 09 : 00

④ 4일 11 : 00

9 한국전자는 영업팀 6명의 직원(A~F)과 관리팀 4명의 직원(갑~정)이 매일 각 팀당 1명씩 총 2명이 당직 근무를 선다. 2일 날 A와 갑 직원이 당직 근무를 서고 팀별 순서(A~F, 갑~정)대로 돌아가며 근무를 선다면, E와 병이 함께 근무를 서는 날은 언제인가? (단, 근무를 서지 않는 날은 없다고 가정한다)

① 10일 　　　　　　　　　　　　② 11일

③ 12일 　　　　　　　　　　　　④ 13일

10 T사에서는 새롭게 출시한 제품의 판매율 제고를 위한 프로모션 아이디어 회의를 진행 중이다. 브레인스토밍을 통하여 다양한 아이디어를 수집하려는 회의 운영 방식에 적절하지 않은 의견은 어느 것인가?

① "팀장인 나는 그냥 참관인 자격으로 지켜볼 테니 거침없는 의견들을 마음껏 제시해 보세요."

② "많은 의견이 나올수록 좋으며, 중요하다 싶은 의견은 그때그때 집중 논의하여 적용 여부를 결정하고 넘어가야 해요."

③ "엊그제 입사한 신입사원들도 적극적으로 의견을 개진해 주세요. 아직 회사 사정을 잘 몰라도 상관없어요."

④ "우선 책상 배열을 좀 바꿔보면 어떨까요? 서로를 쳐다볼 수 있도록 원형 배치가 좋을 것 같습니다."

11 다음에 제시된 정보를 종합할 때, 서류장 10개와 의자 10개의 가격은 테이블 몇 개의 가격과 같은가?

> • 홍보팀에서는 테이블, 의자, 서류장을 다음과 같은 수량으로 구입하였다.
> • 테이블 5개와 의자 10개의 가격은 의자 5개와 서류장 10개의 가격과 같다.
> • 의자 5개와 서류장 15개의 가격은 의자 5개와 테이블 10개의 가격과 같다.

① 8개 　　　　　　　　　　　　② 9개

③ 10개 　　　　　　　　　　　　④ 11개

12 〈보기〉는 문제를 지혜롭게 처리하기 위한 단계별 방법을 나열한 것이다. 올바른 문제처리 절차에 따라 ㈎~㈺의 순서를 재배열한 것은 어느 것인가?

> 〈보기〉
> ㈎ 당초 장애가 되었던 문제의 원인들을 해결안을 사용하여 제거한다.
> ㈏ 문제로부터 도출된 근본 원인을 효과적으로 해결할 수 있는 최적의 해결방안을 수립한다.
> ㈐ 파악된 핵심문제에 대한 분석을 통해 근본 원인을 도출해 본다.
> ㈑ 선정된 문제를 분석하여 해결해야 할 것이 무엇인지를 명확히 결정한다.
> ㈒ 해결해야 할 전체 문제를 파악하여 우선순위를 정하고, 선정문제에 대한 목표를 명확히 한다.

① ㈒－㈑－㈐－㈏－㈎
② ㈑－㈒－㈐－㈎－㈏
③ ㈑－㈐－㈏－㈎－㈒
④ ㈎－㈏－㈒－㈑－㈐

13 영업팀 직원인 갑, 을, 병 3명은 어젯밤 과음을 한 것으로 의심되고 있다. 이에 대한 이들의 진술이 다음과 같을 때, 과음을 한 것이 확실한 직원과 과음을 하지 않은 것이 확실한 직원을 순서대로 바르게 짝지은 것은? (단, 과음을 한 직원은 거짓말을 하고, 과음을 하지 않은 직원은 사실을 말하였다)

> 갑 : "우리 중 1명만 거짓말을 하고 있습니다."
> 을 : "우리 중 2명이 거짓말을 하고 있습니다."
> 병 : "갑, 을 중 1명만 거짓말을 하고 있습니다."

① 갑, 을
② 을, 아무도 없음
③ 갑, 아무도 없음
④ 갑과 을, 병

14 다음 기사를 읽고 밑줄 친 부분과 관련한 내용으로 가장 거리가 먼 것은?

> 최근 포항·경주 등 경북지역 기업들에 정부의 일학습병행제가 본격 추진되면서 큰 관심을 보이고 있는 가운데, 포스코 외주파트너사인 ㈜세영기업이 지난 17일 직무개발훈련장의 개소식을 열고 첫 발걸음을 내딛었다. 청년층의 실업난 해소와 고용 창출의 해법으로 정부가 시행하는 일학습병행제는 기업이 청년 취업희망자를 채용해 이론 및 실무교육을 실시한 뒤 정부로부터 보조금을 지원받을 수 있는 제도로, ㈜세영기업은 최근 한국산업인력공단 포항지사와 함께 취업희망자를 선발했고 오는 8월 1일부터 본격적인 실무교육에 나설 전망이다.
>
> ㈜세영기업 대표이사는 "사업 전 신입사원 <u>OJT</u>는 단기간 수료해 현장 배치 및 직무수행을 하면서 직무능력수준 및 조직적응력 저하, 안전사고 발생위험 등 여러 가지 문제가 있었다"며 "이번 사업을 통해 2~3년 소요되던 직무능력을 1년 만에 갖출 수 있어 생산성 향상과 조직만족도가 향상될 것"이라고 밝혔다.

① 전사적인 교육훈련이 아닌 통상적으로 각 부서의 장이 주관하여 업무에 관련된 계획 및 집행의 책임을 지는 일종의 부서 내 교육훈련이다.
② 교육훈련에 대한 내용 및 수준에 있어서의 통일성을 기하기 어렵다.
③ 상사 또는 동료 간 이해 및 협조정신 등을 높일 수 있다.
④ 다수의 종업원을 훈련하는 데에 있어 가장 적절한 훈련기법이다.

15 다음 글에서 엿볼 수 있는 문제의 유형과 사고력의 유형이 알맞게 짝지어진 것은?

> 대한상사는 가전제품을 수출하는 기업이다. 주요 거래처가 미주와 유럽에 있다 보니 대한상사는 늘 환율 변동에 대한 리스크를 안고 있다. 최근 북한과 중동의 급변하는 정세 때문에 연일 환율이 요동치고 있어 대한상사는 도저히 향후 손익 계획을 가름해 볼 수 없는 상황이다. 이에 따라 가격 오퍼 시 고정 환율을 적용하거나 현지에 생산 공장을 설립하는 문제를 심각하게 검토하고 있다.

	문제의 유형	사고력 유형
①	탐색형 문제	논리적 사고
②	설정형 문제	논리적 사고
③	탐색형 문제	비판적 사고
④	설정형 문제	창의적 사고

16 K지점으로부터 은행, 목욕탕, 편의점, 미용실, 교회 건물이 각각 다음과 같은 조건에 맞게 위치해 있다. 모두 K지점으로부터 일직선상에 위치해 있다고 할 때, 다음 설명 중 올바른 것은 어느 것인가? (언급되지 않은 다른 건물은 없다고 가정한다)

- K지점으로부터 50m 이상 떨어져 있는 건물은 목욕탕, 미용실, 은행이다.
- 목욕탕과 교회 건물 사이에는 편의점을 포함한 2개의 건물이 있다.
- 5개의 건물은 각각 K지점에서 15m, 40m, 60m, 70m, 100m 떨어진 거리에 있다.

---

① 목욕탕과 편의점과의 거리는 40m이다.
② 연이은 두 건물 간의 거리가 가장 먼 것은 은행과 편의점이다.
③ 미용실과 편의점의 사이에는 1개의 건물이 있다.
④ K지점에서 미용실이 가장 멀리 있다면 은행과 교회는 45m 거리에 있다.

17 외국계 은행인 A 은행 서울지사에 근무하는 甲과, 런던지사에 근무하는 乙, 시애틀지사에 근무하는 丙은 같은 프로젝트를 진행하면서 다음과 같이 영상업무회의를 진행하였다. 회의 시각은 런던을 기준으로 11월 1일 오전 9시이고, 런던은 GMT+0, 서울은 GMT+9, 시애틀은 GMT-7을 표준시로 사용한다. 회의록을 바탕으로 할 때 빈칸에 들어갈 일시는?

甲 : 제가 프로젝트에서 맡은 업무는 오늘 오후 10시면 마칠 수 있습니다. 런던에서 받아서 1차 수정을 부탁드립니다.

乙 : 네, 저는 甲님께서 제시간에 끝내 주시면 다음날 오후 3시면 마칠 수 있습니다. 시애틀에서 받아서 마지막 수정을 부탁드립니다.

丙 : 알겠습니다. 저는 앞선 두 분이 제시간에 끝내 주신다면 서울을 기준으로 모레 오전 10시면 마칠 수 있습니다. 제가 업무를 마치면 프로젝트가 최종 마무리 되겠군요.

甲 : 잠깐, 다들 말씀하신 시각의 기준이 다른 것 같은데요? 저는 처음부터 런던을 기준으로 이해하고 말씀드렸습니다.

乙 : 저는 처음부터 시애틀을 기준으로 이해하고 말씀드렸는데요?

丙 : 저는 처음부터 서울을 기준으로 이해하고 말씀드렸습니다. 그렇다면 계획대로 진행될 때 서울을 기준으로 ( )에 프로젝트를 최종 마무리할 수 있겠네요.

甲, 乙 : 네, 맞습니다.

---

① 11월 2일 오후 11시
② 11월 3일 오전 10시
③ 11월 3일 오후 3시
④ 11월 3일 오후 7시

18 다음은 5가지의 영향력을 행사하는 방법과 수민, 홍진이의 발언이다. 수민이와 홍진이의 발언은 각각 어떤 방법에 해당하는가?

〈영향력을 행사하는 방법〉

• 합리적 설득 : 논리와 사실을 이용하여 제안이나 요구가 실행 가능하고, 그 제안이나 요구가 과업 목표 달성을 위해 필요하다는 것을 보여주는 방법
• 연합 전술 : 영향을 받는 사람들이 제안을 지지하거나 어떤 행동을 하도록 만들기 위해 다른 사람의 지지를 이용하는 방법
• 영감에 호소 : 이상에 호소하거나 감정을 자극하여 어떤 제안이나 요구사항에 몰입하도록 만드는 방법
• 교환 전술 : 제안에 대한 지지에 상응하는 대가를 제공하는 방법
• 합법화 전술 : 규칙, 공식적 방침, 공식 문서 등을 제시하여 제안의 적법성을 인식시키는 방법

〈발언〉

• 수민 : 이번에 내가 제안한 기획안이 이사회의 허락을 얻으면 당신이 오랜 기간 공들인 사업이 폐지될 수 있다는 것을 잘 알고 있습니다. 하지만 이번에 당신이 나를 도와 이 기획안을 지지해준다면 이번 기획을 통해 성사되는 계약의 성과 중 일부를 당신과 나누도록 하겠습니다.
• 홍진 : 이 계획은 앞서 본부에서 한 달 전에 각 지사에 시달한 공문에 근거한 것입니다. 또한 이 계획을 시행될 사업과 관련한 세부적인 방법도 이미 본부에서 마련하였고, 절차상 아무 문제도 없습니다.

수민	홍진
① 교환 전술	영감에 호소
② 교환 전술	합법화 전술
③ 영감에 호소	합법화 전술
④ 합리적 설득	연합 전술

19 Z회사에 근무하는 7명의 직원이 교육을 받으려고 한다. 교육실에서 직원들이 앉을 좌석의 조건이 다음과 같을 때 직원 중 빈자리 바로 옆 자리에 배정받을 수 있는 사람은?

〈교육실 좌석〉

첫 줄	A	B	C
중간 줄	D	E	F
마지막 줄	G	H	I

〈조건〉

- 직원은 강훈, 연정, 동현, 승만, 문성, 봉선, 승일 7명이다.
- 서로 같은 줄에 있는 좌석들끼리만 바로 옆 자리일 수 있다.
- 봉선의 자리는 마지막 줄에 있다.
- 동현이의 자리는 승만이의 바로 옆 자리이며, 또한 빈 자리 바로 옆이다.
- 승만이의 자리는 강훈이의 바로 뒷 자리이다.
- 문성이와 승일이는 같은 줄의 좌석을 배정받았다.
- 문성이나 승일이는 누구도 강훈이의 바로 옆 자리에 배정받지 않았다.

① 승만 ② 문성

③ 연정 ④ 봉선

20 직장인인 기원, 현욱, 은영, 정아는 아침을 못먹어서 출근길에 우유를 사먹었다. 자신이 먹은 우유에 대한 진술과 주어진 정보를 종합했을 때 A~D 중 은영이가 먹은 우유는 무엇인가?

〈진술〉

• 기원 : 나는 흰우유를 먹었어.
• 현욱 : 내가 먹은 우유는 정아가 먹은 우유보다 용량이 많았어.
• 은영 : 내가 먹은 우유는 가장 비싼 우유는 아니야.
• 정아 : 내가 먹은 우유는 다른 누군가가 먹은 우유와 종류가 같았어.

〈정보〉

	종류	용량(ml)	가격(원)
A	흰우유	190	1,100
B	흰우유	200	1,200
C	딸기우유	200	1,200
D	바나나우유	350	1,500

① A
② B
③ C
④ D

21 편의점에 우유, 콜라, 사이다, 이온음료, 오렌지주스로 구성된 다섯 가지 음료가 진열돼 있다. 아래 조건을 만족시킬 때 왼쪽에서 두 번째에 진열될 수 있는 음료가 아닌 것은?

• 우유는 오렌지주스보다 왼쪽에 진열돼 있다.
• 콜라와 사이다 사이에는 반드시 음료 하나가 진열돼야 한다.
• 이온음료는 가장 오른쪽에 진열돼 있다.

① 우유
② 콜라
③ 사이다
④ 오렌지주스

22 빨간색, 파란색, 노란색 구슬이 각각 한 개씩 있다. 이 세 개의 구슬을 A, B, C 세 사람에게 하나씩 나누어 주고, 세 사람 중 한 사람만 진실을 말하도록 하였더니 구슬을 받고 난 세 사람이 다음과 같이 말하였다.

> A : 나는 파란색 구슬을 가지고 있다.
> B : 나는 파란색 구슬을 가지고 있지 않다.
> C : 나는 노란색 구슬을 가지고 있지 않다.

빨간색, 파란색, 노란색의 구슬을 받은 사람을 차례대로 나열한 것은?

① A, B, C

② A, C, B

③ B, A, C

④ C, B, A

23 용의자 A, B, C, D 4명이 있다. 이들 중 A, B, C는 조사를 받는 중이며 D는 아직 추적 중이다. 4명 중에 서 한 명만이 진정한 범인이며, A, B, C의 진술 중 한 명의 진술만이 참일 때 범인은 누구인가?

> • A : B가 범인이다.
> • B : 내가 범인이다.
> • C : D가 범인이다.

① A

② B

③ C

④ D

24 다음 제시문을 읽고 바르게 추론한 것을 〈보기〉에서 모두 고른 것은?

> A회사에서는 1,500명의 소속직원들이 마실 생수를 구입하기로 하였다. 모든 조건이 동일한 두 개의 생수회사가 최종 경쟁을 하게 되었다. 구입 담당자는 직원들에게 시음하게 하여 직원들이 가장 좋아하는 생수를 선정하고자 하였다. 다음과 같은 절차를 통하여 구입 담당자가 시음회를 주관하였다.
> • 직원들로부터 더 많이 선택 받은 생수회사를 최종적으로 선정한다.
> • 생수 시음회 참여를 원하는 직원을 대상으로 신청자를 접수하고 그 중 남자 15명과 여자 15명을 무작위로 선정하였다.
> • 두 개의 컵을 마련하여 하나는 1로 표기하고 다른 하나는 2로 표기하여 회사이름을 가렸다.
> • 참가직원들은 1번 컵의 생수를 마신 후 2번 컵의 생수를 마시고 둘 중 어느 쪽을 선호하는지 표시하였다.

> 〈보기〉
> ㉠ 참가자들이 특정 번호를 선호할 가능성을 고려하지 못하였다.
> ㉡ 참가자가 무작위로 선정되었으므로 전체 직원에 대한 대표성이 확보되었다.
> ㉢ 참가자의 절반은 2번 컵을 먼저 마시고 1번 컵을 나중에 마시도록 했어야 한다.
> ㉣ 우리나라의 남녀 비율이 50대 50이므로 남자직원과 여자직원을 동수로 뽑은 것은 적절하였다.

① ㉠㉡

② ㉠㉢

③ ㉡㉢

④ ㉡㉣

25 다음은 수미의 소비상황과 각종 신용카드 혜택 정보이다. 수미가 가장 유리한 하나의 신용카드만을 결제수단으로 사용할 때 적절한 소비수단은?

- 뮤지컬, OO 테마파크 및 서점은 모두 B 신용카드의 문화 관련업에 해당한다.
- 신용카드 1포인트는 1원이고, 문화상품권 1매는 1만 원으로 가정한다.
- 혜택을 금전으로 환산하여 액수가 많을수록 유리하다.
- 액수가 동일한 경우 할인혜택, 포인트 적립, 문화상품권 지급 순으로 유리하다.
- 혜택의 액수 및 혜택의 종류가 동일한 경우 혜택 부여시기가 빠를수록 유리하다(현장 할인은 결제 즉시 할인되는 것을 말하며, 청구할인은 카드대금 청구 시 할인 되는 것을 말한다).

〈수미의 소비상황〉

서점에서 여행서적(정가 각 3만 원) 3권과 DVD 1매(정가 1만 원)를 구입(직전 1개월 간 A 신용카드 사용금액은 15만 원이며, D신용카드는 가입 후 미사용 상태임)

〈각종 신용카드의 혜택〉

A 신용카드	○○테마파크 이용 시 본인과 동행 1인의 입장료의 20% 현장 할인(단, 직전 1개월 간 A신용카드 사용금액이 30만 원 이상인 경우에 한함)
B 신용카드	문화 관련 가맹업 이용 시 총액의 10% 청구 할인(단, 할인되는 금액은 5만 원을 초과할 수 없음)
C 신용카드	이용 시마다 사용금액의 10%를 포인트로 즉시 적립. 사용금액이 10만 원을 초과하는 경우에는 사용금액의 20%를 포인트로 즉시 적립
D 신용카드	가입 후 2만 원 이상에 상당하는 도서류(DVD 포함) 구매 시 최초 1회에 한하여 1만 원 상당의 문화상품권 증정(단, 문화상품권은 다음달 1일에 일괄 증정)

① A 신용카드
② B 신용카드
③ C 신용카드
④ D 신용카드

26 甲회사 인사부에 근무하고 있는 H부장은 각 과의 요구를 모두 충족시켜 신규직원을 배치하여야 한다. 각 과의 요구가 다음과 같을 때 홍보과에 배정되는 사람은 누구인가?

〈신규직원 배치에 대한 각 과의 요구〉
• 관리과 : 5급이 1명 배정되어야 한다.
• 홍보과 : 5급이 1명 배정되거나 6급이 2명 배정되어야 한다.
• 재무과 : B가 배정되거나 A와 E가 배정되어야 한다.
• 총무과 : C와 D가 배정되어야 한다.

〈신규직원〉
• 5급 2명(A, B)
• 6급 4명(C, D, E, F)

① A
② B
③ C와 D
④ E와 F

|27-28| 다음은 ○○협회에서 주관한 학술세미나 일정에 관한 것으로 다음 세미나를 준비하는 데 필요한 일, 각각의 일에 걸리는 시간, 일의 순서 관계를 나타낸 표이다. 제시된 표를 바탕으로 물음에 답하시오. (단, 모든 작업은 동시에 진행할 수 없다)

■ 세미나 준비 현황

구분	작업	작업시간(일)	먼저 행해져야 할 작업
가	세미나 장소 세팅	1	바
나	현수막 제작	2	다, 마
다	세미나 발표자 선정	1	라
라	세미나 기본계획 수립	2	없음
마	세미나 장소 선정	3	라
바	초청자 확인	2	라

27 현수막 제작을 시작하기 위해서는 최소 며칠이 필요하겠는가?

① 3일　　　　　　　　　　　② 4일
③ 5일　　　　　　　　　　　④ 6일

28 세미나 기본계획 수립에서 세미나 장소 세팅까지 모든 작업을 마치는 데 필요한 시간은?

① 10일　　　　　　　　　　② 11일
③ 12일　　　　　　　　　　④ 13일

어린이집 입소기준

• 어린이집의 장은 당해시설에 결원이 생겼을 때마다 '명부 작성방법' 및 '입소 우선순위'를 기준으로
  작성된 명부의 선 순위자를 우선 입소조치 한다.

명부작성방법
• 동일 입소신청자가 1·2순위 항목에 중복 해당되는 경우, 해당 항목별 점수를 합하여 점수가 높은
  순으로 명부를 작성함
• 1순위 항목 당 100점, 2순위 항목 당 50점 산정
− 다만, 2순위 항목만 있는 경우 점수합계가 1순위 항목이 있는 자보다 같거나 높더라도 1순위 항목
  이 있는 자보다 우선순위가 될 수 없으며, 1순위 항목점수가 동일한 경우에 한하여 2순위 항목에
  해당될 경우 추가합산 가능함
• 영유아가 2자녀 이상인 가구가 동일 순위일 경우 다자녀가구 자녀가 우선입소
• 대기자 명부 조정은 매분기 시작 월 1일을 기준으로 함

입소 우선순위
• 1순위
− 국민기초생활보장법에 따른 수급자
− 국민기초생활보장법 제24조의 규정에 의한 차상위계층의 자녀
− 장애인 중 보건복지부령이 정하는 장애 등급 이상에 해당하는 자의 자녀
− 아동복지시설에서 생활 중인 영유아
− 다문화가족의 영유아
− 자녀가 3명 이상인 가구 또는 영유아가 2자녀 가구의 영유아
− 산업단지 입주기업체 및 지원기관 근로자의 자녀로서 산업 단지에 설치된 어린이집을 이용하는 영
  유아
• 2순위
− 한부모 가족의 영유아
− 조손 가족의 영유아
− 입양된 영유아

29 어린이집에 근무하는 A씨가 점수합계를 내보니, 두 영유아가 1순위 항목에서 동일한 점수를 얻었다. 이 경우에는 어떻게 해야 하는가?

① 두 영유아 모두 입소조치 한다.

② 다자녀가구 자녀를 우선 입소조치 한다.

③ 한부모 가족의 영유아를 우선 입소조치 한다.

④ 2순위 항목에 해당될 경우 1순위 항목에 추가합산 한다.

30 다음에 주어진 영유아들의 입소순위로 높은 것부터 나열한 것은?

> ㉠ 혈족으로는 할머니가 유일하나, 현재는 아동복지시설에서 생활 중인 영유아
>
> ㉡ 아버지를 여의고 어머니가 근무하는 산업단지에 설치된 어린이집을 동생과 함께 이용하는 영유아
>
> ㉢ 동남아에서 건너온 어머니와 가장 높은 장애 등급을 가진 한국인 아버지가 국민기초생활보장법에 의한 차상위 계층에 해당되는 영유아

① ㉠-㉡-㉢

② ㉡-㉠-㉢

③ ㉡-㉢-㉠

④ ㉢-㉡-㉠

31 다음 조건을 읽고 〈보기〉에서 옳은 설명을 고르면?

- 과일 A에는 씨가 2개, 과일 B에는 씨가 1개 있다.
- 철수와 영수는 각각 과일 4개씩을 먹었다.
- 철수는 영수보다 과일 A를 1개 더 먹었다.
- 철수는 같은 수로 과일 A와 B를 먹었다.

〈보기〉

A : 영수는 B과일을 3개 먹었다.
B : 두 사람이 과일을 다 먹고 나온 씨의 개수 차이는 1개이다.

① A만 옳다.
② B만 옳다.
③ A와 B 모두 옳다.
④ A와 B 모두 그르다.

32 다음 중 밑줄 친 ㉠, ㉡ 사회관에 대한 분석으로 옳은 것은?

개인과 사회의 관계를 바라보는 상반된 관점이 있다. 하나는 ㉠ 개인은 사회라는 생명체의 한 부분이라는 견해로, 개인은 사회를 배경으로 저마다의 역할을 수행하며 사회를 떠나서는 존재할 수 없다고 본다. 다른 하나는 사회는 개인들이 자신들의 권리를 더 안전하게 지키고 향유하기 위해서 개개인들이 합의하여 만든 존재이기 때문에 ㉡ 개인이 없으면 사회도 존재할 수 없다는 견해이다.

① ㉠에 따르면 개인의 자유와 권리는 제한될 수 없다.
② ㉠에 따르면 개인 간의 상호 작용 분석을 통해 사회를 이해할 수 있다.
③ ㉡은 자유주의, 개인주의와 맥락을 함께 한다.
④ ㉡에 따르면 사회는 개인의 외부에서 영향력을 발휘한다.

33 다음 조건을 읽고 옳은 설명을 고르면?

> • 날씨가 시원하면 기분이 좋다.
> • 배고프면 라면이 먹고 싶다.
> • 기분이 좋으면 마음이 차분하다.
> • '마음이 차분하면 배고프다'는 명제는 참이다.

> A : 날씨가 시원하면 라면이 먹고 싶다.
> B : 배고프면 마음이 차분하다.

① A만 옳다.
② B만 옳다.
③ A와 B 모두 옳다.
④ A와 B 모두 그르다.

34 A교육연구소 아동청소년연구팀에 근무하는 甲은 다음과 같은 연구를 시행하여 결과를 얻었다. 연구결과를 상사에게 구두로 보고하자 결과를 뒷받침할 만한 직접적인 근거를 추가하여 보고서를 작성해 오라는 지시를 받았다. 다음 〈보기〉 중 근거로 추가할 수 있는 자료를 모두 고른 것은?

[연구개요] 한 아동이 다른 사람을 위하여 행동하는 매우 극적인 장면이 담긴 'Lassie'라는 프로그램을 매일 5시간 이상 시청한 초등학교 1~2학년 아동들은 이와는 전혀 다른 내용이 담긴 프로그램을 시청한 아동들보다 훨씬 더 협조적이고 타인을 배려하는 행동을 보여주었다. 반면에 텔레비전을 통해 매일 3시간 이상 폭력물을 시청한 아동과 청소년들은 텔레비전 속에서 보이는 성인들의 폭력행위를 빠른 속도로 모방하였다.

[연구결과] 텔레비전 속에서 보이는 폭력이 아동과 청소년의 범죄행위를 유발시킬 가능성이 크다.

〈보기〉
㉠ 전국의 소년교도소에 폭행죄로 수감되어 있는 재소자들은 6세 이후 폭력물을 매일 적어도 4시간 이상씩 시청했었다.
㉡ 전국의 성인교도소에 폭행죄로 수감되어 있는 재소자들은 6세 이후 폭력물을 매일 적어도 6시간 이상씩 시청했었다.
㉢ 전국의 소년교도소에 폭행죄로 수감되어 있는 청소년들은 매일 저녁 교도소 내에서 최소한 3시간씩 폭력물을 시청한다.
㉣ 6세에서 12세 사이에 선행을 많이 하는 아동들이 성인이 되어서도 선행을 많이 한다.

① ㉠
② ㉠, ㉡
③ ㉠, ㉡, ㉤
④ ㉡, ㉢, ㉤

35 다음은 5가지의 영향력을 행사하는 방법과 순정, 석일이의 발언이다. 순정이와 석일이의 발언은 각각 어떤 방법에 해당하는가?

〈영향력을 행사하는 방법〉
- 합리적 설득 : 논리와 사실을 이용하여 제안이나 요구가 실행 가능하고, 그 제안이나 요구가 과업 목표 달성을 위해 필요하다는 것을 보여주는 방법
- 연합 전술 : 영향을 받는 사람들이 제안을 지지하거나 어떤 행동을 하도록 만들기 위해 다른 사람의 지지를 이용하는 방법
- 영감에 호소 : 이상에 호소하거나 감정을 자극하여 어떤 제안이나 요구사항에 몰입하도록 만드는 방법
- 교환 전술 : 제안에 대한 지지에 상응하는 대가를 제공하는 방법
- 합법화 전술 : 규칙, 공식적 방침, 공식 문서 등을 제시하여 제안의 적법성을 인식시키는 방법

〈발언〉
- 순정 : 이 기획안에 대해서는 이미 개발부와 재정부가 동의했습니다. 여러분들만 지지해준다면 계획을 성공적으로 완수할 수 있을 것입니다.
- 석일 : 이 기획안은 우리 기업의 비전과 핵심가치들을 담고 있습니다. 이 계획이야말로 우리가 그동안 염원했던 가치를 실현함으로써 회사의 발전을 이룩할 수 있는 기회라고 생각합니다. 여러분이 그동안 고생한 만큼 이 계획은 성공적으로 끝마쳐야 합니다.

① 순정 : 합리적 설득, 석일 : 영감에 호소
② 순정 : 연합 전술, 석일 : 영감에 호소
③ 순정 : 연합 전술, 석일 : 합법화 전술
④ 순정 : 영감에 호소, 석일 : 합법화 전술

36 다음 진술이 참이 되기 위해 꼭 필요한 전제를 〈보기〉에서 고르면?

〈진술〉

반장은 반에서 인기가 많다.

〈보기〉

㉠ 머리가 좋은 친구 중 몇 명은 반에서 인기가 많다.
㉡ 얼굴이 예쁜 친구 중 몇 명은 반에서 인기가 많다.
㉢ 반장은 머리가 좋다.
㉣ 반장은 얼굴이 예쁘다.
㉤ 머리가 좋거나 얼굴이 예쁘면 반에서 인기가 많다.
㉥ 머리가 좋고 얼굴이 예쁘면 반에서 인기가 많다.

① ㉠㉢ ② ㉡㉣
③ ㉢㉥ ④ ㉣㉤

37 다음 중 주어진 글의 빈칸에 들어갈 단어나 문장으로 가장 적절한 것을 고르면?

현대 사회에서 국가는 개인의 권리와 이익에 영향을 주는 다양한 행정 작용을 한다. 이에 따라 국가 활동으로 인해 손해를 입은 개인을 보호할 필요성이 커지게 되었다. 국가배상 제도는 국가 활동으로부터 손해를 입은 개인을 보호하기 위해 국가에게 손해배상 책임을 지운다. 이 제도는 19세기 후반 프랑스에서 법원의 판결 곧 판례에 의해 도입된 이래, 여러 나라에서 법률 또는 판례에 의해 인정되었다. 우리나라도 국가배상법을 제정하여 공무원의 법을 위반한 직무 집행으로 _____.

① 재판에 대한 국가배상 책임을 제한할 필요성이 인정되고 있다.
② 법관이 소신껏 재판 업무에 임할 수 있도록 독립을 보장하고 있다.
③ 법을 위반한 공무원에게 과중한 징계를 내리도록 하고 있다.
④ 손해를 입은 개인에게 국가가 그 손해를 배상하도록 하고 있다.

38 다음 대화에 대한 분석으로 옳은 것은?

> 갑 : 여성도 군대에 가는 것이 당연하다고 생각해. 여성도 남성과 마찬가지로 대한민국 국민이
> 잖아.
> 을 : 여성은 군대에 의무적으로 가지 않는 대신, 출산과 양육으로 인해 남성보다 임금이나 승진
> 에서 불평등한 대우를 받고 있어.
> 병 : 내 주변 사람들은 거의 다 여성이 군대에 가는 것에 찬성하던데?
> 정 : 그 보다 징병제가 우리 사회에 적합한지에 대해 먼저 생각해 봐야 하지 않을까?

① 갑의 진술은 사실 진술로만 구성되어 있다.
② 을의 진술은 경험적으로 증명이 어렵다.
③ 병은 객관적 태도를 취하고 있다.
④ 정은 성찰적 태도를 취하고 있다.

39 다음 글에 나타난 일탈 이론에 해당하는 내용으로 옳은 것은?

> 사회에는 법 위반에 호의적인 가치와 비호의적인 가치가 모두 존재한다. 따라서 주위 사람들
> 을 보면 법 위반에 호의적인 사람들이 있는가 하면 그렇지 않은 사람들도 있다. 그런데 어떤 사
> 람이 주위 사람들 중에 법 위반에 호의적인 사람과 더 자주 만나고 상호 작용을 하게 되면 법
> 위반에 호의적인 가치를 갖게 되고 그러한 연유로 범죄를 저지르게 된다.

① 일탈 행동은 상대적으로 규정된다.
② 일탈 행동은 급격한 사회 변화가 원인이 된다.
③ 사회 규범의 통제력 회복을 통해 일탈이 억제된다.
④ 일탈자와의 접촉을 제한함으로써 일탈을 억제할 수 있다.

40 다음 사회·문화 현상을 바라보는 관점 A, B에 대한 설명으로 옳지 않은 것은?

> A는 사회 체계를 공통적 가치 아래 안정되어 있다고 보는 데 비해, B에서는 갈등이 내재되어 있어 사회 체계가 근본적으로 불안정하므로 체제 유지보다는 체제의 구조적 변화가 불가피하다고 본다. 또한 A는 사회의 안정과 가치 합의에 관심을 갖는 데 비해, B는 사회 갈등으로 인한 사회 변동에 주로 관심을 갖는다.

① A는 B와 달리 현존하는 사회 체계의 유지를 강조한다.
② B는 A와 달리 사회적 역할이 강제적으로 배분되었다고 본다.
③ B는 A와 달리 지배 집단의 합의에 의해 사회 규범이 제정되었다고 본다.
④ A는 거시적 관점, B는 미시적 관점에 해당한다.

41 다음에서 설명하는 일탈 이론에 부합하는 사례로 옳은 것은?

> 같은 행동이라도 아무 일 없으면 그냥 '일상'이 되고 문제가 생기면 '일탈'이 된다. 누구나 살면서 잘못을 저지르지만 적발되지 않으면 별 문제 없이 지나간다. 하지만 그것이 다른 사람들에게 적발되고 세상에 알려지면 상황은 급격히 변화한다. 자신을 대하는 사회적 시선이 예전과 달라졌음을 인식하게 되면서 그는 점점 일탈을 내면화하고 정상적인 사회 규범과 멀어진다.

① 실직 가장이 일확천금을 꿈꾸며 도박판에 뛰어들어 남은 재산을 모두 탕진한다.
② 폭행을 당한 피해자가 법에 호소하는 대신 친구들을 동원해 가해자에게 보복을 한다.
③ 교도소에서 소매치기 기술을 배운 전과자가 출소한 후 길거리에서 다른 사람의 지갑을 훔친다.
④ 부유층 아이의 싸움은 자연스러운 성장 과정으로, 빈민층 아이의 싸움은 비행으로 가는 과정으로 간주한다.

42 다음 A, B 두 조직에 대한 옳은 설명을 〈보기〉에서 고른 것은?

- A와 B는 모두 인위적으로 형성되었다.
- A는 목표 달성을 위해 능률의 논리에 따라 구성되나, B는 감정의 논리에 따라 구성된다.
- A는 그 조직의 모든 구성원들을 포함하는 데 비해, B는 A의 일부 구성원들만으로 이루어지며 소집단의 성격을 띤다.

〈보기〉
㉠ A는 구성원의 역할과 책임이 명확하다.
㉡ A보다 B는 가입과 탈퇴가 자유롭다.
㉢ A와 달리 B는 2차적 관계가 형성된다.
㉣ B는 A의 경직성을 강화하는 데 기여한다.

① ㉠, ㉡
② ㉠, ㉢
③ ㉡, ㉢
④ ㉡, ㉣

43 노인 문제를 바라보는 A~C의 대화에 대한 설명으로 옳은 것은?

A : 산업화로 인해 가족의 기능이 약화되면서 생기는 문제야.
B : 중년층 중심의 사회 구조로 인해 중년층이 노인들의 사회적 역할을 빼앗아 가기 때문에 발생하는 문제야.
C : 사람들이 노인들을 늙고 의존적인 존재로 인식하고 있으며, 노인들도 자신을 쓸모없는 존재로 인식하기 때문에 발생하는 문제야.

① A는 개인에게 영향을 미치는 사회 구조의 힘을 간과한다.
② B는 사회를 유기체에 비유할 것이다.
③ C는 개인을 구속하는 사회 구조의 힘에 주목한다.
④ A는 B와 달리 사회적 역할이 대다수 성원의 합의에 의한 것이라고 본다.

44 다음 두 사례에서 공통적으로 부각되어 있는 문화의 속성에 대한 진술로 가장 적절한 것은?

> • 우리나라 사람들이 돌무더기 탑을 지날 때 돌 하나를 얹는 이유를 외국 사람들은 알지 못한다.
> • 요즘 청소년들이 여러 단어의 첫 음절만을 이용하여 만든 줄임말의 의미를 기성세대는 알지 못한다.

① 문화는 환경의 특수성과 관계없이 공통성을 갖는다.
② 문화는 부분들이 모여 전체로서 하나의 체계를 이룬다.
③ 문화는 경험과 상징을 통해 세대 간에 전승되고 축적된다.
④ 문화는 구성원 간에 사고와 행동의 동질성을 형성하게 해 준다.

45 (가)~(다)는 관료제에서 나타날 수 있는 일반적인 문제점이다. 이와 관련한 설명으로 옳지 않은 것은?

> (가) 복잡한 규정으로 많은 서류가 만들어지는 과정에서 본연의 업무 처리가 지연될 수 있다.
> (나) 의사 결정권이 상위 직급에 집중되어 권력의 남용이나 쏠림이 일어날 수 있다.
> (다) 승진 시 경력을 중시하므로 무능한 사람이 자기 능력 이상의 자리를 차지할 수 있다.

① (나)는 다양한 의사 결정 구조와 방식을 적용함으로써 완화할 수 있다.
② (다)는 인사 관리에서 연공서열보다 성과를 중시함으로써 완화할 수 있다.
③ (가)는 업무 처리의 형식적 절차를, (나)는 의사 결정의 일방성을 강조하는 과정에서 발생한다.
④ (나), (다)는 조직의 과업과 목적에 따라 조직 형태가 수시로 변화하는 과정에서 발생한다.

46 포항으로 홀로 여행을 떠난 율희는 오후 늦게서야 배고픔을 느끼게 되어 주변 A횟집으로 들어갔다. 하지만 메뉴판을 보는 순간 너무나 많은 종류의 회를 보고 율희는 무엇을 선택해야 할지 고민하고 있다. 다음 중 아래와 같은 선택에 대한 평가기준이 제시된 경우 보완적 평가방식에 의해 율희가 선택하게 되는 횟감의 종류는 무엇인가?

평가기준	중요도	횟감 종류에 대한 평가			
		광어	우럭	물회	참치
가격	40	2	2	1	7
반찬 종류	30	2	3	1	5
서비스 수준	50	2	2	2	4

① 광어   ② 우럭
③ 물회   ④ 참치

47 ㉠~㉢ 중 글의 흐름으로 볼 때 삭제해도 되는 문장은?

> 토의는 어떤 공통된 문제에 대해 최선의 해결안을 얻기 위하여 여러 사람이 의논하는 말하기 양식이다. ㉠패널 토의, 심포지엄 등이 그 대표적 예이다. ㉡토의가 여러 사람이 모여 공동의 문제를 해결하는 것이라면 토론은 의견을 모으지 못한 어떤 쟁점에 대하여 찬성과 반대로 나뉘어 각자의 주장과 근거를 들어 상대방을 설득하는 것이라 할 수 있다. ㉢패널 토의는 3~6인의 전문가들이 사회자의 진행에 따라, 일반 청중 앞에서 토의 문제에 대한 정보나 지식, 의견이나 견해 등을 자유롭게 주고받는 유형이다. ㉣심포지엄은 전문가가 참여한다는 점, 청중과 질의·응답 시간을 갖는다는 점에서는 패널토의와 비슷하다. 다만 전문가가 토의 문제의 하위 주제에 대해 서로 다른 관점에서 연설이나 강연의 형식으로 10분 정도 발표한다는 점에서는 차이가 있다.

① ㉠   ② ㉡
③ ㉢   ④ ㉣

48 다음과 같은 문제 상황을 인지한 A사는 甲의 행위를 절도로 판단하고 이를 위한 대책을 수립하려고 한다. 이러한 문제 상황에 봉착한 A사가 가장 먼저 해야 할 일로 적절한 것은 다음 보기 중 어느 것인가?

> 甲은 A사의 기술연구소 기술고문으로 근무하면서 주도적으로 첨단기술 제조공법을 개발했음에도 뚜렷한 상여금이나 인센티브를 받지 못하고 승진에서도 누락된 사실을 알고 불만을 품게 됐다. 당시 반도체 분야에 새로이 진출하고자 하는 경쟁업체인 B사에서 이와 같은 사실을 알고 甲이 A사에서 받던 급여조건보다 월등하게 좋은 연봉, 주택제공 등의 조건을 제시하여 甲을 영입하기로 했다.
> 甲은 B사의 상무이사로 입사하기로 하고, A사의 기술 및 영업 자료를 향후 B사의 생산 및 판매 자료로 활용할 것을 마음먹고 A사 사무실에서 회사의 기술상·영업상의 자료들인 매출단가 품의서, 영업추진계획, 반도체 조립공정 문제점 및 개선대책 등을 서류가방에 넣어 가지고 나와 이를 B사에 넘겨주었다.

① 자료 유출 시의 전 직원에 대한 강화되고 엄격해진 규정을 마련하여 즉시 실시한다.
② 강화된 보안 대책과 함께 컴퓨터 파일 유출을 방지할 수 있는 기술 도입을 검토한다.
③ 인센티브나 승진 문제 등 甲의 행위가 촉발된 근본 원인을 찾아낸다.
④ 어떻게 자료 유출이 가능했는지를 확인하고 甲과 B사에 대한 대응방안을 정확히 수립한다.

49 8층에서 엘리베이터를 타게 된 갑, 을, 병, 정, 무 5명은 5층부터 내리기 시작하여 마지막 다섯 번째 사람이 1층에서 내리게 되었다. 다음 〈조건〉을 만족할 때, 1층에서 내린 사람은 누구인가?

> 〈조건〉
> • 2명이 함께 내린 층은 4층이며, 나머지는 모두 1명씩만 내렸다.
> • 을이 내리기 직전 층에서는 아무도 내리지 않았다.
> • 무는 정의 바로 다음 층에서 내렸다.
> • 갑과 을은 1층에서 내리지 않았다.

① 갑   ② 을
③ 병   ④ 정

50 다음 SWOT 분석기법에 대한 설명과 분석 결과 사례를 토대로 한 대응 전략으로 가장 적절한 것은?

SWOT 분석은 내부 환경요인과 외부 환경요인의 2개의 축으로 구성되어 있다. 내부 환경요인은 자사 내부의 환경을 분석하는 것으로 분석은 다시 자사의 강점과 약점으로 분석된다. 외부환경요인은 자사 외부의 환경을 분석하는 것으로 분석은 다시 기회와 위협으로 구분된다. 내부환경요인과 외부환경요인에 대한 분석이 끝난 후에 매트릭스가 겹치는 SO, WO, ST, WT에 해당되는 최종 분석을 실시하게 된다. 내부의 강점과 약점을, 외부의 기회와 위협을 대응시켜 기업의 목표를 달성하려는 SWOT 분석에 의한 발전전략의 특성은 다음과 같다.

- SO전략 : 외부 환경의 기회를 활용하기 위해 강점을 사용하는 전략 선택
- ST전략 : 외부 환경의 위협을 회피하기 위해 강점을 사용하는 전략 선택
- WO전략 : 자신의 약점을 극복함으로써 외부 환경의 기회를 활용하는 전략 선택
- WT전략 : 외부 환경의 위협을 회피하고 자신의 약점을 최소화하는 전략 선택

[분석 결과 사례]

강점 (Strength)	• 해외 조직 관리 경험 풍부 • 자사 해외 네트워크 및 유통망 다수 확보
약점 (Weakness)	• 순환 보직으로 인한 잦은 담당자 교체로 업무 효율성 저하 • 브랜드 이미지 관리에 따른 업무 융통성 부족
기회 (Opportunity)	• 현지에서 친숙한 자사 이미지 • 현지 정부의 우대 혜택 및 세제 지원 약속
위협 (Threat)	• 일본 경쟁업체와의 본격 경쟁체제 돌입 • 위안화 환율 불안에 따른 환차손 우려

내부환경 외부환경	강점(Strength)	약점(Weakness)
기회(Opportunity)	① 세제 혜택을 통하여 환차손 리스크 회피 모색	② 타 해외 조직의 운영 경험을 살려 업무 효율성 벤치마킹
위협(Threat)	③ 다양한 유통채널을 통하여 경쟁체제 우회 극복	④ 해외 진출 경험으로 축적된 우수 인력 투입으로 업무 누수 방지

1 다음 제시된 조직도에 대한 설명으로 옳지 않은 것은?

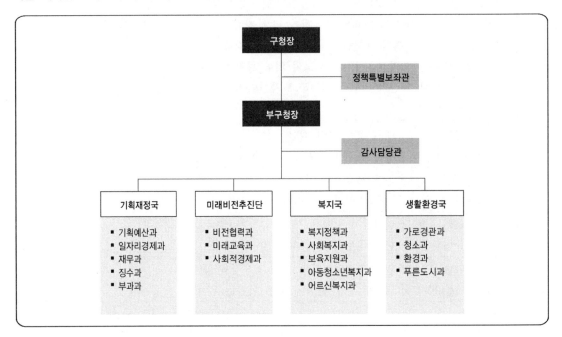

① 구청장 산하에 정책특별보좌관과 감사담당관이 있다.

② 조직도에 따르면 3명의 국장과 1명의 단장이 있다.

③ 비전협력과와 일자리경제과는 다른 부문에 속해있다.

④ 복지정책과 보육지원에 관한 사항은 복지국에 문의할 수 있다.

2 다음 설명의 빈칸에 들어갈 말이 순서대로 바르게 짝지어진 것은?

( )은(는) 상대 기업의 경영권을 획득하는 것이고, ( )은(는) 두 개 이상의 기업이 결합하여 법률적으로 하나의 기업이 되는 것이다. 최근에는 금융적 관련을 맺거나 또는 전략적인 관계까지 포함시켜 보다 넓은 개념으로 사용되고 있다. 기업은 이를 통해서 시장 지배력을 확대하고 경영을 다각화시킬 수 있으며 사업 간 시너지 효과 등을 거둘 수 있다. 이러한 개념이 발전하게 된 배경은 기업가 정신에 입각한 사회 공헌 실현 등 경영 전략적 측면에서 찾을 수 있다. 그러나 대상 기업의 대주주와 협상·협의를 통해 지분을 넘겨받는 형태를 취하는 우호적인 방식이 있는 반면 기존 대주주와의 협의 없이 기업 지배권을 탈취하는 적대적인 방식도 있다.

① 인수, 제휴   ② 인수, 합작
③ 인수, 합병   ④ 합병, 인수

3 경영전략의 유형으로 흔히 차별화, 원가 우위, 집중화 전략을 꼽을 수 있다. 다음 〈보기〉에 제시된 내용들 중, 차별화 전략의 특징으로 볼 수 없는 설명을 모두 고른 것은 어느 것인가?

〈보기〉
가. 브랜드 강화를 위한 광고비용이 증가할 수 있다.
나. 견고한 유통망은 제품 차별화와 관계가 없다.
다. 차별화로 인한 규모의 경제 활용에 제약이 있을 수 있다.
라. 신규기업 진입에 대한 효과적인 억제가 어렵다.
마. 제품에 대한 소비자의 선호체계가 확연히 구분될 경우 효과적인 차별화가 가능하다.

① 가, 나   ② 나, 라
③ 나, 다   ④ 라, 나

4 △△기업은 다음의 조직 개편안에 따라 조직 구성을 개편하고자 한다. 개편된 내용으로 옳지 않은 것은?

〈△△기업 조직도〉

기회조정실	정책기획관 예산담당관 세정담당관 법무혁신담당관 빅데이터담당관	환경산림자원국	환경정책과 환경안전과 맑은물정책과 산림자원과 산림산업관광과
재난 안전실	안전정책과 사회재난과 자연재난과	복지건강국	사회복지과 어르신복지과 장애인복지과 보건정책과 감염병관리과 식품의약과
일자리경제실	일자리경제노동과 중소벤처기업과 민생경제과 사회적경제과 교통정책과 외교통상과	농축산유통국	농업정책과 농식품유통과 친환경농업과 농촌활력과 축산정책과 동물방역과
과학산업국	과학기술정책과 4차산업기반과 소재부품산업과 바이오생명산업과	건설도시국	도시계획과 도시재생과 도로철도과 건축디자인과 토지정보과 하천과 신도시조성과
아이여성행복국	인구정책과 아이세상지원과 여성가족행복과	소방본부	소방행정과 대응예방과 구조구급과 119종합상황실 119특수구조단
자치행정국	자치행정과 인사과 교육정책과 새마을봉사과 회계과 정보통신과	문화관광체육국	문화예술과 문화산업과 문화유산과 관광정책과 관광마케팅과 체육진흥과 전국체전기획단

〈조직 개편안〉

• 5개의 본부로 개편한다.

• 기획조정실, 일자리경제실, 자치행정국, 재난안전실은 기획관리본부로 편성한다.

• 여성과 복지에 관한 부처는 복지국 소속으로 둔다.

• 개편 전부터 본부로 편성되어 있던 부서는 이전과 동일하게 단독 본부로 둔다.

• 문화관광체육국, 농축산유통국은 사업본부로 편성한다.

• 위에 언급되지 않은 부처는 모두 기술본부 소속이다.

① 기획관리본부는 3개의 실, 1개의 국으로 구성된다.

② 소방본부는 개편 전과 후의 변동이 없다.

③ 기술본부에는 12개의 과와 4개의 실이 있다.

④ 인구정책과와 사회복지과는 동일한 본부에 속한다.

5 다음 위임전결규정을 잘못 설명한 것은 어느 것인가?

위임전결규정
- 결재를 받으려는 업무에 대해서는 최고결재권자(대표이사)를 포함한 이하 직책자의 결재를 받아야 한다.
- '전결'이라 함은 회사의 경영활동이나 관리활동을 수행함에 있어 의사 결정이나 판단을 요하는 일에 대하여 최고결재권자의 결재를 생략하고, 자신의 책임 하에 최종적으로 의사 결정이나 판단을 하는 행위를 말한다.
- 전결사항에 대해서도 위임 받은 자를 포함한 이하 직책자의 결재를 받아야 한다.
- 표시내용 : 결재를 올리는 자는 최고결재권자로부터 전결 사항을 위임 받은 자가 있는 경우 결재란에 전결이라고 표시하고 최종 결재권자란에 위임 받은 자를 표시한다. 다만, 결재가 불필요한 직책자의 결재란은 상향대각선으로 표시한다.
- 최고결재권자의 결재사항 및 최고결재권자로부터 위임된 전결사항은 아래의 표에 따른다.
- 본 규정에서 정한 전결권자가 유고 또는 공석 시 그 직급의 직무 권한은 직상급직책자가 수행함을 원칙으로 하며, 각 직급은 긴급을 요하는 업무처리에 있어서 상위 전결권자의 결재를 득할 수 없을 경우 차상위자의 전결로 처리하며, 사후 결재권자의 결재를 득해야 한다.

업무내용		결재권자			
		사장	부사장	본부장	팀장
주간업무보고					○
팀장급 인수인계			○		
일반예산 집행	잔업수당	○			
	회식비			○	
	업무활동비			○	
	교육비		○		
	해외연수비	○			
	시내교통비			○	
	출장비	○			
	도서인쇄비				○
	법인카드사용		○		
	소모품비				○
	접대비(식대)			○	
	접대비(기타)				○
이사회 위원 위촉		○			
임직원 해외 출장		○(임원)		○(직원)	
임직원 휴가		○(임원)		○(직원)	
노조관련 협의사항			○		

* 100만 원 이상의 일반예산 집행과 관련한 내역은 사전 사장 품의를 득해야 하며, 품의서에 경비 집행 내역을 포함하여 준비한다. 출장계획서는 품의서를 대체한다.
* 위의 업무내용에 필요한 결재서류는 다음과 같다.
품의서, 주간업무보고서, 인수인계서, 예산집행내역서, 위촉장, 출장보고서(계획서), 휴가신청서, 노조협의 사항 보고서

① 전결권자 공석 시의 최종결재자는 차상위자가 되며 사후 결재권자의 결재가 필요하다.
② 전결권자 업무 복귀 시, 부재 중 결재 사항에 대하여 반드시 사후 결재를 받아두어야 한다.
③ 팀장이 새로 부임하면 부사장 전결의 인수인계서를 작성하게 된다.
④ 전결권자가 해외 출장으로 자리를 비웠을 경우에는 차상위자가 직무 권한을 위임 받는다.

6 T공사에서는 다음과 같은 안내문을 인터넷 홈페이지에 게재하였다. T공사의 조직도를 참고할 때, 다음 안내문의 빈 칸 ㉠에 들어갈 조직명으로 가장 적절한 것은 어느 것인가?

「장애인콜택시」 DB서버 교체에 따른 서비스 일시중지 안내

　　T공사에서는 장애인콜택시 이용자 증가에 따라, 이용자의 보다 편리한 서비스 이용을 위해 다음과 같이 DB서버를 교체할 예정입니다. 다음의 작업시간 동안 장애인콜택시 접수 및 이용이 원활치 않을 수 있으니, 이용에 참고하시기 바랍니다.

- 다 음 -

1. 작업시간: 2018. 12.20(수) 00:00 ~ 12.20(수) 04:00
2. 작업내용: DB서버 교체작업

　　자세한 사항은 T공사[(　　㉠　　)팀(T.02-000-0000)]으로 문의 주시기 바랍니다.

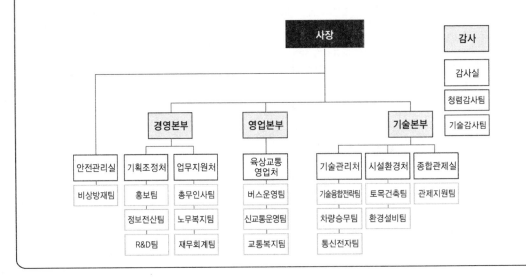

① 비상방재팀　　　　　　　　　② 노무복지팀
③ 버스운영팀　　　　　　　　　④ 교통복지팀

7 다음은 전화를 걸 때의 상황을 나타낸 것이다. 이 중 잘못된 표현의 단계를 고르면?

ⓐ 전화를 걸기 전에 필요한 자료는 미리 손앞에 정리
- 상대의 소속, 직책, 성명, 전화번호 숙지
- 용건의 내용을 간단히 메모
- 필요한 서류자료, 메모지, 필기구 준비

ⓑ 상대가 나오면 본인의 소속 및 이름을 먼저 밝힌다.

ⓒ 상대를 확인한다.
- 상대방이 이름을 말하지 않을 경우 내 쪽에서 확인
- 본인이 받을 경우 인사를 하면서 안부를 묻고
- 부재 시일 경우 – 부재이유를 간단히 묻고 메모를 부탁하거나 전화를 다시 하겠다는 등의 약속을 한다.

ⓓ 용건을 전달한다.

---

① ⓐ 전화를 건 목적에 맞게 용건을 말한다.

② ⓑ 인사 및 자신을 밝힌다.

③ ⓒ 상대를 확인한 후 통화가능 여부를 확인한다.

④ ⓓ 전화를 하게 된 용건을 상대가 이해할 수 있도록 시간에 구애받지 않고 자세하게 설명한다.

8 다음의 기사 내용은 맥그리거의 X이론에 관한 것이다. 밑줄 친 부분에 대한 내용으로 가장 옳지 않은 것을 고르면?

미국 신용등급 강등, 중국의 급격한 긴축정책, 유럽 재정파탄 등 각 국에서 시작된 위기가 도미노처럼 전 세계로 퍼지고 있다. 리먼 브러더스 파산이 일으킨 글로벌 금융위기는 지구촌 전체를 뒤흔들었다.

기업들은 어떤가. GM, 모토로라 등 세계 최고의 왕좌에서 군림했지만 나락의 길을 걷고 있다. 전문가들은 문제의 원인을 오래된 경영과 낡은 리더십에서 찾고 있다. 하루에도 몇 번씩 끊임없이 변하는 '가속'의 시대에서 구태의연한 경영 방식으로는 살아남을 수 없다는 지적이다. 이미 기존 경제이론으로 설명할 수 없는 예측 불가능한 시대가 됐다.

어떤 변화에도 대응할 수 있는 체력을 갖추려면 무엇이 필요할까. 기업 내 다양성을 극대화하고 지속가능성을 갖춰야한다는 목소리가 주목받고 있다. 새로운 버전으로 진화한 리더십이 기업의 미래를 결정한다. '블루오션 전략', '블랙 스완' 등으로 파이낸셜타임즈 경제도서상을 수상한 국제적인 리더십 전문가 닐스 플레깅은 이 책을 통해 미래 경영의 대안으로 '언리더십(Un-leadership)'을 주장한다.

'부정'을 뜻하는 'Un'은 이전에 옳다고 믿었던 상식을 파괴하는 새로운 발상을 의미한다. 꿈의 기업이라 불리는 구글은 직원들을 통제하는 인재 관리에서 벗어나 무한한(Un-limited) 창의력을 펼칠 수 있는 분위기를 제공했다. 저가 항공사의 신화인 사우스웨스트항공은 직원들이 현장에서 직접 여러 사안을 결정한다. '직원들의 생각이 곧 전략'이라는 지금까지 볼 수 없었던(Un-seen) 원칙을 고수하고 있는 것. 첨단소재기업인 고어는 직장 내에 직급이 존재하지 않으며(Un-management), 부서와 업무를 규정하지 않는다(Un-structure).

이들은 대표적인 언리더십 기업이다. 언리더십은 리더십 자체를 부정하지 않는다. 현대 경영에서 보편적으로 정의된 수직적이고 영웅적인 리더십에 반기를 든다. 유연하고 개방적으로 조직을 이끄는 21세기형 새로운 리더십이다. 이 책은 구글, 사우스웨스트항공, 고어 등 경제 위기 속에서도 성공적인 사업을 이끌고 있는 기업의 독특한 경영 방식과 기업 문화가 모두 언리더십으로 무장하고 있음을 보여준다. 상식과 고정관념을 파괴하는 언리더십은 비즈니스 생태계 진화를 주도하고 있다.

언리더십의 가장 큰 토대가 되는 이론은 세계적인 경영학자 더글러스 맥그리거의 'XY이론'이다. 우리는 그 중에서 <u>맥그리거의 X이론</u>에 대해서 더 알아보기로 한다.

① 인간은 조직의 문제해결에 필요한 창의력이 부족하다.
② 과업은 본질적으로 모든 인간이 싫어하는 것이다.
③ 인간은 엄격하게 통제되고, 성취하도록 강요되어야 한다.
④ 인간은 애정의 욕구와 존경의 욕구에 의해 동기화된다.

9 다음은 관리조직의 일반적인 업무내용을 나타내는 표이다. 다음 표를 참고할 때, C대리가 〈보기〉와 같은 업무를 처리하기 위하여 연관되어 있는 팀만으로 나열된 것은 어느 것인가?

부서명	업무내용
총무팀	집기비품 및 소모품의 구입과 관리, 사무실 임차 및 관리, 차량 및 통신시설의 운영, 국내외 출장 업무 협조, 사내외 홍보 광고업무, 회의실 및 사무 공간 관리, 사내·외 행사 주관
인사팀	조직기구의 개편 및 조정, 업무분장 및 조정, 인력수급계획 및 관리, 노사관리, 평가관리, 상벌관리, 인사발령, 교육체계 수립 및 관리, 임금제도, 복리후생제도 및 지원업무, 복무관리, 퇴직관리
기획팀	경영계획 및 전략 수립, 전사기획업무 종합 및 조정, 경영정보 조사 및 기획보고, 경영진 단위무, 종합예산수립 및 실적관리, 단기사업계획 종합 및 조정, 사업계획, 손익추정, 실적관리 및 분석
외환팀	수출입 외화자금 회수, 외환 자산 관리 및 투자, 수출 물량 해상 보험 업무, 직원 외환업무 관련 교육 프로그램 시행, 영업활동에 따른 환차손익 관리 및 손실 최소화 방안 강구
회계팀	회계제도의 유지 및 관리, 재무상태 및 경영실적 보고, 결산 관련 업무, 재무제표 분석 및 보고, 법인세, 부가가치세, 국세 지방세 업무자문 및 지원, 보험가입 및 보상업무, 고정자산 관련 업무

〈보기〉

C대리는 오늘 매우 바쁜 하루를 보내야 한다. 항공사의 파업으로 비행 일정이 아직 정해지지 않아 이틀 후로 예정된 출장이 확정되지 않고 있다. 일정 확정 통보를 받는 즉시 지사와 연락을 취해 현지 거래처와의 미팅 일정을 논의해야 한다. 또한, 지난 주 퇴직한 선배사원의 퇴직금 정산 내역을 확인하여 이메일로 자료를 전해주기로 하였다. 오후에는 3/4분기 사업계획 관련 전산입력 담당자 회의에 참석하여야 하며, 이를 위해 회의 전 전년도 실적 관련 자료를 입수해 확인해 두어야 한다.

① 인사팀, 기획팀, 외환팀
② 총무팀, 기획팀, 회계팀
③ 총무팀, 인사팀, 외환팀, 회계팀
④ 총무팀, 인사팀, 기획팀, 회계팀

10 해외 법인에서 근무하는 귀하는 중요한 프로젝트의 계약을 앞두고 현지 거래처 귀빈들을 위한 식사 자리를 준비하게 되었다. 본사와 거래처의 최고 경영진들이 대거 참석하는 자리인 만큼 의전에도 각별히 신경을 써야 하는 매우 중요한 자리이다. 이러한 외국 손님들과의 식사 자리를 준비하는 에티켓에 관한 다음 보기와 같은 설명 중 적절하지 않은 것은 무엇인가?

① 테이블의 모양과 좌석의 배치 등도 매우 중요하므로 반드시 팩스나 이메일로 사전에 참석자에게 정확하게 알려 줄 필요가 있다.

② 종교적 이유로 특정음식을 먹지 않는 고객의 유무 등 특별 주문 사항이 있는지를 미리 확인한다.

③ 상석(上席)을 결정할 경우, 나이는 많은데 직위가 낮으면 나이가 직위를 우선한다.

④ 최상석에 앉은 사람과 가까운 자리일수록 순차적으로 상석이 되며, 멀리 떨어진 자리가 말석이 된다.

11 다음은 J발전사의 조직 업무 내용 일부를 나열한 자료이다. 다음에 나열된 업무 내용 중 관리 조직의 일반적인 업무 특성 상 인재개발실(팀) 또는 인사부(팀)의 업무라고 보기 어려운 것을 모두 고른 것은 무엇인가?

> (가) 해외 전력사 교환근무 관련 업무
> (나) 임직원 출장비, 여비관련 업무
> (다) 상벌, 대·내외 포상관리 업무
> (라) 조경 및 조경시설물 유지보수
> (마) 교육원(한전 인재개발원, 발전교육원) 지원 업무

① (나), (라)   ② (나), (다)
③ (가), (나)   ④ (가), (다)

12 조직 내에서 다음과 같은 순기능과 역기능을 동시에 가지고 조직의 태도와 행동에 영향을 주는 공유된 가치와 규범을 일컫는 말은 어느 것인가?

〈순기능〉
- 다른 조직과 구별되는 정체성을 제공한다.
- 집단적 몰입을 통해 시너지를 만든다.
- 구성원에게 행동지침을 제공하여 조직체계의 안정성을 높인다.
- 집단구성원을 사회화시키고 학습의 도구가 된다.

〈역기능〉
- 지나칠 경우, 환경변화에 신속한 대응을 저해하고 변화에 대한 저항을 낳을 수 있다.
- 외부 집단에 필요 이상의 배타성을 보일 수 있다.
- 새로 진입한 구성원의 적응에 장애물이 될 수 있다.
- 구성원의 창의적 사고를 막고 다양성의 장애요인이 될 수 있다.

---

① 조직전략 ② 조직규범
③ 조직문화 ④ 조직행동

13 경영참가는 경영자의 권한인 의사결정 과정에 근로자 또는 노동조합이 참여하는 것을 말한다. 다음 중 경영참가 제도의 특징으로 보기 어려운 것은 어느 것인가?

① 근로자들의 참여권한이 점차 확대되면 노사 간 서로 의견을 교환하여 토론하며 협의하는 단계를 거친다. 이 단계에서 이루어진 협의결과에 대한 시행은 경영자들에게 달려있다.

② 근로자와 경영자가 공동으로 결정하고 결과에 대하여 공동의 책임을 지는 결정참가 단계에서는 경영자의 일방적인 경영권은 인정되지 않는다.

③ 경영참가는 본래 경영자와 근로자의 공동 권한인 의사결정과정에 근로자 또는 노동조합이 참여하는 것이다.

④ 제대로 운영되지 못할 경우 경영자의 고유한 권리인 경영권을 약화시키고, 오히려 경영참가 제도를 통해 분배문제를 해결함으로써 노동조합의 단체교섭 기능이 약화될 수 있다.

14 조직의 경영전략과 관련된 다음의 신문 기사에서 밑줄 친 '이 제도'가 말하는 것은 무엇인가?

중국 민성증권 보고서에 따르면 이미 올 6월 현재 상장국유기업 39곳이 실시 중인 것으로 나타났다. 이 가운데 종업원의 우리사주 보유 비율이 전체 지분의 2%를 넘는 곳은 14곳이었다. 아직까지는 도입 속도가 느린 편이지만 향후 제도 확대와 기업 참여가 가속화되고 종업원의 지분 보유 비율도 높아질 것으로 예상된다. 분야도 일반 경쟁 산업에서 통신·철도교통·비철금속 등 비경쟁산업으로 확대될 것으로 전망된다.

중국 정부는 종업원이 주식을 보유함으로써 경영 효율을 높이고 기업혁신에 기여할 수 있을 것으로 내다보고 있다. 남수중 공주대 교수는 이와 관련된 리포트에서 "중국에서 <u>이 제도</u>의 시행은 국유기업 개혁의 성공과 밀접하게 관련돼 있다"면서 "국유기업의 지배구조 개선에도 유리한 작용을 할 것으로 기대되며 국유기업 개혁 과정에서 발생할 가능성이 높은 경영층과 노동자들의 대립도 완화할 수 있을 것"이라고 분석했다.

① 스톡옵션제   ② 노동주제
③ 노사협의회제   ④ 종업원지주제

15 H사의 생산 제품은 다음과 같은 특징을 가지고 있다. 이 경우 H사가 취할 수 있는 경영전략으로 가장 적절한 것은 어느 것인가?

- 제품 생산 노하우가 공개되어 있다.
- 특별한 기술력이 요구되지 않는다.
- 대중들에게 널리 보급되어 있다.
- 지속적으로 사용해야 하는 소모품이다.
- 생산 방식과 공정이 심플하다.
- 특정 계층의 구분 없이 동일한 제품이 쓰인다.
- 다수의 소규모 업체들이 경쟁하며 브랜드의 중요성이 거의 없다.

① 집중화 전략   ② 원가우위 전략
③ 모방 전략   ④ 차별화 전략

16 다음 사례에서와 같은 조직 문화의 긍정적인 기능이라고 보기 어려운 것은 어느 것인가?

> 영업3팀은 팀원 모두가 야구광이다. 신 부장은 아들이 고교 야구선수라서 프로 선수를 꿈꾸는 아들을 위해 야구광이 되었다. 남 차장은 큰 딸이 프로야구 D팀의 한 선수를 너무 좋아하여 주말에 딸과 야구장을 가려면 자신부터 야구팬이 되지 않을 수 없다. 이 대리는 고등학교 때까지 야구 선수 생활을 했었고, 요즘 젊은 친구답지 않게 승현 씨는 야구를 게임보다 좋아한다. 영업3팀 직원들의 취향이 이렇다 보니 팀 여기저기엔 야구 관련 장식품들이 쉽게 눈에 띄고, 점심시간과 티타임에 나누는 대화는 온통 야구 이야기이다. 다른 부서에서는 우스갯소리로 야구를 좋아하지 않으면 아예 영업3팀 근처에 얼씬거릴 생각도 말라고 할 정도다.
>
> 부서 회식이나 단합대회를 야구장에서 하는 것은 물론이고 주말에도 식사 내기, 입장권 내기 등으로 직원들은 거의 매일 야구에 묻혀 산다. 영업3팀은 현재 인사처 자료에 의하면 사내에서 부서 이동률이 가장 낮은 조직이다.

① 구성원들에게 일체감과 정체성을 부여한다.
② 조직이 변해야 할 시기에 일치단결된 모습을 보여준다.
③ 조직의 몰입도를 높여준다.
④ 조직의 안정성을 가져온다.

17 숙박업소 J사장은 미숙한 경영전략으로 주변 경쟁업소에 점점 뒤처지게 되어 매출은 곤두박질 쳤고 이에 따라 직원들은 더 이상 근무할 수 없게 되었다. 경영전략 차원에서 볼 때, J사장이 시도했어야 하는 차별화 전략으로 추천하기에 적절하지 않은 것은 어느 것인가?

① 경쟁업소들보다 가격을 낮춰 고객을 유치한다.
② 새로운 객실 인테리어를 통해 신선감을 갖춘다.
③ 주차장 이용 시 무료세차 및 워셔액 지급 등 추가 서비스를 제공한다.
④ 직원들의 복지를 위해 휴게 시설을 확충한다.

팀	주요 업무	필요 자질
영업관리	영업전략 수립, 단위조직 손익관리, 영업 인력 관리 및 지원	마케팅/유통/회계지식, 대외 섭외력, 분석력
생산관리	원가/재고/외주 관리, 생산계획 수립	제조공정/회계/통계/제품 지식, 분석력, 계산력
생산기술	공정/시설 관리, 품질 안정화, 생산 검증, 생산력 향상	기계/전기 지식, 창의력, 논리력, 분석력
연구개발	신제품 개발, 제품 개선, 원재료 분석 및 기초 연구	연구 분야 전문지식, 외국어 능력, 기획력, 시장분석력, 창의/집중력
기획	중장기 경영전략 수립, 경영정보 수집 및 분석, 투자사 관리, 손익 분석	재무/회계/경제/경영 지식, 창의력, 분석력, 전략적 사고
영업(국내/해외)	신시장 및 신규고객 발굴, 네트워크 구축, 거래선 관리	제품지식, 협상력, 프리젠테이션 능력, 정보력, 도전정신
마케팅	시장조사, 마케팅 전략수립, 성과 관리, 브랜드 관리	마케팅/제품/통계지식, 분석력, 통찰력, 의사결정력
총무	자산관리, 문서관리, 의전 및 비서, 행사 업무, 환경 등 위생관리	책임감, 협조성, 대외 섭외력, 부동산 및 보험 등 일반지식
인사/교육	채용, 승진, 평가, 보상, 교육, 인재개발	조직구성 및 노사 이해력, 교육학 지식, 객관성, 사회성
홍보/광고	홍보, 광고, 언론/사내 PR, 커뮤니케이션	창의력, 문장력, 기획력, 매체의 이해

18 위의 업무 분장표를 참고할 때, 창의력과 분석력을 겸비한 경영학도인 신입사원이 배치되기에 가장 적합한 팀은 다음 중 어느 것인가?

① 연구개발팀　　　　　　　　　② 홍보/광고팀

③ 마케팅팀　　　　　　　　　　④ 기획팀

19 다음 중 해당 팀 자체의 업무보다 타 팀 및 전사적인 업무 활동에 도움을 주는 업무가 주된 역할인 팀으로 묶인 것은 어느 것인가?

① 총무팀, 마케팅팀

② 생산기술팀, 영업팀

③ 홍보/광고팀, 연구개발팀

④ 홍보/광고팀, 총무팀

20 다음과 같은 업무 태도와 행위들 중, 효과적으로 업무를 수행하는 데 방해하는 요인이 내포되어 있다고 볼 수 있는 것은 어느 것인가?

① 메신저나 사적인 전화는 시간을 정하여 그것을 넘기지 않도록 한다.

② 다른 사람들과 무조건적인 대화 단절보다는 선별적으로 시간을 할애하는 것이 바람직하다.

③ 출근 전부터 이미 도착해 수십 통씩 쌓여 있는 이메일에 빠짐없이 답하는 일을 우선 처리한다.

④ 외부 방문이나 거래처 내방 등은 사전에 약속해 두어 계획에 의해 진행될 수 있게 한다.

21 다음 중 '조직의 구분'에 대한 설명으로 옳지 않은 것은?

① 대학이나 병원 등은 비영리조직이다.

② 가족 소유의 상점은 소규모 조직이다.

③ 코카콜라와 같은 기업은 대규모 영리조직이다.

④ 종교단체는 비공식 비영리조직이다.

22 다음 글의 빈칸에 들어갈 적절한 말은 어느 것인가?

> 하나의 조직이 조직의 목적을 달성하기 위해서는 이를 관리, 운영하는 활동이 요구된다. 이러한 활동은 조직이 수립한 목적을 달성하기 위하여 계획을 세우고 실행하고 그 결과를 평가하는 과정이다. 직업인은 조직의 한 구성원으로서 자신이 속한 조직이 어떻게 운영되고 있으며, 어떤 방향으로 흘러가고 있는지, 현재 운영체제의 문제는 무엇이고 생산성을 높이기 위해 어떻게 개선되어야 하는지 등을 이해하고 자신의 업무 영역에 맞게 적용하는 (   )이 요구된다.

① 체제이해능력
② 경영이해능력
③ 업무이해능력
④ 자기개발능력

23 다음 중 밑줄 친 ㈎와 ㈏에 대한 설명으로 적절하지 않은 것은?

> 조직 내에서는 ㈎개인이 단독으로 의사결정을 내리는 경우도 있지만 집단이 의사결정을 하기도 한다. 조직에서 여러 문제가 발생하면 직업인은 의사결정과정에 참여하게 된다. 이때 조직의 의사결정은 ㈏집단적으로 이루어지는 경우가 많으며, 여러 가지 제약요건이 존재하기 때문에 조직의 의사결정에 적합한 과정을 거쳐야 한다. 조직의 의사결정은 개인의 의사결정에 비해 복잡하고 불확실하다. 따라서 대부분 기존의 결정을 조금씩 수정해 나가는 방향으로 이루어진다.

① ㈎는 의사결정을 신속히 내릴 수 있다.
② ㈎는 결정된 사항에 대하여 조직 구성원이 수월하게 수용하지 않을 수도 있다.
③ ㈏는 ㈎보다 효과적인 결정을 내릴 확률이 높다.
④ ㈏는 의사소통 기회가 저해될 수 있다.

24 다음과 같은 전결사항에 관한 사내 규정을 보고 내린 판단으로 적절하지 않은 것은?

〈전결규정〉

업무내용	결재권자			
	사장	부사장	본부장	팀장
주간업무보고				○
팀장급 인수인계		○		
백만 불 이상 예산집행	○			
백만 불 이하 예산집행		○		
이사회 위원 위촉	○			
임직원 해외 출장	○(임원)		○(직원)	
임직원 휴가	○(임원)		○(직원)	
노조관련 협의사항		○		

☞ 결재권자가 출장, 휴가 등 사유로 부재중일 경우에는 결재권자의 차상급 직위자의 전결사항으로 하되, 반드시 결재권자의 업무 복귀 후 후결로 보완한다.

① 팀장의 휴가는 본부장의 결재를 얻어야 한다.
② 강 대리는 계약 관련 해외 출장을 위하여 본부장의 결재를 얻어야 한다.
③ 최 이사와 노 과장의 동반 해외 출장 보고서는 본부장이 최종 결재권자이다.
④ 예산집행 결재는 금액에 따라 결재권자가 달라진다.

25 다음 '갑' 기업과 '을' 기업에 대한 설명 중 적절하지 않은 것은?

> '갑' 기업은 다양한 사외 기관, 단체들과의 상호 교류 등 업무가 잦아 관련 업무를 전담하는 조직이 갖춰져 있다. 전담 조직의 인원이 바뀌는 일은 가끔 있지만, 상설 조직이 있어 매번 발생하는 유사 업무를 효율적으로 수행한다.
>
> '을' 기업은 사내 당구 동호회가 구성되어 있어 동호회에 가입한 직원들은 정기적으로 당구장을 찾아 쌓인 스트레스를 풀곤 한다. 가입과 탈퇴가 자유로우며 당구를 좋아하는 직원은 누구든 참여가 가능하다. 당구 동호회에 가입한 직원은 직급이 아닌 당구 실력으로만 평가 받으며, 언제 어디서 당구를 즐기든 상사의 지시를 받지 않아도 된다.

① '갑' 기업의 상설 조직은 의도적으로 만들어진 집단이다.
② '갑' 기업 상설 조직의 임무는 보통 명확하지 않고 즉흥적인 성격을 띤다.
③ '을' 기업 당구 동호회는 공식적인 임무 이외에 다양한 요구들에 의해 구성되는 경우가 많다.
④ '갑' 기업 상설 조직의 구성원은 인위적으로 참여한다.

26 다음 조직의 경영자에 대한 정의를 참고할 때, 경영자의 역할로 적절하지 않은 것은?

> 조직의 경영자는 조직의 전략, 관리 및 운영활동을 주관하며, 조직구성원들과 의사결정을 통해 조직이 나아갈 방향을 제시하고 조직의 유지와 발전에 대해 책임을 지는 사람이며, 조직의 변화방향을 설정하는 리더이며, 조직구성원들이 조직의 목표에 부합된 활동을 할 수 있도록 이를 결합시키고 관리하는 관리자이다.

① 대외 협상을 주도하기 위한 자문위원을 선발한다.
② 외부환경 변화를 주시하며 조직의 변화 방향을 설정한다.
③ 우수한 인재를 뽑기 위한 구체적이고 개선된 채용 기준을 마련한다.
④ 미래전략을 연구하기 위해 기획조정실과의 회의를 주도한다.

27 다음 설명의 빈칸에 들어갈 말이 순서대로 바르게 짝지어진 것은?

> (   )은(는) 상대 기업의 경영권을 획득하는 것이고, (   )은(는) 두 개 이상의 기업이 결합하여 법률적으로 하나의 기업이 되는 것이다. 최근에는 금융적 관련을 맺거나 또는 전략적인 관계까지 포함시켜 보다 넓은 개념으로 사용되고 있다. 기업은 이를 통해서 시장 지배력을 확대하고 경영을 다각화시킬 수 있으며 사업 간 시너지 효과 등을 거둘 수 있다. 이러한 개념이 발전하게 된 배경은 기업가 정신에 입각한 사회 공헌 실현 등 경영 전략적 측면에서 찾을 수 있다. 그러나 대상 기업의 대주주와 협상·협의를 통해 지분을 넘겨받는 형태를 취하는 우호적인 방식이 있는 반면 기존 대주주와의 협의 없이 기업 지배권을 탈취하는 적대적인 방식도 있다.

① 인수, 제휴
② 인수, 합작
③ 인수, 합병
④ 합병, 인수

28 다음 〈보기〉와 같은 조직문화의 형태와 그 특징에 대한 설명 중 적절한 것만을 모두 고른 것은?

> 〈보기〉
> ㈎ 위계를 지향하는 조직문화는 조직원 개개인의 능력과 개성을 존중한다.
> ㈏ 과업을 지향하는 조직문화는 업무 수행의 효율성을 강조한다.
> ㈐ 혁신을 지향하는 조직문화는 조직의 유연성과 외부 환경에의 적응에 초점을 둔다.
> ㈑ 관계를 지향하는 조직문화는 구성원들의 상호 신뢰와 인화 단결을 중요시한다.

① ㈏, ㈐, ㈑
② ㈎, ㈐, ㈑
③ ㈎, ㈏, ㈑
④ ㈎, ㈏, ㈐

29 다음의 내용을 보고 밑줄 친 부분에 대한 특성으로 옳지 않은 것은?

> 롯데홈쇼핑은 14일 서울 양평동 본사에서 한국투명성기구와 '윤리경영 세미나'를 개최했다고 15일 밝혔다. 롯데홈쇼핑은 지난 8월 국내 민간기업 최초로 한국투명성기구와 '청렴경영 협약'을 맺고 롯데홈쇼핑의 반부패 청렴 시스템 구축, 청렴도 향상·윤리경영 문화 정착을 위한 교육, 경영 투명성과 윤리성 확보를 위한 활동 등을 함께 추진하기도 했다.
> 이번 '윤리강령 세미나'에서는 문형구 고려대학교 경영학과 교수가 '윤리경영의 원칙과 필요성'을, 강성구 한국투명성기구 상임정책위원이 '사례를 통해 본 윤리경영의 방향'을 주제로 강의를 진행했다. 문형구 교수는 윤리경영을 통해 혁신이 이뤄지고 기업의 재무성과가 높아진 실제 연구 사례를 들며 윤리경영의 필요성에 대해 강조했으며, "롯데홈쇼핑이 잘못된 관행을 타파하고 올바르게 사업을 진행해 나가 윤리적으로 모범이 되는 기업으로 거듭나길 바란다"고 말했다. 또 강성구 상임정책위원은 윤리적인 기업으로 꼽히는 '존슨 앤 존슨'과 '유한킴벌리'의 경영 사례를 자세히 설명하고 "<u>윤리경영</u>을 위해 기업의 운영과정을 투명하게 공개하는 것이 중요하다"고 강조했다. 강연을 마친 후에는 개인 비리를 막을 수 있는 조직의 대응방안 등 윤리적인 기업으로 거듭나는 방법에 대한 질의응답이 이어졌다. 임삼진 롯데홈쇼핑 CSR동반성장위원장은 "투명하고 공정한 기업으로 거듭나기 위한 방법에 대해 늘 고민하고 있다"며, "강연을 통해 얻은 내용들을 내부적으로 잘 반영해 진정성 있는 변화의 모습을 보여 드리겠다"고 말했다.

① 윤리경영은 경영상의 관리지침이다.
② 윤리경영은 경영활동의 규범을 제시해준다.
③ 윤리경영은 응용윤리이다.
④ 윤리경영은 경영의사결정의 도덕적 가치기준이다.

| 30-31 | 다음은 인사부에서 각 부서에 발행한 업무지시문이다. 업무지시문을 보고 물음에 답하시오.

업무지시문(업무협조전 사용에 대한 지시)

수신 : 전 부서장님들께

참조 :

제목 : 업무협조전 사용에 대한 지시문

　업무 수행에 노고가 많으십니다.

　부서 간의 원활한 업무진행을 위하여 다음과 같이 업무협조전을 사용하도록 결정하였습니다. 업무 효율화를 도모하고자 업무협조전을 사용하도록 권장하는 것이니 본사의 지시에 따라주시기 바랍니다. 궁금하신 점은 　㉠　 담당자(내선: 012)에게 문의해주시기 바랍니다.

-다음-

1. 목적
　⑴ 업무협조전 이용의 미비로 인한 부서 간 업무 차질 해소
　⑵ 발신부서와 수신부서 간의 명확한 책임소재 규명
　⑶ 부서 간의 원활한 의견교환을 통한 업무 효율화 추구
　⑷ 부서 간의 업무 절차와 내용에 대한 근거확보
2. 부서 내의 적극적인 사용권장을 통해 업무협조전이 사내에 정착될 수 있도록 부탁드립니다.
3. 첨부된 업무협조전 양식을 사용하시기 바랍니다.
4. 기타 : 문서관리규정을 회사사규에 등재할 예정이오니 업무에 참고하시기 바랍니다.

2015년 12월 10일

S통상

㉠ 장 ○○○ 배상

30　다음 중 빈칸 ㉠에 들어갈 부서로 가장 적절한 것은?

① 총무부
② 기획부
③ 인사부
④ 영업부

31 업무협조전에 대한 설명으로 옳지 않은 것은?

① 부서 간의 책임소재가 분명해진다.

② 업무 협업 시 높아진 효율성을 기대할 수 있다.

③ 업무 절차와 내용에 대한 근거를 확보할 수 있다.

④ 부서별로 자유로운 양식의 업무협조전을 사용할 수 있다.

32 경영전략 추진과정을 순서대로 바르게 나열한 것은?

① 환경분석 → 경영전략 도출 → 전략목표 설정 → 경영전략 실행 → 평가 및 피드백

② 환경분석 → 전략목표 설정 → 경영전략 도출 → 경영전략 실행 → 평가 및 피드백

③ 전략목표 설정 → 환경분석 → 경영전략 도출 → 경영전략 실행 → 평가 및 피드백

④ 전략목표 설정 → 경영전략 도출 → 환경분석 → 경영전략 실행 → 평가 및 피드백

33 다음의 업무를 담당하고 있는 부서는?

> • 경영계획 및 전략 수립
> • 중장기 사업계획의 종합 및 조정
> • 경영진단업무
> • 종합예산수립 및 실적관리
> • 실적관리 및 분석

① 총무부

② 인사부

③ 기획부

④ 회계부

34 21세기의 많은 기업 조직들은 불투명한 경영환경을 이겨내기 위해 많은 방법들을 활용하곤 한다. 이 중 브레인스토밍은 일정한 테마에 관하여 회의형식을 채택하고, 구성원의 자유발언을 통한 아이디어의 제시를 요구해 발상의 전환을 이루고 해법을 찾아내려는 방법인데 아래의 글을 참고하여 브레인스토밍에 관련한 것으로 보기 가장 어려운 것을 고르면?

> 전라남도는 지역 중소·벤처기업, 소상공인들이 튼튼한 지역경제의 버팀목으로 성장하도록 지원하는 정책 아이디어를 발굴하기 위해 27일 전문가 브레인스토밍 회의를 개최했다. 이날 회의는 정부의 경제성장 패러다임이 대기업 중심에서 중소·벤처기업 중심으로 전환됨에 따라 지역 차원에서 기업 지원 관련 기관, 교수, 상공인연합회, 중소기업 대표 등 관련 전문가들을 초청해 이뤄졌다. 회의에서는 중소·벤처기업, 소상공인 육성·지원과 청년창업 활성화를 위한 70여 건의 다양한 제안이 쏟아졌으며, 제안된 내용에 대해 구체적 실행 방안도 토론했다. 회의에 참석한 전문가들은 "중소·벤처기업이 변화를 주도하고, 혁신적 아이디어로 창업해 튼튼한 기업으로 성장하도록 정부와 지자체가 충분한 환경을 구축해주는 시스템의 변화가 필요하다."라고 입을 모았다.

① 쉽게 실행할 수 있고, 다양한 주제를 가지고 실행할 수 있다.
② 이러한 기법의 경우 아이디어의 양보다 질에 초점을 맞춘 것으로 볼 수 있다.
③ 집단의 작은 의사결정부터 큰 의사결정까지 복잡하지 않은 절차를 통해 팀의 구성원들과 아이디어를 공유가 가능하다.
④ 비판 및 비난을 자제하는 것을 원칙으로 한다.

35 다음의 사례로 미루어 보아 CJ 오쇼핑이 제공하는 서비스와 가장 관련성이 높은 사항을 고르면?

> 스마트폰으로 팔고 싶은 물품의 사진이나 동영상을 인터넷에 올려 당사자끼리 직접 거래할 수 있는 모바일 오픈 마켓 서비스가 등장했다.
>
> CJ 오쇼핑은 수수료를 받지 않고 개인 간 물품거래를 제공하는 스마트폰 애플리케이션 '오늘 마켓'을 서비스한다고 14일 밝혔다.
>
> 기존 오픈 마켓은 개인이 물건을 팔려면 사진을 찍어 PC로 옮기고, 인터넷 카페나 쇼핑몰에 판매자 등록을 한 뒤 사진을 올리는 복잡한 과정을 거쳐야 했다. 오늘마켓은 판매자가 휴대전화로 사진이나 동영상을 찍어 앱으로 바로 등록할 수 있고 전화나 문자메시지, e메일, 트위터 등 연락 방법을 다양하게 설정할 수 있다. 구매자는 상품 등록시간이나 인기 순으로 상품을 검색할 수 있고 위치 기반 서비스(LBS)를 바탕으로 자신의 위치와 가까운 곳에 있는 판매자의 상품만 선택해 볼 수도 있다. 애플 스마트폰인 아이폰용으로 우선 제공되며 안드로이드 스마트폰용은 상반기 안으로 서비스될 예정이다.

① 홈뱅킹, 방송, 여행 및 각종 예약 등에 활용되는 형태이다.

② 원재료 및 부품 등의 구매 및 판매, 전자문서교환을 통한 문서발주 등에 많이 활용되는 형태이다.

③ 정보의 제공, 정부문서의 발급, 홍보 등에 주로 활용되는 형태이다.

④ 소비자와 소비자 간 물건 등을 매매할 수 있는 형태이다.

36 다음 글의 '직무순환제'와 연관성이 높은 설명에 해당하는 것은?

> 경북 포항시에 본사를 둔 대기환경관리 전문업체 (주)에어릭스는 직원들의 업무능력을 배양하고 유기적인 조직운영을 위해 '직무순환제'를 실시하고 있다. 에어릭스의 직무순환제는 대기환경 설비의 생산, 정비, 설계, 영업 파트에 속한 직원들이 일정 기간 해당 업무를 익힌 후 다른 부서로 이동해 또 다른 업무를 직접 경험해볼 수 있도록 하는 제도이다. 직무순환제를 통해 젊은 직원들은 다양한 업무를 거치면서 개개인의 역량을 쌓을 수 있을 뿐 아니라 풍부한 현장 경험을 축적한다. 특히 대기환경설비 등 플랜트 사업은 설계, 구매·조달, 시공 등 모든 파트의 유기적인 운영이 중요하다. 에어릭스의 경우에도 현장에서 실시하는 환경진단과 설비 운영 및 정비 등의 경험을 쌓은 직원이 효율적으로 집진기를 설계하며 생생한 현장 노하우가 영업에서의 성과로 이어진다. 또한 직무순환제를 통해 다른 부서의 업무를 실질적으로 이해함으로써 각 부서 간 활발한 소통과 협업을 이루고 있다.

① 직무순환을 실시함으로써 구성원들의 노동에 대한 싫증 및 소외감을 더 많이 느끼게 될 것이다.

② 직무순환을 실시할 경우 구성원 자신이 조직의 구성원으로써 가치 있는 존재로 인식을 하게끔 하는 역할을 수행한다.

③ 구성원들을 승진시키기 전 단계에서 실시하는 하나의 단계적인 교육훈련방법으로 파악하기 어렵다.

④ 직무순환은 조직변동에 따른 부서 간의 과부족 인원의 조정 또는 사원 개개인의 사정에 의한 구제를 하지 않기 위함이다.

37 다음 빈칸에 들어갈 말을 순서대로 나열한 것은?

> 조직의 (㉠)은/는 조직 내의 부문 사이에 형성된 관계로 조직목표를 달성하기 위한 조직구성원들의 상호작용을 보여준다. 이는 결정권의 집중정도, 명령계통, 최고경영자의 통제, 규칙과 규제의 정도에 따라 달라지며 구성원들의 업무나 권한이 분명하게 정의된 기계적 조직과 의사결정권이 하부구성원들에게 많이 위임되고 업무가 고정적이지 않은 유기적 조직으로 구분될 수 있다. (㉡)은/는 이를 쉽게 파악할 수 있고 구성원들의 임무, 수행하는 과업, 일하는 장소 등을 파악하는데 용이하다.
> 한편 조직이 지속되게 되면 조직구성원들 간 생활양식이나 가치를 공유하게 되는데 이를 조직의 (㉢)라고 한다. 이는 조직구성원들의 사고와 행동에 영향을 미치며 일체감과 정체성을 부여하고 조직이 (㉣)으로 유지되게 한다. 최근 이에 대한 중요성이 부각되면서 긍정적인 방향으로 조성하기 위한 경영층의 노력이 이루어지고 있다.

	㉠	㉡	㉢	㉣
①	구조	조직도	문화	안정적
②	목표	비전	규정	체계적
③	미션	핵심가치	구조	혁신적
④	직급	규정	비전	단계적

38 다음 지문의 빈칸에 들어갈 알맞은 것을 〈보기〉에서 고른 것은?

> 기업은 합법적인 이윤 추구 활동 이외에 자선·교육·문화·체육 활동 등 사회에 긍정적 영향을 미치는 책임 있는 활동을 수행하기도 한다. 이처럼 기업이 사회적 책임을 수행하는 이유는 _____

> 〈보기〉
> ㉠ 기업은 국민의 대리인으로서 공익 추구를 주된 목적으로 하기 때문이다.
> ㉡ 기업의 장기적인 이익 창출에 기여할 수 있기 때문이다.
> ㉢ 법률에 의하여 강제된 것이기 때문이다.
> ㉣ 환경 경영 및 윤리 경영의 가치를 실현할 수 있기 때문이다.

① ㉠㉡   ② ㉠㉢

③ ㉡㉢   ④ ㉡㉣

39 민츠버그는 경영자의 역할을 대인적, 정보적, 의사결정적 역할으로 구분하였다. 다음에 주어진 경영자의 역할을 올바르게 묶은 것은?

┌───┐
│ ㉠ 조직의 대표자   ㉡ 변화전달   │
│ ㉢ 정보전달자   ㉣ 조직의 리더   │
│ ㉤ 문제 조정   ㉥ 외부환경 모니터   │
│ ㉦ 대외적 협상 주도   ㉧ 상징자, 지도자   │
│ ㉨ 분쟁조정자, 자원배분자   ㉩ 협상가   │
└───┘

	대인적 역할	정보적 역할	의사결정적 역할
①	㉠㉢㉥	㉡㉣㉦㉧	㉤㉨㉩
②	㉡㉤㉧	㉠㉢㉨	㉣㉥㉦㉩
③	㉠㉢㉣㉧	㉡㉥㉦	㉤㉨㉩
④	㉠㉣㉧	㉡㉢㉥	㉤㉦㉨㉩

40 조직문화는 흔히 관계지향 문화, 혁신지향 문화, 위계지향 문화, 과업지향 문화의 네 가지로 분류된다. 다음 글에서 제시된 ㈎~㈑와 같은 특징 중 과업지향 문화에 해당하는 것은 어느 것인가?

┌───┐
│ ㈎ A팀은 무엇보다 엄격한 통제를 통한 결속과 안정성을 추구하는 분위기이다. 분명한 명령계 │
│   통으로 조직의 통합을 이루는 일을 제일의 가치로 삼는다.   │
│ ㈏ B팀은 업무 수행의 효율성을 강조하며 목표 달성과 생산성 향상을 위해 전 조직원이 산출 │
│   물 극대화를 위해 노력하는 문화가 조성되어 있다.   │
│ ㈐ C팀은 자율성과 개인의 책임을 강조한다. 고유 업무 뿐 아니라 근태, 잔업, 퇴근 후 시간활 │
│   용 등에 있어서도 정해진 흐름을 배제하고 개인의 자율과 그에 따른 책임을 강조한다.   │
│ ㈑ D팀은 직원들 간의 응집력과 사기 진작을 위한 방안을 모색 중이다. 인적자원의 가치를 개 │
│   발하기 위해 직원들 간의 관계에 초점을 둔 조직문화가 D팀의 특징이다.   │
└───┘

① ㈎   ② ㈏

③ ㈐   ④ ㈑

▌41-42▐ 다음 위임전결규정을 보고 질문에 답하시오.

〈결재규정〉

• 결재를 받으려는 업무에 대해서는 최고결재권자(대표이사)를 포함한 이하 직책자의 결재를 받아야 한다.

• '전결'이라 함은 회사의 경영활동이나 관리활동을 수행함에 있어 의사 결정이나 판단을 요하는 일에 대하여 최고결재권자의 결재를 생략하고, 자신의 책임 하에 최종적으로 의사 결정이나 판단을 하는 행위를 말한다.

• 전결사항에 대해서도 위임 받은 자를 포함한 이하 직책자의 결재를 받아야 한다.

• 표시내용 : 결재를 올리는 자는 최고결재권자로부터 전결 사항을 위임 받은 자가 있는 경우 결재란에 전결이라고 표시하고 최종 결재권자란에 위임 받은 자를 표시한다. 다만, 결재가 불필요한 직책자의 결재란은 상향대각선으로 표시한다.

• 최고결재권자의 결재사항 및 최고결재권자로부터 위임된 전결사항은 아래의 표에 따른다.

구분	내용	금액기준	결재서류	팀장	본부장	대표이사
접대비	거래처 식대, 경조사비 등	20만 원 이하	접대비지출품의서 지출결의서	● ■		
		30만 원 이하			● ■	
		30만 원 초과				● ■
교통비	국내 출장비	30만 원 이하	출장계획서 출장비신청서	● ■		
		50만 원 이하		●	■	
		50만 원 초과		●		■
	해외 출장비			●		■
소모품비	사무용품		지출결의서	■		
	문서, 전산소모품					■
	기타 소모품	20만 원 이하		■		
		30만 원 이하			■	
		30만 원 초과				■
교육훈련비	사내외 교육		기안서 지출결의서	●		■
법인카드	법인카드 사용	50만 원 이하	법인카드신청서	■		
		100만 원 이하			■	
		100만 원 초과				■

※ ● : 기안서, 출장계획서, 접대비지출품의서

　■ : 지출결의서, 세금계산서, 발행요청서, 각종신청서

41 홍 대리는 바이어 일행 내방에 따른 저녁 식사비로 약 120만 원의 지출 비용을 책정하였다. 법인카드를 사용하여 이를 결제할 예정인 홍 대리가 작성해야 할 문서의 결재 양식으로 옳은 것은 어느 것인가?

①

	법인카드신청서			
결재	담당	팀장	본부장	대표이사
	홍 대리			

②

	접대비지출품의서			
결재	담당	팀장	본부장	대표이사
	홍 대리			

③

	법인카드신청서			
결재	담당	팀장	본부장	최종 결재
	홍 대리			/

④

	접대비지출품의서			
결재	담당	팀장	본부장	대표이사
	홍 대리		전결	/

42 권 대리는 광주로 출장을 가기 위하여 출장비 45만 원에 대한 신청서를 작성하려 한다. 권 대리가 작성해야 할 문서의 결재 양식으로 옳은 것은 어느 것인가?

①

출장비신청서				
결재	담당	팀장	본부장	최종 결재
	권 대리			본부장

②

출장계획서				
결재	담당	팀장	본부장	최종 결재
	권 대리			/

③

출장계획서				
결재	담당	팀장	본부장	최종 결재
	권 대리		전결	/

④

출장비신청서				
결재	담당	팀장	본부장	최종 결재
	권 대리		전결	본부장

43 다음 중 수요예측에 활용하는 시계열 분석에 대한 내용으로 가장 바르지 않은 것을 고르면?

① 시계열은 어떤 경제 현상이나 또는 자연 현상 등에 대한 시간적인 변화를 나타내는 자료이므로 어느 한 시점에서 관측된 시계열 자료는 그 이전까지의 자료들에 의존하게 되는 특성이 있다.

② 시계열 자료는 주가 지수와는 다르게 매 단위 시간에 따라 측정되어 생성되어지지 않으며 횡단면 자료에 비하여 상대적으로 많은 수의 변수로 구성되어진다.

③ 시간이 경과함에 따라 기술 진보에 의해 경제 현상들은 성장하게 되고, 농·수산 부문과의 연관된 경제 현상 등은 자연의 영향 특히 계절적 변동으로부터 많은 영향을 받게 된다.

④ 통계적인 숫자를 시간 흐름에 의해 일정한 간격으로 기록한 통계계열을 시계열 데이터라고 하며, 이러한 계열의 시간적인 변화에는 갖가지 원인에 기인한 변동이 포함되어 있다.

44 다음 중 지식기반 조직에 관한 설명들 중 옳지 않은 것은?

① 이러한 조직의 경우 지식 및 정보의 활용을 강조하는 조직을 말한다.

② 지식기반 조직의 경우 구성원들로 하여금 조직의 목표를 성취하는 데 있어 필요한 지식 및 기술을 찾아내 활용 가능하도록 보장한 조직이다.

③ 지식기반 조직에서 조직의 리더는 구성원 개개인의 역할이 발휘될 수 있도록 유도해야 한다.

④ 지식기반 조직은 하부 조직단위의 업무목표와 실적이 전체 조직의 목표로 환류될 수 있어야 한다.

45 기업 조직의 상하 구성원들이 서로의 참여 과정을 통해 기업 조직 단위와 구성원의 목표를 명확하게 설정하고, 그로 인한 생산 활동을 수행하도록 한 뒤, 업적을 측정 및 평가함으로써 조직 관리에 있어서의 효율화를 기하려는 일종의 포괄적인 조직관리 체제를 의미한다. 또한 이 방식은 종합적인 조직운영 기법으로 활용될 뿐만 아니라, 근무성적평정 수단으로, 더 나아가 예산 운영 및 재정관리의 수단으로 다양하게 활용되고 있는 방식인데, 이를 무엇이라고 하는가?

① X이론

② 목표에 의한 관리

③ Y이론

④ 자기통제

46 다음 중 관찰법에 관한 설명으로 가장 바르지 않은 항목은?

① 조사대상의 행동 및 상황 등을 직접적 또는 기계장치 등을 통해 관찰해서 자료를 수집하는 방법이다.

② 제공할 수 없거나 제공하기를 꺼려하는 정보 등을 취득하는 데 적합한 방식이다.

③ 자료를 수집함에 있어서 피 관찰자의 협조의도 및 응답능력 등은 문제가 되지 않는다.

④ 피 관찰자의 느낌이나 동기, 장기적인 행동 등에 대해서도 관찰이 가능하다.

47 다음 중 EDI(Electronic Data Interchange)에 관한 내용으로 보기 어려운 것은?

① 거래업체 간에 상호 합의된 전자문서표준을 이용하여 인간의 조정을 최소화한 컴퓨터와 컴퓨터간의 구조화된 데이터를 전송하는 방식이다.

② 기업의 업무효율을 높인다.

③ 소요시간이 단축되는 특징이 있다.

④ 정확하지만 많은 노동력이 필요하다.

48 다음 중 관료제 조직관에 대한 내용으로 바르지 않은 것은?

① 사적인 요구 및 관심이 조직 활동과는 완전하게 분리된다.

② 선발 및 승진결정에 있어서 기술적인 자질, 능력, 업적 등에 근거한다.

③ 조직 내 경력경로를 제공하여 직장 안정을 확보한다.

④ 관료제 조직관은 작업상의 유동성을 보장한다.

49 다음 중 의사결정지원 시스템의 특징으로 가장 옳지 않은 것은?

① 의사결정지원 시스템은 의사결정이 이루어지는 동안에 발생 가능한 환경의 변화를 반영 할 수 있도록 유연하게 설계되어야 한다.

② 의사결정지원 시스템에서 처리되어 나타난 결과 및 대안은 문제해결의 답으로 활용된다.

③ 의사결정지원 시스템의 분석기법에는 What-if 분석법, 민감도 분석법, 목표추구 분석법, 최적화 분석법 등이 있다.

④ 의사결정지원 시스템은 다양한 원천으로부터 데이터를 획득해서 의사결정에 필요한 정보처리를 할 수 있도록 해야 한다.

50 다음은 막스 베버의 관료제에 대한 설명이다. 이 중 가장 옳지 않은 것은?

① 과업에 기반한 체계적인 노동의 분화

② 불안정적이고 불명확한 권한계층

③ 문서로 이루어진 규칙 및 의사결정

④ 기술적 능력에 따른 승진을 기반으로 하는 구성원 개개인 평생의 경력관리

▌1~2▐ 다음은 각 업종에 따른 지구별 기초 수익과 인접 지구 업종에 따른 시너지 효과를 나타낸 것이다. 주어진 자료를 참고하여 물음에 답하시오.

〈지구별 기초 수익〉

(단위 : 억 원)

제조업:30　　공업:20　　상업:10

〈계산 방법〉
· 인접 방향 및 순서는 고려하지 않는다.
· 동일한 업종이 인접한 경우에는 시너지 효과가 없다.
· 두 업종의 기초 수익을 합하고 해당하는 시너지 효과를 고려하여 총 수익을 알 수 있다.

〈인접 지구 시너지 효과〉

□ + ▨ = 두 기초 수익 합 × 2

□ + ▦ = 두 기초 수익 합 × 0.2

▨ + ▦ = 두 기초 수익 합 × 4

〈예시〉

$(30+20)\times2+(30+10)\times0.2+(10+10)=100+8+20=128$억 원

1 새로 개발되는 지역의 업종 지구 계획이 다음과 같다고 할 때, 기대되는 총 수익은 얼마인가?

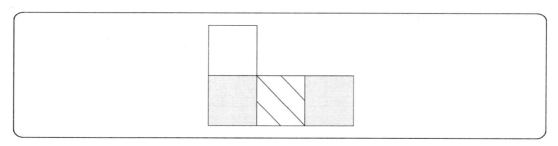

① 188억 원   ② 207억 원
③ 248억 원   ④ 269억 원

2 총 수익이 400억 원 이상이 되기 위해서는 ? 가 표시된 지역에 어떤 업종이 들어와야 하는가?

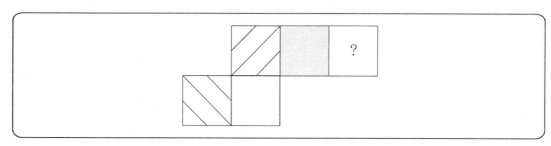

① 제조업   ② 공업
③ 서비스업   ④ 모두 가능

3 김 대리는 각 영업소를 방문하여 앞으로 추진될 사업 안내서를 1부 씩 전달하기 위해 본사에서 출발하여 모든 영업소를 방문한 후 다시 본사로 돌아오려고 한다. 가장 가까운 거리를 고르면?

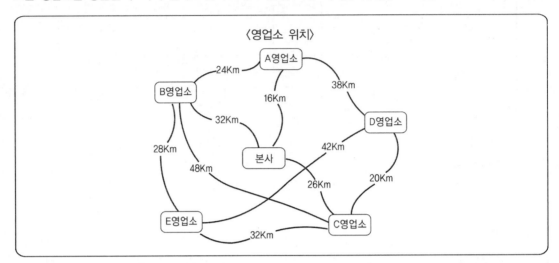

〈영업소 위치〉

① 146km

② 156km

③ 166km

④ 176km

4 다음은 A, B 두 제품을 1개씩 만드는 데 필요한 전력과 연료 및 하루 사용 제한량이다. A는 1개당 5만 원, B는 1개당 2만 원의 이익이 생기고, 두 제품 A, B를 총 50개 생산한다고 할 때, 이익을 최대로 하려면 제품 A는 몇 개를 생산해야 하는가?

제품	A제품	B제품	하루 사용 제한량
전력(kWh)	50	20	1,600
연료(L)	3	5	240

① 16개

② 18개

③ 20개

④ 24개

5 근로자의 근로 여건에 대한 다음 자료를 바탕으로 〈보기〉에서 옳은 것을 모두 고르면?

〈근로자 근로시간 및 임금〉

(단위 : 일, 시간, 천 원)

구분	2014	2015	2016	2017
근로일수	21.3	21.1	20.9	21.1
근로시간	179.9	178.1	177.1	178.4
임금총액	3,178	3,299	3,378	3,490

〈보기〉

㈎ 1일 평균 근로시간은 2016년이 가장 많다.

㈏ 1일 평균 임금총액은 매년 증가하였다.

㈐ 1시간 당 평균 임금총액은 매년 증가하였다.

㈑ 근로시간이 더 많은 해에는 임금총액도 더 많다.

① ㈎, ㈏

② ㈏, ㈐

③ ㈐, ㈑

④ ㈎, ㈏, ㈐

6 다음 표는 T통신사에서 시행하는 이동 통화 요금제 방식이다. 다음과 같은 방식으로 통화를 할 경우, 한 달 평균 이동전화 사용 시간이 몇 분 이상일 때부터 B요금제가 유리한가?

요금제	기본요금(원)	1분당 전화 요금(원)
A	15,000	180
B	18,000	120

① 35분

② 40분

③ 45분

④ 50분

7 업무상 지출하는 비용은 회계 상 크게 직접비와 간접비로 구분할 수 있으며, 이러한 지출 비용을 개인의 가계에 대입하여 구분할 수도 있다. M씨의 개인 지출 내역이 다음과 같을 경우, M씨의 전체 지출 중 간접비가 차지하는 비중은 얼마인가?

(단위: 만 원)

보험료	공과금	외식비	전세 보증금	자동차 보험료	의류 구매	병원 치료비
20	55	60	10,000	11	40	15

① 약 13.5%   ② 약 8.8%

③ 약 0.99%   ④ 약 4.3%

8 다음은 중·저준위방사성폐기물 처분시설 유치 관련 주민투표 결과를 나타내는 표이다. 중·저준위방사성폐기물 처분시설 부지선정은 19년간 표류하였던 최장기 국책사업이 최초로 주민투표를 통해 결정됨으로써 풀뿌리 민주주의 실현을 통한 효과적인 폐자원 처리능력과 함께 사회적 갈등에 대한 민주적 해결사례의 새로운 모델을 제시한 바 있다. 다음 〈보기〉의 설명을 토대로 할 때, 빈 칸 ㉠~㉣에 들어갈 알맞은 지역 명을 순서대로 나열한 것은 어느 것인가?

(단위: 명)

구분	㉠	㉡	㉢	㉣
총 선거인수	208,607	196,980	37,536	374,697
투표인수	147,625	138,192	30,107	178,586
-부재자 투표	70,521	65,336	9,523	63,851
-기표소 투표	77,115	72,856	20,584	114,735
투표율(%)	70.8	70.2	80.2	47.7
찬성률(%)	89.5	84.4	79.3	67.5

〈보기〉
1. 영덕군과 포항시의 총 선거인수의 합은 네 개 지역 전체 선거인 수의 절반이 넘는다.
2. 영덕군과 군산시의 기표소 투표자의 합은 10만 명을 넘지 않는다.
3. 경주시와 군산시의 찬성율 차이는 군산시와 영덕군의 찬성율 차이와 정확히 같다.

① 포항시 - 군산시 - 영덕군 - 경주시
② 경주시 - 영덕군 - 군산시 - 포항시
③ 군산시 - 경주시 - 영덕군 - 포항시
④ 경주시 - 군산시 - 영덕군 - 포항시

9 다음은 특정 시점의 국가별 에너지 순위를 나타낸 자료이다. 다음 자료를 보고 해석한 〈보기〉와 같은 의견 중 자료의 내용에 비추어 합리적이라고 볼 수 없는 것을 모두 고른 것은 무엇인가?

구분	1위	2위	3위	4위	5위	6위	7위	8위	9위	10위
에너지소비 (백만toe)	중국 3,052	미국 2,216	인도 823	러시아 711	일본 442	독일 306	브라질 303	캐나다 280	한국 268	프랑스 243
석유소비 (백만tco2)	미국 838	중국 527	일본 197	인도 181	사우디 160	러시아 151	브라질 143	독일 110	한국 108	캐나다 103
전력소비 (TWh)	중국 5,357	미국 4,137	인도 1,042	일본 995	러시아 949	독일 569	캐나다 552	한국 533	브라질 531	프랑스 460

〈보기〉
가. 인구가 많은 나라는 에너지와 전력의 소비가 대체적으로 많다고 볼 수 있다.
나. 1~5위권 국가 중, 에너지 소비량 대비 석유 소비량이 가장 많은 나라는 사우디를 제외하면 미국이다.
다. 1~5위권 국가 중, 석유와 전력의 소비량 비율 차이가 가장 큰 나라는 인도이다.

① 가, 나
② 가, 다
③ 나, 다
④ 다

10 다음은 오 과장과 권 대리가 다니고 있는 직장의 수당지급에 대한 자료이다. 다음에 근거할 때, 오 과장과 권 대리가 받게 될 수당의 합계 금액은 얼마인가?

〈수당지급규정〉

수당의 종류	지급액 계산방법
시간외 근무수당	통상임금×1.5÷200×근무시간
야간 근무수당	통상임금×0.5÷200×근무시간
휴일 근무수당	통상임금×0.5÷200×근무시간

* 2개 이상의 근무가 겹치는 경우, 시간외 근무로 판단함.

〈추가 근무 시간 내역〉

	시간외 근무	야간 근무	휴일 근무
오 과장	18시간	4시간	8시간
권 대리	22시간	5시간	12시간

* 오 과장과 권 대리의 통상임금은 각각 320만 원과 280만 원임.

① 110.9만 원
② 108.3만 원
③ 102.8만 원
④ 98.5만 원

11 다음에 제시된 인사제도 중, 인력 배치의 원칙인 '적재적소 주의', '능력주의', '균형주의'가 나타나 있는 항목을 순서대로 적절히 연결한 것은 보기 중 어느 것인가?

채용	– 학력 및 연령제한 철폐·· ㈎
	– 공개경쟁 원칙
보직	– 순환보직을 원칙으로 탄력적인 인력 배치···························㈏
	– 사내공모를 통한 해외근무자 선발····························· ㈐
	– 인사상담등록시스템에 의한 투명한 인사
승진	– 능력과 성과에 따른 승진관리
	– 승진 심사 및 시험에 의한 승진자 결정
평가	– 역량평가 및 업적평가··· ㈑
	– 상사·부하·동료·본인에 의한 다면평가시스템 운영·············· ㈒

① ㈎, ㈏, ㈑
② ㈑, ㈏, ㈐
③ ㈏, ㈎, ㈑
④ ㈒, ㈑, ㈏

12 아래의 도표가 〈보기〉와 같은 내용의 근거 자료로 제시되었을 경우, 밑줄 친 ㉠~㉣ 중 도표의 내용에 비추어 올바르지 않은 설명은 어느 것인가?

〈미국 멕시코 만에서 각 경로별 수송 거리〉

(단위 : 해리)

		파나마 운하	수에즈 운하	희망봉	케이프 혼
아시아	일본(도쿄만)	9,141	14,441	15,646	16,687
	한국(통영)	9,954	–	15,375	–
	중국(광동)	10,645	13,020	14,297	17,109
	싱가포르	11,955	11,569	12,972	16,878
	인도	14,529	9,633	12,079	–
남미	칠레	4,098	–	–	8,965

〈보기〉

㉠미국 멕시코만-파나마 운하-아시아로 LNG를 운송할 경우, 수송거리 단축에 따라 수송시간도 단축될 것으로 보인다. 특히, 전 세계 LNG 수입 시장의 75%를 차지하는 중국, 한국, 일본, 대만 등 아시아 시장으로의 수송 시간 단축은 자명하다. 예를 들어, ㉡미국 멕시코만-파나마-일본으로 LNG 수송 시간은 대략 20일 정도 소요되는 반면, 수에즈 운하 통과 시 약 31일 소요되고, 아프리카의 남쪽 이용 시 약 34일 정도 소요된다. 같은 아시아 시장이라고 할지라도 인도, 파키스탄의 경우는 수에즈 운하나 남아프리카 희망봉을 통과하는 것이 수송시간 단축에 유리하며, ㉢싱가포르의 경우는 수에즈 운하나 희망봉을 경유하는 것이 파나마 운하를 이용하는 것보다 적은 수송시간이 소요된다. 또한, 미국 멕시코만-남미 수송시간도 단축될 것으로 예상되는데, 콜롬비아 및 에콰도르의 터미널까지는 20일이 단축이 되어 기존 25일에서 5일이 걸리고, ㉣칠레의 기화 터미널까지는 기존 20일에서 8~9일로 약 12일이 단축이 된다. 파나마 운하를 통과함으로써 수송거리 단축에 따른 수송비용 절감효과도 있다. 3.5bcf LNG 수송선을 기준으로 파나마운하관리청(Panama Canal Authrity)의 신규 통행료를 적용하여 왕복 통행료를 추정하면 대략 $0.2/MMBtu이다. 이를 적용하여 미국 멕시코만-파나마-아시아시장으로의 LNG 왕복 수송비용을 계산하면 파나마 운하 대신 수에즈 운하나 케이프 혼을 통과하는 경로에 비해서 대략 9~12%의 비용절감이 예상된다. 한편, IHS 자료를 바탕으로 비용 절감효과를 계산해 보면, 파나마 운하 이용 시 미국 멕시코만-수에즈-아시아 경로보다 대략 $0.3/MMBtu~$0.8/MMBtu 정도 비용이 절감되고, 희망봉 통과 경로보다 약 $0.2/MMBtu~$0.7/MMBtu 정도 절약되는 것으로 분석된다.

① ㉠

② ㉡

③ ㉢

④ ㉣

┃13-14┃ 다음은 특정 시점 A국의 B국에 대한 주요 품목의 수출입 내역을 나타낸 것이다. 이를 보고 물음에 답하시오.

(단위 : 천 달러)

수출		수입		합계	
품목	금액	품목	금액	품목	금액
섬유류	352,165	섬유류	475,894	섬유류	828,059
전자전기	241,677	전자전기	453,907	전자전기	695,584
잡제품	187,132	생활용품	110,620	생활용품	198,974
생활용품	88,354	기계류	82,626	잡제품	188,254
기계류	84,008	화학공업	38,873	기계류	166,634
화학공업	65,880	플라스틱/고무	26,957	화학공업	104,753
광산물	39,456	철강금속	9,966	플라스틱/고무	51,038
농림수산물	31,803	농림수산물	6,260	광산물	39,975
플라스틱/고무	24,081	잡제품	1,122	농림수산물	38,063
철강금속	21,818	광산물	519	철강금속	31,784

13 다음 중 위의 도표에서 알 수 있는 A국↔B국간의 주요 품목 수출입 내용이 아닌 것은 어느 것인가? (언급되지 않은 품목은 고려하지 않는다)

① A국은 B국과의 교역에서 수출보다 수입을 더 많이 한다.
② B국은 1차 산업의 생산 또는 수출 기반이 A국에 비해 열악하다고 볼 수 있다.
③ 양국의 상호 수출입 액 차이가 가장 적은 품목은 기계류이다.
④ A국의 입장에서, 총 교역액에서 수출액이 차지하는 비중이 가장 큰 품목은 광산물이다.

14 A국에서 무역수지가 가장 큰 품목의 무역수지 액은 얼마인가? (무역수지=수출액-수입액)

① 27,007천 달러
② 38,937천 달러
③ 186,010천 달러
④ 25,543천 달러

15 다음 표는 E통신사에서 시행하는 이동 통화 요금제 방식이다. 다음과 같은 방식으로 통화를 할 경우, 한 달 평균 이동전화 사용 시간이 몇 분 초과일 때부터 B요금제가 유리한가?

요금제	기본 요금(원)	1분당 전화 요금(원)
A	15,000	180
B	18,000	120

① 35분
② 40분
③ 45분
④ 50분

16 다음은 총무팀 오 과장이 팀장으로부터 지시받은 이번 주 업무 내역이다. 팀장은 오 과장에게 가급적 급한 일보다 중요한 일을 먼저 처리해 줄 것을 당부하며 아래의 일들에 대한 시간 분배를 잘 해 줄 것을 지시하였는데, 팀장의 지시사항을 참고로 오 과장이 처리해야 할 업무를 순서대로 알맞게 나열한 것은 어느 것인가?

Ⅰ 긴급하면서 중요한 일	Ⅱ 긴급하지 않지만 중요한 일
- 부서 손익실적 정리(A) - 개인정보 유출 방지책 마련(B) - 다음 주 부서 야유회 계획 수립(C)	- 월별 총무용품 사용현황 정리(D) - 부산 출장계획서 작성(E) - 내방 고객 명단 작성(F)
Ⅲ 긴급하지만 중요하지 않은 일	Ⅳ 긴급하지 않고 중요하지 않은 일
- 민원 자료 취합 정리(G) - 영업부 파티션 교체 작업 지원(H) - 출입증 교체 인원 파악(I)	- 신입사원 신규 출입증 배부(J) - 프린터기 수리 업체 수배(K) - 정수기 업체 배상 청구 자료 정리(L)

① (D) – (A) – (G) – (K)
② (B) – (E) – (J) – (H)
③ (A) – (G) – (E) – (K)
④ (B) – (F) – (G) – (L)

17 경비 집행을 담당하는 H대리는 이번 달 사용한 비용 내역을 다음과 같이 정리하였다. 이를 본 팀장은 H대리에게 이번 달 간접비의 비중이 직접비의 25%를 넘지 말았어야 했다고 말한다. 다음 보기와 같이 H대리가 생각하는 내용 중 팀장이 이번 달 계획했던 비용 지출 계획과 어긋나는 것은 어느 것인가?

〈이번 달 비용 내역〉
* 직원 급여 1,200만 원
* 출장비 200만 원
* 설비비 2,200만 원
* 자재대금 400만 원
* 사무실 임대료 300만 원
* 수도/전기세 35만 원
* 광고료 600만 원
* 비품 30만 원
* 직원 통신비 60만 원

① '비품을 다음 달에 살 걸 그랬네…'
② '출장비가 80만 원만 더 나왔어도 팀장님이 원하는 비중대로 되었을 텐데…'
③ '어쩐지 수도/전기세를 다음 달에 몰아서 내고 싶더라…'
④ '직원들 통신비를 절반으로 줄이기만 했어도…'

18 다음 글에서 암시하고 있는 '자원과 자원관리의 특성'을 가장 적절하게 설명한 것은 다음 보기 중 어느 것인가?

더 많은 토지를 사용하고 모든 농장의 수확량을 최고의 농민들이 얻은 수확량으로 올리는 방법으로 식량 공급을 늘릴 수 있다. 그러나 우리의 주요 식량 작물은 높은 수확량을 달성하기 위해 좋은 토양과 물 공급이 필요하며 생산 단계에 있지 않은 토지는 거의 없다. 실제로 도시의 스프롤 현상, 사막화, 염화 및 관개용으로 사용된 대수층의 고갈은 미래에 더 적은 토지가 농업에 제공될 수 있음을 암시한다. 농작물은 오늘날 사용되는 것보다 더 척박한 땅에서 자랄 수 있고, 수확량이 낮고 환경 및 생물 다양성이 저하될 환경일지도 모른다. 농작물의 수확량은 농장과 국가에 따라 크게 다르다. 예를 들어, 2013년 미국의 옥수수 평균 수확량은 10.0t/ha, 짐바브웨가 0.9t/ha였는데, 두 국가 모두 작물 재배를 위한 기후 조건은 비슷했다(2015년 유엔 식량 농업기구). 미국의 수확률이 다른 모든 나라의 목표겠지만 각국의 정책, 전문가의 조언, 종자 및 비료에 접근하는 데 크게 의존할 수밖에 없다. 그리고 그 중 어느 것도 새로운 농지에서 확실한 수확률을 보장하지는 않는다. 따라서 좋은 시기에는 수확 잠재력이 개선된 종자가 필요하지 않을 수도 있지만, 아무것도 준비하지 않는 건 위험하다. 실험실에서 혁신적인 방법을 개발하는 것과 그걸 바탕으로 농민에게 종자를 제공하는 것 사이에 20년에서 30년의 격차가 있다는 걸 감안할 때, 분자 공학과 실제 작물 육종 간의 격차를 줄이고 더 높은 수율을 달성하는 일은 시급하다.

① 누구나 동일한 자원을 가지고 있으며 그 가치와 밀도도 모두 동일하다.
② 특정 자원이 없음으로 해서 다른 자원을 확보하는 데 문제가 발생할 수 있다.
③ 자원은 유한하며 따라서 어떻게 활용하느냐 하는 일이 무엇보다 중요하다.
④ 사람들이 의식하지 못하는 사이에 자원은 습관적으로 낭비되고 있다.

A사와 B사는 동일한 S제품을 생산하는 경쟁 관계에 있는 두 기업이며, 다음과 같은 각기 다른 특징을 가지고 마케팅을 진행하였다.

⟨A사⟩

후발 주자로 업계에 뛰어든 A사는 우수한 품질과 생산 설비의 고급화를 이루어 S제품 공급을 고가 정책에 맞추어 진행하기로 하였다. 이미 S제품의 개발이 완료되기 이전부터 A사의 잠재력을 인정한 해외의 K사로부터 장기 공급계약을 체결하는 등의 실적을 거두며 대내외 언론으로부터 조명을 받았다. A사는 S제품의 개발 단계에서, 인건비 등 기타 비용을 포함한 자체 마진을 설비 1대당 1천만 원, 연구개발비를 9천만 원으로 책정하고 총 1억 원에 K사와 계약을 체결하였으나 개발 완료 시점에서 알게 된 실제 개발에 투입된 연구개발비가 약 8천 5백만 원으로 집계되어 추가의 이익을 보게 되었다.

⟨B사⟩

A사보다 먼저 시장에 진입한 B사는 상대적으로 낮은 인건비의 기술 인력을 확보할 수 있어서 동일한 S제품을 생산하는 데 A사보다 다소 저렴한 가격 구조를 형성할 수 있었다. B사는 당초 설비 1대당 5백만 원의 자체 마진을 향유하며 연구개발비로 약 8천만 원이 소요될 것으로 예상, 총 8천 5백만 원으로 공급가를 책정하고, 저가 정책에 힘입어 개발 완료 이전부터 경쟁자들을 제치고 많은 거래선들과 거래 계약을 체결하게 되었다. 그러나 S제품 개발이 완료된 후 비용을 집계해 본 결과, 당초 예상과는 달리 A사와 같은 8천 5백만 원의 연구개발비가 투입되었음을 알게 되어 개발 단계에서 5백만 원의 추가 손실을 보게 되었다

19 다음 보기 중, 위와 같은 상황 속에서 판단할 수 있는 설명으로 적절하지 않은 것은 어느 것인가?

① A사는 결국 높은 가격으로 인하여 시장점유율이 하락할 것이다.

② B사는 물건을 만들면 만들수록 계속 손실이 커지게 될 것이다.

③ A사가 경쟁력을 확보하려면 가격을 인하하여야 한다.

④ 결국 실제 들어가는 비용보다 조금 높은 개발비를 책정하여야 한다.

20 예산자원 관리의 측면에서 볼 때, 윗글이 암시하고 있는 예산관리의 특징으로 적절하지 않은 것은 어느 것인가?

① 예산만 정확하게 수립되면 실제 활동이나 사업 진행하는 과정상 관리가 크게 개입될 필요가 없다.

② 개발 비용 〉 실제 비용의 경우 결국 해당 기업은 경쟁력을 상실하게 된다.

③ 실제 비용 〉 개발 비용의 경우 결국 해당 기업은 지속 적자가 발생한다.

④ 개발 비용 = 개발 비용으로 유지하는 것이 가장 바람직하다.

▌21-22▐ 다음은 J 공단 민원센터의 상담원 다섯 명에 대한 고객 설문지 조사 결과를 표로 나타낸 것이다. 공단에서는 이를 근거로 최우수 상담원을 선정하여 포상을 하려 한다. 제시된 표를 바탕으로 물음에 답하시오.

〈상담원별 고객부여 득점 결과표〉

	대면		비대면		
	응대친절	의사소통	신속처리	전문성	사후 피드백
상담원 A	75	80	83	92	88
상담원 B	92	94	82	82	90
상담원 C	80	82	85	94	96
상담원 D	84	90	95	90	82
상담원 E	93	88	78	86	94

〈최우수 상담원 선정 방법〉

- 각 항목별 득점에 다음 구간 기준을 적용하여 점수를 부여한다.

96점 이상	90~95점	85~89점	80~84점	79점 이하
5점	4점	3점	2점	1점

- 각 항목별 점수의 합이 큰 상담원 순으로 선정하되, 다음과 같은 가중치를 적용한다.
  • 응대친절과 의사소통 항목 : 점수의 30% 가산
  • 신속처리와 전문성 항목 : 점수의 20% 가산
  • 사후 피드백 : 점수의 10% 가산
- 점수가 동일한 경우 왼쪽 항목부터 얻은 점수가 높은 상담원을 우선순위로 선정한다.

21 다음 중 위의 기준에 의해 최우수 상담원으로 선정될 사람은 누구인가?

① 상담원 A

② 상담원 B

③ 상담원 C

④ 상담원 D

22 다음 중 위와 같은 평가 방식과 결과를 잘못 이해한 의견은 어느 것인가?

① 대면 상담에서는 상담원 E가 상담원 D보다 더 우수한 평점을 받았네.

② 이 평가방식은 대면 상담을 비대면 상담보다 더 중요하게 여기는구나.

③ 고객에게 친절하게 응대하는 것을 가장 중요시하는 평가 기준이군.

④ 평가항목 당 가중치가 없었다면 상담원 D가 최우수 상담원이 되었겠어.

23 다음은 특정년도 강수일과 강수량에 대한 자료이다. 다음 자료를 참고로 판단한 〈보기〉의 의견 중 자료의 내용에 부합하는 것을 모두 고른 것은 어느 것인가?

〈장마 시작일과 종료일 및 기간〉

	2015년			평년(1981~2010년)		
	시작	종료	기간(일)	시작	종료	기간(일)
중부지방	6.25	7.29	35	6.24~25	7.24~25	32
남부지방	6.24	7.29	36	6.23	7.23~24	32
제주도	6.24	7.23	30	6.19~20	7.20~21	32

〈장마기간 강수일수 및 강수량〉

	2015년		평년(1981~2010년)	
	강수일수(일)	강수량(mm)	강수일수(일)	강수량(mm)
중부지방	18.5	220.9	17.2	366.4
남부지방	16.7	254.1	17.1	348.6
제주도	13.5	518.8	18.3	398.6
전국	17.5	240.1	17.1	356.1

〈보기〉

㈎ 중부지방과 남부지방은 평년 대비 2015년에 장마 기간과 강수일수가 모두 늘어났지만 강수량은 감소하였다.
㈏ 2015년의 장마 기간 1일 당 평균 강수량은 제주도-중부지방-남부지방 순으로 많다.
㈐ 중부지방, 남부지방, 제주도의 2015년 장마 기간 대비 강수일수 비율의 크고 작은 순서는 강수일수의 많고 적은 순서와 동일하다.
㈑ 강수일수 및 강수량의 지역적인 수치상의 특징은, 평년에는 강수일수가 많을수록 강수량도 증가하였으나, 2015년에는 강수일수가 많을수록 강수량은 오히려 감소하였다는 것이다.

① ㈎, ㈏
② ㈏, ㈐
③ ㈐, ㈑
④ ㈎, ㈏, ㈑

| 24-25 | S사 홍보팀에서는 사내 행사를 위해 다음과 같이 3개 공급업체로부터 경품1과 경품2에 대한 견적서를 받아보았다. 행사 참석자가 모두 400명이고 1인당 경품1과 경품2를 각각 1개씩 나누어 주어야 한다. 다음 자료를 보고 질문에 답하시오.

공급처	물품	세트 당 포함 수량(개)	세트 가격
A업체	경품1	100	85만 원
	경품2	60	27만 원
B업체	경품1	110	90만 원
	경품2	80	35만 원
C업체	경품1	90	80만 원
	경품2	130	60만 원

- A 업체 : 경품2 170만 원 이상 구입 시, 두 물품 함께 구매하면 총 구매가의 5% 할인
- B 업체 : 경품1 350만 원 이상 구입 시, 두 물품 함께 구매하면 총 구매가의 5% 할인
- C 업체 : 경품1 350만 원 이상 구입 시, 두 물품 함께 구매하면 총 구매가의 20% 할인
* 모든 공급처는 세트 수량으로만 판매한다.

24 홍보팀에서 가장 저렴한 가격으로 인원수에 모자라지 않는 수량의 물품을 구매할 수 있는 공급처와 공급가격은 어느 것인가?

① A업체 / 5,000,500원

② A업체 / 5,025,500원

③ B업체 / 5,082,500원

④ B업체 / 5,095,000원

25 다음 중 C업체가 S사의 공급처가 되기 위한 조건으로 적절한 것은 어느 것인가?

① 경품1의 세트 당 포함 수량을 100개로 늘린다.

② 경품2의 세트 당 가격을 2만 원 인하한다.

③ 경품1의 세트 당 수량을 85개로 줄인다.

④ 경품1의 세트 당 가격을 5만 원 인하한다.

26 변두리에 있는 R호텔은 3개 층으로 이루어져 있고 한 층에 4개의 방이 일렬로 있어 최대 12팀의 투숙객을 맞을 수 있다. 방의 호수가 101, 102~304호까지 지정되어 있고, 모든 객실이 비어 있는 어느 날 다음과 같은 운동부 선수단이 8개의 방에 투숙하게 되었다. 아래 〈보기〉를 근거로 할 때, 다음 중 올바른 설명은 어느 것인가? (다른 투숙객은 없다고 가정한다.)

〈보기〉
a. 선수단은 2인 1조가 되어 A~H까지 8개 조가 조별로 한 개의 방을 사용한다.
b. 연이은 3개의 객실 사용은 1개 층에만 있고, 연이은 4개의 객실 사용은 없다.
c. B조와 D조, G조와 F조는 각각 같은 라인에 있다(방 번호 맨 뒤의 숫자가 같다).
d. E조의 방과 B조의 방은 가장 멀리 떨어져 있는 두 개의 방이다.
e. C조의 방과 한 개의 빈 방은 가장 멀리 떨어져 있는 두 개의 방이다.
f. H조는 102호이며 윗층과 옆방에는 각각 A조와 E조가 투숙해 있다.
g. 연이은 2개의 빈 방은 없다.

① F조가 103호에 투숙했다면 303호는 빈 방이다.

② H조는 D조와 같은 층에 투숙한다.

③ F조는 C조와 같은 층에 투숙할 수 없다.

④ G조의 방과 F조의 방 사이에는 빈 방이 있다.

27 다음은 이륜차 배달종사자가 숙지해야 할 계절적, 환경적 요인에 의한 배달제한 권고사항이다. 이를 근거로
〈보기〉의 A, B 상황에 맞는 배달제한 권고사항을 순서대로 적절히 나열한 것은 어느 것인가?

구분	상황	배달지역 제한(최대 2km)
비 오는 날	비가 내려 노면이 젖은 경우	–
	폭우 등으로 인해 가시거리 100m 이내의 경우	1.5km 이내
	시간당 15mm이상, 1일 강수량 110mm 이상, 호우주의보 발령 시	1km 이내
	시간당 20mm이상, 1일 강수량 180mm 이상, 호우경보 발령 시	배달 금지
눈 오는 날	눈이 2cm 미만 쌓인 경우	–
	눈이 2cm 이상 쌓인 경우	1.5km 이내
	눈이 내려 노면이 미끄러워 체인(사슬형, 직물형) 장착한 경우	1.5km 이내
	대설주의보 발령 시	1km 이내
	대설경보 발령 시	배달 금지
기타	안개, 연무, 박무 등으로 인해 가시거리 100m 이내의 경우	1.5km 이내
	야간운전 시	–

* 호우주의보 – 6시간 70mm, 12시간 110mm 이상 강수
  호우경보 – 6시간 110mm, 12시간 180mm 이상 강수
  대설주의보 – 24시간 적설량이 5cm 이상
  대설경보 – 24시간 적설량이 20cm 이상

〈보기〉
A : 출근길에 내린 비로 가시거리가 100m도 채 안 되었고, 새벽 4시경부터 내리기 시작한 비
    의 아침 9시쯤 강수량이 75mm였다.
B : 가게 주변 도로는 상인들이 수시로 눈을 치워 거의 쌓이지 않은 상태이며, 이륜차 바퀴에
    체인을 장착해 두었다. 어제 이맘때부터 내린 눈은 23cm의 적설량을 보이고 있다.

① 1.5km 거리로 배달 제한, 1km 거리로 배달 제한
② 1.5km 거리로 배달 제한, 배달 금지
③ 1km 거리로 배달 제한, 1.5km 거리로 배달 제한
④ 1km 거리로 배달 제한, 배달 금지

28 홍보팀장은 다음 달 예산안을 정리하며 예산 업무 담당자에게 간접비용이 전체 직접비용의 30%를 넘지 않게 유지되도록 관리하라는 지시를 내렸다. 홍보팀의 다음과 같은 예산안에서 빈칸 A와 B에 들어갈 수 있는 금액으로 적당한 것은 어느 것인가?

〈예산안〉

- 원 재료비 : 1억 3천만 원
- 보험료 : 2천 5백만 원
- 장비 및 시설비 : 2억 5천만 원
- 시설 관리비 : 2천 9백만 원
- 출장비 : (A)
- 광고료 : (B)
- 인건비 : 2천 2백만 원
- 통신비 : 6백만 원

① A : 6백만 원, B : 7천만 원   ② A : 8백만 원, B : 6천만 원
③ A : 1천만 원, B : 7천만 원   ④ A : 5백만 원, B : 7천만 원

29 다음 ㈎~㈊ 중 시간계획을 함에 있어 명심하여야 할 사항으로 적절하지 않은 설명을 모두 고른 것은?

㈎ 자신에게 주어진 시간 중 적어도 60%는 계획된 행동을 해야 한다.
㈏ 계획은 다소 어렵더라도 의지를 담은 목표치를 반영한다.
㈐ 예정 행동만을 계획하는 것이 아니라 기대되는 성과나 행동의 목표도 기록한다.
㈑ 여러 일 중에서 어느 일이 가장 우선적으로 처리해야 할 것인가를 결정한다.
㈒ 유연하고 융통성 있는 시간계획을 정하기보다 가급적 변경 없이 계획대로 밀고 나갈 수 있어야 한다.
㈓ 예상 못한 방문객 접대, 전화 등의 사건으로 예정된 시간이 부족할 경우를 대비하여 여유시간을 확보한다.
㈔ 반드시 해야 할 일을 끝내지 못했을 경우, 다음 계획에 영향이 없도록 가급적 빨리 잊는다.
㈕ 자기 외의 다른 사람(비서, 부하, 상사)의 시간 계획을 감안하여 계획을 수립한다.

① ㈎, ㈏, ㈔   ② ㈐, ㈒, ㈓
③ ㈏, ㈒, ㈔   ④ ㈏, ㈐, ㈒

30 A사는 다음과 같이 직원들의 부서 이동을 단행하였다. 다음 부서 이동 현황에 대한 올바른 설명은?

이동 후 이동 전	영업팀	생산팀	관리팀
영업팀	25	7	11
생산팀	9	16	5
관리팀	10	12	15

① 이동 전과 후의 인원수의 변화가 가장 큰 부서는 생산팀이다.

② 이동 전과 후의 부서별 인원수가 많은 순위는 동일하다.

③ 이동 후에 인원수가 감소한 부서는 1개 팀이다.

④ 가장 많은 인원이 이동해 온 부서는 관리팀이다.

31 연초에 동일한 투자비용이 소요되는 투자계획 A와 B가 있다. A는 금년 말에 10억 원, 내년 말에 20억 원의 수익을 내고, B는 내년 말에만 31억 원의 수익을 낸다. 수익성 측면에서 A와 B를 동일하게 만드는 이자율 수준은 얼마인가?

① 1%   ② 5%

③ 10%   ④ 15%

32 인적자원 관리의 특징에 관한 다음 (가)~(라)의 설명 중 그 성격이 같은 것끼리 알맞게 구분한 것은?

> (가) 개인에게 능력을 발휘할 수 있는 기회와 장소를 부여하고, 그 성과를 바르게 평가하고, 평가된 능력과 실적에 대해 그에 상응하는 보상을 주어야 한다.
> (나) 팀 전체의 능력향상, 의식개혁, 사기앙양 등을 도모하는 의미에서 전체와 개체가 균형을 이루어야 한다.
> (다) 많은 사람들이 번거롭다는 이유로 자신의 인맥관리에 소홀히 하는 경우가 많지만 인맥관리는 자신의 성공을 위한 첫걸음이라는 생각을 가져야 한다.
> (라) 효율성을 높이기 위해 팀원의 능력이나 성격 등과 가장 적합한 위치에 배치하여 팀원 개개인의 능력을 최대로 발휘해 줄 것을 기대한다.

① (가), (나) / (다), (라)　　　　　② (가) / (나), (다), (라)
③ (가), (라) / (나), (다)　　　　　④ (가), (나), (라) / (다)

33 다음 (가)~(라)에 제시된 자원관리의 기본 과정들을 순서에 맞게 재배열한 것은?

> (가) 확보된 자원을 활용하여 계획에 맞는 업무를 수행해 나가야 한다. 물론 계획에 얽매일 필요는 없지만 최대한 계획대로 수행하는 것이 바람직하다. 불가피하게 수정해야 하는 경우는 전체 계획에 미칠 수 있는 영향을 고려하여야 할 것이다.
> (나) 자원을 실제 필요한 업무에 할당하여 계획을 세워야 한다. 여기에서 중요한 것은 업무나 활동의 우선순위를 고려하는 것이다. 최종적인 목적을 이루는 데 가장 핵심이 되는 것에 우선순위를 두고 계획을 세울 필요가 있다. 만약, 확보한 자원이 실제 활동 추진에 비해 부족할 경우 우선순위가 높은 것에 중심을 두고 계획하는 것이 바람직하다.
> (다) 실제 상황에서 그 자원을 확보하여야 한다. 수집 시 가능하다면 필요한 양보다 좀 더 여유 있게 확보할 필요가 있다. 실제 준비나 활동을 하는 데 있어서 계획과 차이를 보이는 경우가 빈번하기 때문에 여유 있게 확보하는 것이 안전할 것이다.
> (라) 업무를 추진하는 데 있어서 어떤 자원이 필요하며, 또 얼마만큼 필요한지를 파악하는 단계이다. 자원의 종류에는 크게 시간, 예산, 물적 자원, 인적자원으로 나누어지지만 실제 업무 수행에서는 이보다 더 구체적으로 나눌 필요가 있다. 구체적으로 어떤 활동을 할 것이며, 이 활동에 어느 정도의 시간, 돈, 물적·인적자원이 필요한지를 파악한다.

① (다) - (라) - (나) - (가)　　　　② (라) - (다) - (가) - (나)
③ (가) - (다) - (나) - (라)　　　　④ (라) - (다) - (나) - (가)

34 다음은 A, B 두 제품을 1개씩 만드는 데 필요한 전력과 연료 및 하루 사용 제한량이다. A는 1개당 5만 원, B는 1개당 2만 원의 이익이 생기고, 두 제품 A, B를 총 50개 생산한다고 할 때, 이익을 최대로 하려면 제품 A는 몇 개를 생산해야 하는가?

제품	A제품	B제품	하루 사용 제한량
전력(kWh)	50	20	1,600
연료(L)	3	5	240

① 16개 ② 18개

③ 20개 ④ 24개

35 회계팀에서 업무를 시작하게 된 길동이는 각종 내역의 비용이 어느 항목으로 분류되어야 하는지 정리 작업을 하고 있다. 다음 중 길동이가 나머지와 다른 비용으로 분류해야 하는 것은?

① 구매부 자재 대금으로 지불한 U$7,000

② 상반기 건물 임대료 및 관리비

③ 임직원 급여

④ 계약 체결을 위한 영업부 직원 출장비

36 A사의 정 팀장은 인사팀장으로서 시간 관리의 중요성을 직원들에게 설명하며 시간이라는 자원의 특성을 이야기하였다. 다음 중 정 팀장이 언급한 사항으로 적절하지 않은 것은?

① 어떻게 사용하든 누구에게나 1시간의 가치는 똑같으며 운이 따르느냐가 중요한 부분이다.

② 기나긴 인생에 있어 시간의 밀도와 중요도가 매번 같을 수 없다.

③ 힘든 시기나 그렇지 않은 시기나 시간은 늘 같은 속도로 흐른다.

④ 시간은 남겨서 비축하거나 부족한 시간을 빌려올 수도 없다.

37 다음은 A의류매장의 판매 직원이 매장 물품 관리 시스템에 대하여 설명한 내용이다. 이를 참고할 때, bar code와 QR 코드 관리 시스템의 특징으로 적절하지 않은 것은?

> "저희 매장의 모든 제품은 입고부터 판매까지 스마트 기기와 연동된 전산화 시스템으로 운영되고 있어요. 제품 포장 상태에 따라 bar code와 QR 코드로 구분하여 아주 효과적인 관리를 하는 거지요. 이 조그만 전산 기호 안에 필요한 모든 정보가 입력되어 있어 간단한 스캔만으로 제품의 이동 경로와 시기 등을 손쉽게 파악하는 겁니다. 제품군을 분류하여 관리하거나 적정 재고량을 파악하는 데에도 매우 효율적인 관리 시스템인 셈입니다."

① QR 코드는 bar code보다 많은 양의 정보를 담을 수 있다.
② bar code는 제품군과 특성을 기준으로 물품을 대/중/소분류에 의해 관리한다.
③ bar code는 물품의 정보를 기호화하여 관리하는 것이다.
④ bar code의 정보는 검은 막대의 개수와 숫자로 구분된다.

38 근로자의 근로 여건에 대한 다음 자료를 바탕으로 〈보기〉에서 옳은 것을 모두 고르면?

〈근로자 근로시간 및 임금〉

(단위 : 일, 시간, 천 원)

구분	2014	2015	2016	2017
근로일수	21.3	21.1	20.9	21.1
근로시간	179.9	178.1	177.1	178.4
임금총액	3,178	3,299	3,378	3,490

〈보기〉

㈎ 1일 평균 근로시간은 2016년이 가장 많다.
㈏ 1일 평균 임금총액은 매년 증가하였다.
㈐ 1시간 당 평균 임금총액은 매년 증가하였다.
㈑ 근로시간이 더 많은 해에는 임금총액도 더 많다.

① ㈎, ㈏
② ㈏, ㈐
③ ㈐, ㈑
④ ㈎, ㈏, ㈐

39 다음 중 직무상 필요한 가장 핵심적인 네 가지 자원에 해당하는 설명이 아닌 것은?

① 민간 기업이나 공공단체 및 기타 조직체는 물론이고 개인의 수입·지출에 관한 것도 포함하는 가치

② 인간이 약한 신체적 특성을 보완하기 위하여 활용하는 정상적인 인간의 활동에 수반되는 많은 자원들

③ 기업이 나아가야 할 방향과 목적 등 기업 전체가 공유하는 비전, 가치관, 사훈, 기본 방침 등으로 표현되는 것

④ 매일 주어지며 똑같은 속도로 흐르지만 멈추거나 빌리거나 저축할 수 없는 것

40 다음의 A와 B가 주장하는 자원의 특성을 가장 적절하게 설명한 것은?

> A : 물적 자원을 얼마나 확보하고 활용할 수 있느냐가 큰 경쟁력이 된다. 국가의 입장에 있어서도 자국에서 생산되지 않는 물품이 있으면 다른 나라로부터 수입을 하게 되고, 이러한 물품으로 인해 양국 간의 교류에서 비교우위가 가려지게 된다. 이러한 상황에서 자신이 보유하고 있는 자원을 얼마나 잘 관리하고 활용하느냐 하는 물적자원 관리는 매우 중요하다고 할 수 있다.
>
> B : 물적자원 확보를 위해 경쟁력 있는 해외의 물건을 수입하는 경우가 있다. 이때, 필요한 물적 자원을 얻기 위하여 예산이라는 자원을 쓰게 된다. 또한 거꾸로 예산자원을 벌기 위해 내가 확보한 물적 자원을 내다 팔기도 한다.

① 물적 자원을 많이 보유하고 있는 것이 다른 유형의 자원을 보유한 것보다 가치가 크다.

② 양국 간에 비교우위 물품이 가려지게 되면, 더 이상 그 국가와의 물적자원 교류는 무의미하다.

③ 물적 자원과 예산자원 외에는 상호 보완하며 교환될 수 있는 자원의 유형이 없다.

④ 서로 다른 자원이 상호 반대급부로 작용할 수 있고, 하나의 자원을 얻기 위해 다른 유형의 자원이 동원될 수 있다.

41~42 K사에 입사한 정 사원은 신입사원 오리엔테이션 과정 중 다음과 같은 사내 전화 사용법을 교육받았다. 이를 보고 물음에 답하시오.

---

1. 일반전화 걸기
- 회사 외부로 전화를 거는 경우
- 수화기를 들고 9번을 누른 후 전화번호를 눌러 통화한다.

2. 단축 다이얼
- 자주 사용하는 전화번호는 기억시켜 두어 간단하게 전화하는 경우
- 단축 다이얼 버튼을 누르고 화살표를 이용, 원하는 전화번호가 기억되어 있는 단축번호를 눌러 통화한다.

3. 재다이얼 기능
- 재다이얼 버튼을 누르고 화살표를 이용, 상하버튼을 눌러 원하는 전화번호를 선택한 후, 발신버튼을 누른다.
- 원하는 전화번호가 재다이얼 된다.

4. 전화 당겨 받기
- 다른 전화기에 벨이 울리고 있을 때 내 자리의 전화기에서 대신 받고자 하는 경우
- 다른 자리의 벨이 울릴 때, 수화기를 들고 * 버튼을 누른다.

5. 통화대기
- 상대방이 통화중일 때, 통화가 끝날 때까지 대기하다가 통화가 끝난 즉시 통화하고자 하는 기능
- 상대방이 통화중일 때 CAMP 버튼을 누르고 수화기를 내려놓은 채 통화가 끝날 때까지 기다린다.
- ※ 상대방은 통화 중에 주기적으로 신호음이 들리므로 누군가 통화대기 중임을 알 수 있다.

6. 내선예약
- 통화중이거나 전화를 받지 않는 내선에 통화를 예약해 두면 통화가 끝나는 즉시 신호음이 울린다.
- 상대방이 응답이 없거나 통화중일 때 CBK 버튼을 누르고 수화기를 내린다. 통화할 수 있는 상태가 되면 벨이 울린다.

7. 통화보류
- 통화 도중에 상대방을 잠시 기다리게 할 경우
- 통화 도중에 보류버튼을 누르고 수화기를 내린다. 다시 통화하고자 할 때 수화기를 들고 다시 보류버튼을 누른다.
- ※ 보류된 전화는 일정 시간이 경과하기 전에는 끊기지 않는다.

8. 통화전환
- 밖에서 걸려 온 전화를 먼저 통화하다가 다른 사람에게로 전화를 돌려주고자 하는 경우
- 통화 중에 * 버튼을 누르고 내선번호를 누르고 수화기를 내린다.

9. 착신전환
- 내 자리로 걸려오는 전화를 지정하는 특정 내선으로 연결되도록 설정해 두는 경우
- 지정 시, 6, 0 버튼을 누르고 ALL 버튼을 누르고 전화를 대신 받을 번호를 누른다.
- 해제 시, 6, 0 버튼을 누르고 0을 누른다.

41 정 사원이 이해한 다음과 같은 전화 사용법 중 올바르지 않은 것은?

① "내가 부재중일 경우라도 걸려 온 전화를 받을 수가 있구나."
② "통화 중 잠시 급한 일을 보고 계속 통화를 하려면 CAMP 버튼을 쓰면 되네."
③ "외부에서 전화를 건 사람이 두 명 이상의 사람과 순차적으로 통화를 원할 경우라도, 전화를 두 번 이상 걸 필요가 없군."
④ "부장님이 안 계실 때, 부장님 자리로 걸려 온 전화를 받으러 뛰어갈 필요는 없군."

42 다음은 A씨가 알아본 여행지의 관광 상품 비교표이다. 월요일에 A씨 부부가 여행을 갈 경우 하루 평균 가격이 가장 비싼 여행지부터 순서대로 올바르게 나열한 것은? (단, 출발일도 일정에 포함, 1인당 가격은 할인 전 가격이며, 가격 계산은 버림 처리하여 정수로 표시한다)

관광지	일정	1인당 가격	비고
갑지	5일	599,000원	–
을지	6일	799,000원	주중 20% 할인
병지	8일	999,000원	동반자 20% 할인
정지	10일	1,999,000원	동반자 50% 할인

① 을지 – 갑지 – 병지 – 정지
② 정지 – 병지 – 갑지 – 을지
③ 정지 – 갑지 – 을지 – 병지
④ 정지 – 갑지 – 병지 – 을지

43 다음에 제시된 박 대리의 소비 패턴을 보고 적절하게 추론할 수 있는 것을 〈보기〉에서 모두 고른 것은?

> 합리적인 선택을 하는 박 대리는 외식, 책, 의류 구입을 위한 소비를 하였다. 지난주 외식, 책, 의류 구입 가격은 각각 2만 원, 3만 원, 2만 원이었고, 박 대리의 소비 횟수는 각각 7회, 3회, 6회였다. 이번 주말에 외식, 책, 의류 구입의 가격이 각각 3만 원, 2만 원, 3만 원으로 변하였고, 이에 따라 박 대리의 이번 주 소비 횟수도 5회, 4회, 4회로 바뀌었다.
>
> 박 대리는 매주 정해진 동일한 금액을 책정하여 남기지 않고 모두 사용하며, 최고의 만족도를 얻는 방향으로 소비한다.

〈보기〉

(가) 지난주에 박 대리가 이번 주와 동일한 소비를 하기에는 책정한 돈이 부족하다.
(나) 이번 주에 박 대리가 지난주와 동일한 소비를 하기에는 책정한 돈이 부족하다.
(다) 박 대리가 이번 주 소비에서 얻는 만족도는 지난주 소비에서 얻는 만족도보다 높거나 같다.
(라) 박 대리가 지난주 소비에서 얻는 만족도는 이번 주 소비에서 얻는 만족도보다 높거나 같다.

① (가), (나)   ② (가), (다)
③ (가), (라)   ④ (나), (라)

44 200만 원을 가진 甲은 다음 A, B프로젝트 중 B프로젝트에 투자하기로 결정하였다. 甲의 선택이 합리적이기 위한 B프로젝트 연간 예상 수익률의 최저 수준으로 가장 적절한 것은? (단, 각 프로젝트의 기간은 1년으로 가정한다.)

> • A프로젝트는 200만 원의 투자 자금이 소요되고, 연 9.0%의 수익률이 예상된다.
> • B프로젝트는 400만 원의 투자 자금이 소요되고, 부족한 돈은 연 5.0%의 금리로 대출받을 수 있다.

① 8.1%   ② 7.1%
③ 6.1%   ④ 5.1%

45 경상북도에서는 다음과 같은 경영실적사례를 공시하였다. 아래의 표에서 물류비의 10% 절감은 몇%의 매출액 증가효과와 동일한가?

- 매출액 : 2,000억 원
- 물류비 : 400억 원
- 기타 비용 : 1,500억 원
- 경상이익 : 100억 원

① 20%

② 25%

③ 30%

④ 40%

❚46-47❚ 다음 자료를 보고 물음에 답하시오.

〈입장료 안내〉

좌석명	입장권가격		K팀 성인회원		K팀 어린이회원	
	주중	주말/공휴일	주중	주말/공휴일	주중	주말/공휴일
프리미엄석	70,000원					
테이블석	40,000원					
블루석	12,000원	15,000원	10,000원	13,000원	6,000원	7,500원
레드석	10,000원	12,000원	8,000원	10,000원	5,000원	6,000원
옐로석	9,000원	10,000원	7,000원	8,000원	4,500원	5,000원
그린석(외야)	7,000원	8,000원	5,000원	6,000원	무료입장	

〈S카드 할인〉

구분	할인내용	비고
K팀 S카드	3,000원/장 할인	청구 시 할인(카드명세서 청구 시 반영)
K팀 L카드	3,000원/장 할인	결제 시 할인
S카드	2,000원/장 할인	청구 시 할인(카드명세서 청구 시 반영)
L카드	2,000원/장 할인	결제 시 할인

주말 가격은 금/토/일 및 공휴일 경기에 적용됩니다.(임시 공휴일 포함)

2. 어린이 회원은 만 15세 이하이며, 본인에 한해 할인이 적용됩니다.(매표소에서 회원카드 제시)

3. 국가유공자, 장애우, 경로우대자(65세 이상)는 국가유공자증, 복지카드 및 신분증 제시 후 본인에 한하여 외야석 50% 할인됩니다. On-line 인증 문제로 예매 시에는 혜택이 제공되지 않습니다.

4. 우천 취소 시 예매 및 카드구입은 자동 결제 취소되며, 현장 현금 구매분은 매표소에서 환불 받으실 수 있습니다.

5. 보호자 동반 미취학 아동(7세 이하)은 무료입장이 가능하나, 좌석은 제공되지 않습니다.

6. 암표 구입 시 입장이 제한됩니다.

※ 올 시즌 변경사항(취소수수료 청구)

→다양한 회원들의 관람을 위해 금년부터 예매 익일 취소할 경우 결제금액의 10%에 해당하는 취소수수료가 청구됩니다.(최소 취소수수료 1,000원 청구) 단, 예매일과 취소일이 같을 경우 취소수수료는 청구되지 않습니다.

46 다음 중 위의 안내 사항에 대한 올바른 판단이 아닌 것은?

① "내일 경기 관람을 위해 오늘 예매한 입장권을 수수료 없이 취소하려면 오늘 중에 취소해야 하는 거구나."

② "여보, 우리 애는 5살이니까 당신이 데려 가면 무료입장도 가능하네요. 외야 자리만 가능하다니까 그린석으로 당신 표 얼른 예매하세요."

③ "다음 주 월요일이 공휴일이니까 연속 4일 간은 주말 요금이 적용되겠구나."

④ "난 K팀 L카드가 있는 성인회원이니까, 주중에 레드석에서 관람하려면 5,000원밖에 안 들겠구나."

47 김 과장은 여름 휴가철을 맞아 아이들과 함께 평소 좋아하던 K팀의 야구 경기를 보러가려 한다. 다음 인원이 함께 야구 관람을 할 경우, 카드 결제를 해야 할 전 인원의 총 입장료 지불 금액은 얼마인가?

- 관람일 15일 금요일, 전원 블루석에서 관람 예정
- 김 과장(K팀 성인회원), 김 과장 아내(비회원), 김 과장 노부(72세, 비회원)
- 큰 아들(18세, 비회원), 작은 아들(14세, K팀 어린이 회원)
- 작은 아들 친구 2명(K팀 어린이 회원)
- 김 과장의 가족 5인은 김 과장이 K팀 L카드로 결제하며, 작은 아들의 친구 2명은 각각 S카드로 결제함.

① 58,000원
② 60,000원
③ 61,000원
④ 65,500원

▌48-49 ▌ 다음은 A, B 두 경쟁회사의 판매제품별 시장 내에서의 기대 수익을 표로 나타낸 자료이다. 이를 보고 물음에 답하시오.

〈판매 제품별 수익체계〉

A회사 \ B회사		P제품	Q제품	R제품
A회사	P 제품	(5, −1)	(3, −1)	(−6, 3)
	Q 제품	(−1, 3)	(−3, 2)	(3, 2)
	R 제품	(−2, 6)	(4, −1)	(−1, −2)

- 괄호 안의 숫자는 A회사와 B회사의 제품으로 얻는 수익(억 원)을 뜻한다.(A회사 월 수익 액, B회사의 월 수익 액)
- ex) A회사가 P제품을 판매하고 B회사가 Q제품을 판매하였을 때 A회사의 월 수익 액은 3억 원이고, B회사의 월 수익 액은 −1억 원이다.

〈분기별 소비자 선호 품목〉

구분	1분기	2분기	3분기	4분기
선호 품목	Q제품	P제품	R제품	P, R제품

- 제품별로 분기에 따른 수익의 증감률을 의미한다.
- 시기별 해당 제품의 홍보를 진행하면 월 수익의 50%가 증가, 월 손해의 50%가 감소된다.

48 다음 중 4분기의 A회사와 B회사의 수익의 합이 가장 클 경우는 양사가 각각 어느 제품을 판매하였을 때인가?

① A회사 : Q제품, B회사 : Q제품
② A회사 : R제품, B회사 : Q제품
③ A회사 : Q제품, B회사 : P제품
④ A회사 : R제품, B회사 : P제품

49 1분기와 2분기에 모두 양사가 소비자 선호 제품을 홍보하였을 때, 1분기로부터 변동된 2분기의 수익 현황에 대하여 바르게 설명한 것은?

① A회사는 R제품을 판매할 때의 수익 현황에 변동이 있다.

② 1분기와 2분기에 가장 많은 수익이 발생하는 양사 제품의 조합은 동일하다.

③ 1분기와 2분기에 동일한 수익 구조가 발생하는 양사 제품의 조합은 없다.

④ B회사는 1분기에 Q제품을 판매하는 것이 2분기에 Q제품을 판매하는 것보다 더 유리하다.

50 다음 재고 현황을 통해 파악할 수 있는 완성품의 최대 수량과 완성품 1개당 소요 비용은 얼마인가? (단, 완성품은 A, B, C, D의 부품이 모두 조립되어야 하고 다른 조건은 고려하지 않는다)

부품명	완성품 1개당 소요량(개)	단가(원)	재고 수량(개)
A	2	50	100
B	3	100	300
C	20	10	2,000
D	1	400	150

	완성품의 최대 수량(개)	완성품 1개당 소요 비용(원)
①	50	100
②	50	500
③	50	1,000
④	100	500

1 A기업의 워크숍에 1, 2년차 직원이 50명이 참가하였다. 이 대회에 참가한 직원은 A, B 중 하나의 프로그램을 반드시 골라야 하고, 각 직원들이 고른 주제별 인원수는 표와 같다.

(단위 : 명)

구분	1년차	2년차	합계
A	8	12	20
B	16	14	30
합계	24	26	50

이 워크숍에서 참가한 직원 50명 중에서 임의로 선택한 1명이 1년차 직원일 때, 이 직원이 주제 B를 고른 직원일 확률을 p_1이라 하고, 이 대회에 참가한 직원 50명 중에서 임의로 선택한 1명이 주제 B를 고른 직원 일 때, 이 직원이 1년차 직원일 확률을 p_2라 하자. $\dfrac{p_2}{p_1}$의 값은?

① $\dfrac{1}{2}$ ② $\dfrac{3}{5}$

③ $\dfrac{4}{5}$ ④ $\dfrac{3}{2}$

2 장미 3송이와 국화 4송이의 가격은 4300원이다. 장미 한 송이의 가격이 국화 한 송이의 가격보다 200원 싸다고 할 때, 장미 한 송이의 가격은?

① 500원   ② 600원
③ 700원   ④ 800원

3 현수는 집에서 약 5 km 떨어진 은행에 가려고 한다. 현수가 오후 4시에 집을 출발하여 자전거를 타고 시속 12 km로 가다가 도중에 자전거가 고장 나서 시속 8 km로 뛰어갔더니 오후 4시 30분에 도착하였다. 현수가 자전거를 타고 간 거리는 얼마인가?

① 4 km   ② 3 km

③ 2 km   ④ 1 km

4 어떤 일을 완성하는데 강 과장은 15일 오 사원은 24일이 걸린다. 어떤 일을 강 과장이 5일 동안 한 후에 나머지를 오 사원이이 일을 하여 완성한다면 일을 마치는데 소요되는 총 일수는 며칠일까?

① 18일   ② 19일

③ 20일   ④ 21일

5 팀원들에게 사탕을 나누어 주는데 한 사람에게 4개를 주면 5개가 남고, 6개를 주면 3개가 부족하다. 이 때, 사탕의 수를 구하면?

① 21   ② 22

③ 23   ④ 24

6 야구장의 매표소에서는 1분에 20명이 표를 끊고, 15명이 새로 줄을 선다. 현재 100명이 표를 구입하기 위해 대기하고 있다면, 대기자가 0명이 되는 데 걸리는 시간은 얼마인가?

① 10분   ② 12분

③ 15분   ④ 20분

7 다음은 학생이 30명인 한 반에서 치른 국어시험 결과이다. 30명의 전체 평균은 70점이고, 여학생의 평균점수는 80점, 남학생의 평균점수는 65점이다. 여학생 수는 몇 명인가?

① 9명　　　　　　　　　　　　　　　② 10명

③ 11명　　　　　　　　　　　　　　④ 12명

8 준현이는 노트 1박스를 구매하여 같은 반에 있는 친구 15명에게 나누어 주려고 한다. 15명에게 3권씩 노트를 나누어 주면 4권이 남는다. 12명에게 5권씩 노트를 나누면 몇 개가 부족한가?

① 9권　　　　　　　　　　　　　　　② 10권

③ 11권　　　　　　　　　　　　　　④ 12권

9 어느 학급의 남학생과 여학생의 비율이 5:5였다. 몇 명의 남학생이 전학을 와 남녀 비율이 6:5가 되었고, 총 학생은 55명이 되었다. 이 때 전학 온 남학생은 몇 명인가?

① 1명　　　　　　　　　　　　　　　② 3명

③ 5명　　　　　　　　　　　　　　　④ 7명

10 A 야구단의 어른 입장료와 어린이 입장료의 비율은 7:3이었는데, 입장료를 각각 5,000원씩 인상하게 되자 그 비율이 2:1이 되었다. 이 때 인상 후의 어린이 입장료는 얼마인지 구하면?

① 10,000원　　　　　　　　　　　　② 15,000원

③ 20,000원　　　　　　　　　　　　④ 25,000원

11 G 대학 입학시험의 전체 평균점수는 55점이다. 응시자는 총 100명이고, 합격자의 평균은 70점, 불합격자의 평균은 50점이라고 할 때, 합격자는 몇 명인지 구하면?

① 21명
② 23명
③ 25명
④ 27명

12 A사는 1억 원을 투자하여 연간 15%의 수익률을 올리는 것을 목표로 새로운 택배서비스를 시작하였다. 이때, 택배서비스의 목표수입가격은 얼마가 적당한가? (단, 예상 취급량 30,000개/연, 택배서비스 취급원가 1,500원/개)

① 1,000원
② 1,500원
③ 2,000원
④ 2,500원

13 형과 동생은 매월 일정액을 예금하고 있다. 현재 형의 예금액이 10,000원, 동생의 예금액은 7,000원이다. 형은 매월 700원을, 동생은 매월 1,000원을 예금하는데 형과 동생의 예금액이 같아지는 것은 몇 개월 후인가?

① 6개월 후
② 10개월 후
③ 14개월 후
④ 18개월 후

14 어떤 일을 하는데 수빈이는 16일, 혜림이는 12일이 걸린다. 처음에는 수빈이 혼자서 3일 동안 일하고, 그 다음은 수빈이와 혜림이가 같이 일을 하다가 마지막 하루는 혜림이만 일하여 일을 끝냈다. 수빈이와 혜림이가 같이 일 한 기간은 며칠인가?

① 3일
② 4일
③ 5일
④ 6일

15 다음은 Y년도의 각 발전소 지원 예정금액을 책정해 놓은 자료이다. 전체 인원의 1인당 평균 지원 금액과 발전소당 평균 운영비는 각각 얼마인가?

(단위 : 원)

구분	기장군(고리)	영광군(영광)	울진군(울진)	울주군(신고리)	경주시(월성)
1인당 인건비	450,000	450,000	506,000	281,000	449,000
인원수(명)	8	8	9	7	8
운영비	148,000	169,000	129,000	123,000	77,000

① 432,825원, 131,250원

② 427,535원, 129,200원

③ 432,825원, 129,200원

④ 427,535원, 131,250원

16 야산 한 쪽에 태양광 설비 설치를 위해 필요한 부품을 트럭에서 내려 설치 장소까지 리어카를 이용하여 시속 4km로 이동한 K씨는 설치 후 트럭이 있는 곳까지 시속 8km의 속도로 다시 돌아왔다. 처음 트럭을 출발하여 작업을 마치고 다시 트럭의 위치로 돌아오니 총 4시간이 걸렸다. 작업에 소요된 시간이 1시간 30분이라면, 트럭에서 태양광 설치 장소까지의 거리는 얼마인가? (거리는 반올림하여 소수 둘째 자리까지 표시함)

① 약 4.37km

② 약 4.95km

③ 약 5.33km

④ 약 6.67km

17 남매의 연령비는 현재 3:1이다. 12년 후 남매의 연령비가 5:3이라면 현재 오빠의 나이는 몇 살인가?

① 18세

② 19세

③ 20세

④ 21세

18 용구는 집에서 회사에 출근할 때 자동차를 타고 시속 40km로 출근하였고, 퇴근해서 집에 돌아올 때는 자전거를 타고 시속 20km로 돌아왔다. 출퇴근 시 걸렸던 시간은 총 3시간 걸렸고, 오고 갈 때 같은 길을 모두 이용하였다면 집에서 회사까지의 거리는 얼마인가?

① 30km

② 35km

③ 40km

④ 45km

19 다음에 제시된 왼쪽 네모 칸의 수들이 일정한 규칙에 의하여 오른쪽 네모 칸의 같은 위치의 수들과 대응관계를 이룰 때, 빈 칸에 들어갈 알맞은 숫자는 어느 것인가?

53	62
63	41

→

82	84
93	( )

① 72

② 74

③ 53

④ 93

20 A사의 직원은 총 180명이고, 이 중 남직원의 62.5%와 여직원의 85%가 안경을 착용하고 있다. A사에서 안경을 쓴 직원이 전체 직원의 75%일 때, 안경을 쓴 여직원의 수는 얼마인가?

① 70명

② 75명

③ 80명

④ 85명

21 다음은 건강보험공단에서 신규로 등록한 장애인 보장용구인 A제품에 대한 사용자들의 응답을 토대로 평점을 기록한 표이다. 다음 중 A제품의 평균 평점으로 올바른 것은 어느 것인가?

평점 구분	응답자 수
20점 미만	12명
20점 ~ 40점 미만	15명
40점 ~ 60점 미만	28명
60점 ~ 80점 미만	36명
80점 ~ 100점 미만	14명
100점	25명
합계	130명

① 약 63.5점 ② 약 65.3점

③ 약 66.4점 ④ 약 67.2점

22 제시된 자료에서 ⓐ~ⓑ에 들어갈 수의 합은?

〈창업아이디어 공모자의 직업 구성〉

(단위 : 명, %)

직업	2018		2019		합계	
	인원	비율	인원	비율	인원	비율
교수	34	4.2	183	12.5	217	9.6
연구원	73	9.1	118	8.1	ⓐ	8.4
대학생	17	2.1	74	5.1	91	4.0
대학원생	31	3.9	93	6.4	ⓑ	5.5
회사원	297	37.0	567	38.8	864	38.2
기타	350	43.6	425	29.1	775	34.3
계	802	100.0	1,460	100	2,262	100

① 296 ② 307

③ 315 ④ 324

23 다음은 교통수단에 따른 A씨의 만보기 측정값과 소비열량에 대한 자료이다. A씨가 버스 타는 날의 평균 만보기 측정값은 얼마인가?

	교통수단	만보기 측정값	소비 열량
1일	택시	9,500	2,800
2일	버스	11,500	2,900
3일	버스	14,000	2,700
4일	버스	12,000	2,700,
5일	버스	11,500	2,800
6일	버스	12,000	2,800
7일	버스	12,000	2,700
8일	버스	11,000	2,700
9일	택시	8,500	2,400
10일	버스	11,000	2,700

① 11,984

② 11,875

③ 11,235

④ 10,887

24 H전자는 올해 10,000대의 TV를 판매하였다. TV 한 대를 판매할 때마다 복권 한 장씩 고객에게 주었는데, 연말에 추첨하여 다음과 같은 상금을 주려고 한다. 이 쿠폰 한 장의 기댓값은 얼마인가?

상금	쿠폰의 수
10,000,000	1
5,000,000	2
1,000,000	10
100,000	100
10,000	1,000

① 5,000원

② 10,000원

③ 50,000원

④ 100,000원

25 다음은 A, B, C 3개 지역의 커피 전문점 개수 현황을 나타낸 표이다. Y−3년의 커피 전문점 개수를 지역 순서대로 올바르게 나열한 것은 어느 것인가?

(단위 : %, 개)

	Y−3년 대비 Y−2년의 증감률	Y−2년의 Y−1년 대비 증감 수	Y−1년의 Y년 대비 증감 수	Y년의 개수
A지역	10	−3	1	35
B지역	15	2	−2	46
C지역	12	−5	3	30

① 30, 40, 25개
② 32, 42, 25개
③ 30, 45, 20개
④ 35, 40, 26개

26 형과 동생은 함께 집안 정리를 하려고 한다. 형 혼자 정리를 하면 30분, 동생 혼자 정리를 하면 20분이 걸린다. 처음 10분 동안은 두 형제가 함께 정리를 하고 남은 일은 형 혼자 정리를 하게 된다면 집안 정리를 끝마치는 데 걸리는 총 시간은 얼마인가?

① 13분
② 15분
③ 18분
④ 20분

27 다음 자료를 참고할 때, 산림율이 가장 큰 국가부터 순서대로 알맞게 나열된 것은 어느 것인가? (모든 수치는 반올림하여 소수 첫째 자리까지 표시함)

(단위 : 만 명, 명/㎢)

국가	인구수	인구밀도	산림 인구밀도
갑	1,200	24	65
을	1,400	36	55
병	2,400	22	30
정	3,500	40	85

* 인구밀도=인구수÷국토 면적
* 산림 인구밀도=인구수÷산림 면적
* 산림율=산림 면적÷국토 면적×100

① 병 – 을 – 정 – 갑
② 을 – 병 – 정 – 갑
③ 병 – 을 – 갑 – 정
④ 병 – 정 – 을 – 갑

28 2007년의 총 자동차 대수가 1천만 대였으며, 교통사고 발생률이 3.1%였다. 2016년의 총 자동차 교통사고 발생률이 1.7%로 2017년과 교통사고 건수가 동일할 때, 2016년의 총 자동차 대수는 몇 대인가? (반올림하여 천의 자리까지 표시함)

① 17,508천 대
② 17,934천 대
③ 18,011천 대
④ 18,235천 대

29 A와 B가 형태가 네모인 운동장을 뛰려고 하고 있다. 서로 반대 방향으로 뛰면, 16분 후에 다시 만난다. A의 속력은 100m/분, B의 속력이 70m/분이라면 운동장의 둘레는 몇 m인가?

① 2,500m

② 2,580m

③ 2,680m

④ 2,720m

30 농도 10%의 소금물 500g에 8%의 소금물을 섞었다. 이 소금물에서 물 30g을 증발시키고 나니, 9%의 소금물이 되었다. 8%의 소금물을 몇 g 섞은 것인가?

① 660g

② 770g

③ 880g

④ 990g

31 준수가 집에서 회사까지 가는데 10km의 거리는 시속 20km로 가다가 나머지 거리는 시속 30km로 갔다. 준수가 학교에 도착했을 때 걸린 시간은 1시간이다. 같은 거리를 민건이가 시속 40km로 갔을 때 걸린 시간으로 가장 가까운 것은?

① 28분

② 31분

③ 35분

④ 39분

32 다음은 A사의 직원들을 대상으로 대중교통을 이용하는 횟수에 대한 설문 조사를 한 결과를 나타낸 자료이다. 설문에 참여한 총 인원의 월 평균 대중교통을 이용하는 횟수가 65회라면, 빈 칸에 들어갈 알맞은 인원 수는 몇 명인가?

월 평균 대중교통 이용 횟수(회)	인원 수(명)
0~20	10
20~40	20
40~60	30
60~80	( )
80~100	25
100~120	20

① 30

② 32

③ 35

④ 38

33 다음은 서울 시민의 '이웃에 대한 신뢰도'를 나타낸 자료이다. 다음 자료를 올바르게 분석하지 못한 것은 어느 것인가?

(단위 : %, 10점 만점)

구분		신뢰하지 않음	보통	신뢰함	평균(10점)
전체		18.9	41.1	40.0	5.54
성	남성	18.5	42.2	39.3	5.54
	여성	19.2	40.1	40.7	5.54
연령	10대	22.6	38.9	38.5	5.41
	20대	21.8	41.6	36.5	5.35
	30대	18.9	42.8	38.2	5.48
	40대	18.8	42.4	38.8	5.51
	50대	17.0	42.0	41.1	5.65
	60세 이상	17.2	38.2	44.6	5.70

① 서울 시민 10명 중 4명은 이웃을 신뢰한다.

② 이웃을 신뢰하는 사람의 비중과 평점의 연령별 증감 추이는 동일하지 않다.

③ 20대 이후 연령층에서는 고령자일수록 이웃을 신뢰하는 사람의 비중이 더 높다.

④ 남성과 여성은 같은 평점을 주었으나, 이웃을 신뢰하는 사람의 비중은 남성이 1%p 이상 낮다.

34 커피숍에서 커피 한 잔의 원가에 a %의 이익을 붙여 4,000원에 판매하고 있었는데 한달 동안 기존의 판매 가격을 a % 인하하여 3,000원으로 판매하기로 하였다. 커피 한잔의 원가는 얼마인가?

① 2,800원   ② 3,000원

③ 3,200원   ④ 3,400원

35 다음은 주어진 문제에 대한 갑과 을의 대화이다. 을이 갑의 풀이가 옳지 않다고 했을 때, 책의 쪽수가 될 수 없는 것은?

> 어떤 책을 하루에 40쪽씩 읽으면 13일째에 다 읽는다고 한다. 이 책은 모두 몇 쪽인가?

> 갑 : 하루에 40쪽씩 읽고 13일째에 다 읽으니까 $40 \times 13 = 520$(쪽), 즉 이 책의 쪽수는 모두 520 쪽이네.
> 을 : 꼭 그렇지만은 않아.

① 480쪽   ② 485쪽

③ 490쪽   ④ 500쪽

36 0, 1, 2, 3, 4, 5의 숫자가 각각 표시되어 있는 6장의 카드 중 3장을 뽑아 만들 수 있는 세 자리의 정수의 개수는 몇 개인가?

① 10개   ② 30개

③ 50개   ④ 100개

37 A지점에서 B지점까지는 120km이다. 명수는 자전거를 타고 A에서 B까지 시속 30km로 가고, 돌아올 때는 시속 60km로 왔다. 왕복 시간의 평균 시속은 얼마인가?

① 35km

② 40km

③ 45km

④ 50km

38 영희는 집에서 학교까지 분속 60m로 걸어가고 있다. 영희가 집에서 나간 지 10분 후, 중요한 준비물을 가져가지 않았다는 것을 안 어머니가 분속 120m로 자전거를 타고 뒤쫓아 갔다. 어머니가 영희를 만나는 것은 몇 분 후 인가?

① 8분 후

② 10분 후

③ 12분 후

④ 15분 후

39 서울에서 부산으로 가는 새마을호가 서울에서 출발하고 1시간 후, KTX가 서울에서 시속 120km로 출발하였다. 3시간 뒤 KTX가 새마을호를 따라잡았는데 서울과 부산의 거리가 400km라면 새마을호는 부산까지 약 몇 시간이 걸리겠는가?

① 3.54시간

② 4.44시간

③ 5.12시간

④ 6.33시간

40 사무실에 두 대의 복사기가 있는데 1대는 1분에 100쪽, 다른 1대는 1분에 150쪽을 복사할 수 있다. 이 두 대의 복사기를 효율적으로 이용하여 50쪽짜리 유인물 50부를 최단시간에 복사하고자 할 때, 1분에 100쪽을 복사하는 복사기로는 몇 부 복사하여야 하는가?

① 10부   ② 13부

③ 15부   ④ 20부

41 어떤 제품을 정가에서 20% 할인하여 팔아도 원가의 20%만큼 이득을 보려고 한다. 원가에 몇 %만큼 정가를 책정해야 하는가?

① 30%   ② 40%

③ 50%   ④ 60%

42 남한은 상대적으로 자본이 풍부하고 북한은 노동력이 풍부하다. 남북한이 하나의 시장경제로 통합될 경우, 통합 이전과 비교하여 남한의 임금과 이자율의 변동 상황으로 적절한 설명은 어느 것인가? (단, 남북한 노동력은 숙련도 차이가 없으며, 외국과의 자본, 노동 이동이 없다고 가정한다)

① 임금은 상승하고 이자율은 하락할 것이다.

② 임금은 하락하고 이자율은 상승할 것이다.

③ 임금과 이자율 모두 하락할 것이다.

④ 임금과 이자율 모두 상승할 것이다.

〈연도별 교통사고 발생건수 현황〉

(단위 : 건)

연도	구분	교통사고 발생건수		
		합계	서울	경기
2011	계	3,937	1,663	2,274
	시내버스	3,390	1,451	1,939
	시외버스	547	212	335
2012	계	4,139	1,630	2,509
	시내버스	3,578	1,413	2,165
	시외버스	561	217	344
2013	계	4,173	1,727	2,446
	시내버스	3,670	1,507	2,163
	시외버스	503	220	283
2014	계	4,234	1,681	2,553
	시내버스	3,723	1,451	2,272
	시외버스	511	230	281
2015	계	4,401	1,615	2,786
	시내버스	3,859	1,412	2,447
	시외버스	542	203	339

43 위의 도표에 대한 올바른 분석을 다음 〈보기〉에서 모두 고른 것은 어느 것인가?

〈보기〉

가. 2011~2015년 동안 전체 교통사고 발생 건수는 지속적으로 증가하였다.
나. 경기 지역의 2011~2015년의 연간 평균 시외버스 교통사고 발생건수는 300건이 넘는다.
다. 2015년의 시외버스 사고건수 1건당 시내버스 사고건수는 서울지역이 더 많다.
라. 전체 사고건수 중 시외버스가 차지하는 비율은 2011~2015년 동안 모두 2%p 이내의 차이를 보인다.

① 나, 다, 라
② 가, 나, 다
③ 가, 다, 라
④ 가, 나, 라

44 위 데이터의 연도별, 버스 종류별 수치를 한눈에 비교해 보기 위하여 그래프를 추가하려고 한다. 다음 보기 중 수치를 비교해 보기 위한 가장 적절한 그래프는 어느 것인가?

① 원 그래프
② 막대그래프
③ 레이더 차트
④ 점 그래프

45 다음 도표의 빈 칸 ㉠, ㉡에 들어갈 알맞은 수치는 순서대로 각각 어느 것인가? (금액은 소수점 이하 절삭 후 원 단위 표시, 증감률은 반올림하여 소수점 첫째 자리까지 표시함)

〈연도별 자산 및 부채 현황〉

(단위 : 만 원, %)

	자산 총액	금융 자산	저축액	전월세 보증금	실물 자산	부동산	부채 총액	금융 부채	임대 보증금	순자산액
2011	29,765	6,903	5,023	1,880	22,862	21,907	5,205	3,597	1,608	24,560
2012	32,324	8,141	5,910	2,231	24,184	22,505	5,450	3,684	1,766	26,875
2013	32,688	8,827	6,464	2,363	23,861	22,055	5,858	3,974	1,884	26,831
2014	33,539	9,013	6,676	2,338	24,526	22,678	6,051	4,118	1,933	27,488
2015	34,685	9,290	6,926	2,363	25,396	23,649	6,256	4,361	1,896	28,429
2016	36,637	9,638	7,186	2,453	26,999	25,237	6,719	4,721	1,998	29,918
2017	( )	(㉠)	( )	2,501	28,380	26,635	7,022	4,998	2,024	31,138
증감률	4.2	( )	1.3	(㉡)	5.1	5.5	4.5	5.9	1.3	4.1

① 9,650 / 1.9
② 9,685 / 2.0
③ 9,735 / 1.5
④ 9,780 / 2.0

46 논벼의 수익성을 다음 표와 같이 나타낼 때, 빈칸 (A), (B)에 들어갈 수치는 차례대로 각각 얼마인가?

(단위 : 원, %, %p)

구분	2016년	2017년	전년대비	
			증감	증 감 률
□ 총 수 입(a)	856,165	974,553	118,388	13.8
□ 생 산 비(b)	674,340	691,374	17,033	2.5
□ 경 영 비(c)	426,619	(A)	6,484	1.5
□ 순 수 익(a)-(b)	181,825	283,179	101,355	55.7
○ 순수익률*	21.2	29.1	7.8	
□ 소 득(a)-(c)	429,546	541,450	111,904	26.1
○ 소 득 률*	(B)	55.6	5.4	

* 순수익률=(순수익÷총수입)×100, 소득률=(소득÷총수입)×100

① 433,103 / 45.2

② 433,103 / 50.2

③ 423,605 / 45.2

④ 423,605 / 50.2

47 주희가 극장에서 영화를 보고 있는데 현재 시간은 1시 35분이고, 영화는 30분 전에 시작하였다. 2시간 25분 동안 영화가 상영된다면 이 때 종료시각의 시침과 분침의 각도차는 얼마인가?

① 45도

② 60도

③ 75도

④ 90도

48 핸드폰을 제조하는 S전자는 고가 폰인 A와 중저가 폰인 B, 두 종류의 핸드폰을 생산한다. 지난주 두 제품의 총 생산량은 1만 대였다. 이번 주 생산량은 지난주의 총 생산량보다 3%가 증가하였으나 A는 지난주 보다 10% 감소, B는 10% 생산량이 증가하였다. 이번 주 A의 생산량은 몇 개인가?

① 3,000개

② 3,150개

③ 3,370개

④ 3,590개

49 다음은 '갑' 지역의 연도별 65세 기준 인구의 분포를 나타낸 자료이다. 이에 대한 올바른 해석은 어느 것인가?

구분	인구 수(명)		
	계	65세 미만	65세 이상
2010년	66,557	51,919	14,638
2011년	68,270	53,281	14,989
2012년	150,437	135,130	15,307
2013년	243,023	227,639	15,384
2014년	325,244	310,175	15,069
2015년	465,354	450,293	15,061
2016년	573,176	557,906	15,270
2017년	659,619	644,247	15,372

① 65세 미만 인구수는 조금씩 감소하였다.

② 전체 인구수는 매년 지속적으로 증가하였다.

③ 65세 이상 인구수는 매년 지속적으로 증가하였다.

④ 65세 이상 인구수는 매년 전체의 5% 이상이다.

50 다음은 A지역에서 개최하는 전시회의 연도별, 기업별 부스 방문객 현황을 나타낸 자료이다. 이를 통해 알수 있는 내용으로 적절하지 않은 것은?

(단위 : 명)

연도 전시기업	2013	2014	2015	2016	2017	2018
甲 기업	1,742	2,011	2,135	2,243	2,413	2,432
乙 기업	2,418	2,499	2,513	2,132	2,521	2,145
丙 기업	3,224	3,424	3,124	3,017	3,114	3,011
丁 기업	1,245	1,526	1,655	1,899	2,013	2,114
戊 기업	2,366	2,666	2,974	3,015	3,115	3,458
己 기업	524	611	688	763	1,015	1,142
庚 기업	491	574	574	630	836	828
전체	12,010	13,311	13,663	13,699	15,027	15,130

① 전시회의 연도별 전체 방문객 방문 현황을 알 수 있다.

② 전시회 참여 업체의 평균 방문객 수를 알 수 있다.

③ 각 기업별 전시회 참여를 통한 매출 변동을 알 수 있다.

④ 방문객이 가장 많은 기업의 연도별 방문객 변동 내역을 확인할 수 있다.

PART

IV

NCS 면접

01 면접의 기본

① 면접준비

(1) 면접의 기본 원칙

① **면접의 의미** … 면접이란 다양한 면접기법을 활용하여 지원한 직무에 필요한 능력을 지원자가 보유하고 있는지를 확인하는 절차라고 할 수 있다. 즉, 지원자의 입장에서는 채용 직무수행에 필요한 요건들과 관련하여 자신의 환경, 경험, 관심사, 성취 등에 대해 기업에 직접 어필할 수 있는 기회를 제공받는 것이며, 기업의 입장에서는 서류전형만으로 알 수 없는 지원자에 대한 정보를 직접적으로 수집하고 평가하는 것이다.

② **면접의 특징** … 면접은 기업의 입장에서 서류전형이나 필기전형에서 드러나지 않는 지원자의 능력이나 성향을 볼 수 있는 기회로, 면대면으로 이루어지며 즉흥적인 질문들이 포함될 수 있기 때문에 지원자가 완벽하게 준비하기 어려운 부분이 있다. 하지만 지원자 입장에서도 서류전형이나 필기전형에서 모두 보여주지 못한 자신의 능력 등을 기업의 인사담당자에게 어필할 수 있는 추가적인 기회가 될 수도 있다.

[서류 · 필기전형과 차별화되는 면접의 특징]

- 직무수행과 관련된 다양한 지원자 행동에 대한 관찰이 가능하다.
- 면접관이 알고자 하는 정보를 심층적으로 파악할 수 있다.
- 서류상의 미비한 사항과 의심스러운 부분을 확인할 수 있다.
- 커뮤니케이션 능력, 대인관계 능력 등 행동 · 언어적 정보도 얻을 수 있다.

③ **면접의 유형**
  ㉠ **구조화 면접** : 구조화 면접은 사전에 계획을 세워 질문의 내용과 방법, 지원자의 답변 유형에 따른 추가 질문과 그에 대한 평가 역량이 정해져 있는 면접 방식으로 표준화 면접이라고도 한다.
  - 표준화된 질문이나 평가요소가 면접 전 확정되며, 지원자는 편성된 조나 면접관에 영향을 받지 않고 동일한 질문과 시간을 부여받을 수 있다.
  - 조직 또는 직무별로 주요하게 도출된 역량을 기반으로 평가요소가 구성되어, 조직 또는 직무에서 필요한 역량을 가진 지원자를 선발할 수 있다.
  - 표준화된 형식을 사용하는 특성 때문에 비구조화 면접에 비해 신뢰성과 타당성, 객관성이 높다.
  ㉡ **비구조화 면접** : 비구조화 면접은 면접 계획을 세울 때 면접 목적만을 명시하고 내용이나 방법은 면접관에게 전적으로 일임하는 방식으로 비표준화 면접이라고도 한다.

- 표준화된 질문이나 평가요소 없이 면접이 진행되며, 편성된 조나 면접관에 따라 지원자에게 주어지는 질문이나 시간이 다르다.
- 면접관의 주관적인 판단에 따라 평가가 이루어져 평가 오류가 빈번히 일어난다.
- 상황 대처나 언변이 뛰어난 지원자에게 유리한 면접이 될 수 있다.

④ 경쟁력 있는 면접 요령

　㉠ 면접 전에 준비하고 유념할 사항
- 예상 질문과 답변을 미리 작성한다.
- 작성한 내용을 문장으로 외우지 않고 키워드로 기억한다.
- 지원한 회사의 최근 기사를 검색하여 기억한다.
- 지원한 회사가 속한 산업군의 최근 기사를 검색하여 기억한다.
- 면접 전 1주일간 이슈가 되는 뉴스를 기억하고 자신의 생각을 반영하여 정리한다.
- 찬반토론에 대비한 주제를 목록으로 정리하여 자신의 논리를 내세운 예상답변을 작성한다.

　㉡ 면접장에서 유념할 사항
- 질문의 의도 파악 : 답변을 할 때에는 질문 의도를 파악하고 그에 충실한 답변이 될 수 있도록 질문 사항을 유념해야 한다. 많은 지원자가 하는 실수 중 하나로 답변을 하는 도중 자기 말에 심취되어 질문의 의도와 다른 답변을 하거나 자신이 알고 있는 지식만을 나열하는 경우가 있는데, 이럴 경우 의사소통능력이 부족한 사람으로 인식될 수 있으므로 주의하도록 한다.
- 답변은 두괄식 : 답변을 할 때에는 두괄식으로 결론을 먼저 말하고 그 이유를 설명하는 것이 좋다. 미괄식으로 답변을 할 경우 용두사미의 답변이 될 가능성이 높으며, 결론을 이끌어 내는 과정에서 논리성이 결여될 우려가 있다. 또한 면접관이 결론을 듣기 전에 말을 끊고 다른 질문을 추가하는 예상치 못한 상황이 발생될 수 있으므로 답변은 자신이 전달하고자 하는 바를 먼저 밝히고 그에 대한 설명을 하는 것이 좋다.
- 지원한 회사의 기업정신과 인재상을 기억 : 답변을 할 때에는 회사가 원하는 인재라는 인상을 심어주기 위해 지원한 회사의 기업정신과 인재상 등을 염두에 두고 답변을 하는 것이 좋다. 모든 회사에 해당되는 두루뭉술한 답변보다는 지원한 회사에 맞는 맞춤형 답변을 하는 것이 좋다.
- 나보다는 회사와 사회적 관점에서 답변 : 답변을 할 때에는 자기중심적인 관점을 피하고 좀 더 넓은 시각으로 회사와 국가, 사회적 입장까지 고려하는 인재임을 어필하는 것이 좋다. 자기중심적 시각을 바탕으로 자신의 출세만을 위해 회사에 입사하려는 인상을 심어줄 경우 면접에서 불이익을 받을 가능성이 높다.
- 난처한 질문은 정직한 답변 : 난처한 질문에 답변을 해야 할 때에는 피하기보다는 정면 돌파로 정직하고 솔직하게 답변하는 것이 좋다. 난처한 부분을 감추고 드러내지 않으려 회피하려는 지원자의 모습은 인사담당자에게 입사 후에도 비슷한 상황에 처했을 때 회피할 수도 있다는 우려를 심어줄 수 있다. 따라서 직장생활에 있어 중요한 덕목 중 하나인 정직을 바탕으로 솔직하게 답변을 하도록 한다.

(2) 면접의 종류 및 준비 전략

① 인성면접

㉠ 면접 방식 및 판단기준

- 면접 방식 : 인성면접은 면접관이 가지고 있는 개인적 면접 노하우나 관심사에 의해 질문을 실시한다. 주로 입사지원서나 자기소개서의 내용을 토대로 지원동기, 과거의 경험, 미래 포부 등을 이야기하도록 하는 방식이다.
- 판단기준 : 면접관의 개인적 가치관과 경험, 해당 역량의 수준, 경험의 구체성·진실성 등

㉡ 특징 : 인성면접은 그 방식으로 인해 역량과 무관한 질문들이 많고 지원자에게 주어지는 면접질문, 시간 등이 다를 수 있다. 또한 입사지원서나 자기소개서의 내용을 토대로 하기 때문에 지원자별 질문이 달라질 수 있다.

㉢ 예시 문항 및 준비전략

- 예시 문항

> - 3분 동안 자기소개를 해 보십시오.
> - 자신의 장점과 단점을 말해 보십시오.
> - 학점이 좋지 않은데 그 이유가 무엇입니까?
> - 최근에 인상 깊게 읽은 책은 무엇입니까?
> - 회사를 선택할 때 중요시하는 것은 무엇입니까?
> - 일과 개인생활 중 어느 쪽을 중시합니까?
> - 10년 후 자신은 어떤 모습일 것이라고 생각합니까?
> - 휴학 기간 동안에는 무엇을 했습니까?

- 준비전략 : 인성면접은 입사지원서나 자기소개서의 내용을 바탕으로 하는 경우가 많으므로 자신이 작성한 입사지원서와 자기소개서의 내용을 충분히 숙지하도록 한다. 또한 최근 사회적으로 이슈가 되고 있는 뉴스에 대한 견해를 묻거나 시사상식 등에 대한 질문을 받을 수 있으므로 이에 대한 대비도 필요하다. 자칫 부담스러워 보이지 않는 질문으로 가볍게 대답하지 않도록 주의하고 모든 질문에 입사 의지를 담아 성실하게 답변하는 것이 중요하다.

② 발표면접

㉠ 면접 방식 및 판단기준

- 면접 방식 : 지원자가 특정 주제와 관련된 자료를 검토하고 그에 대한 자신의 생각을 면접관 앞에서 주어진 시간 동안 발표하고 추가 질의를 받는 방식으로 진행된다.
- 판단기준 : 지원자의 사고력, 논리력, 문제해결력 등

㉡ 특징 : 발표면접은 지원자에게 과제를 부여한 후, 과제를 수행하는 과정과 결과를 관찰·평가한다. 따라서 과제수행 결과뿐 아니라 수행과정에서의 행동을 모두 평가할 수 있다.

ⓒ 예시 문항 및 준비전략

• 예시 문항

[신입사원 조기 이직 문제]

※ 지원자는 아래에 제시된 자료를 검토한 뒤, 신입사원 조기 이직의 원인을 크게 3가지로 정리하고 이에 대한 구체적인 개선안을 도출하여 발표해 주시기 바랍니다.

※ 본 과제에 정해진 정답은 없으나 논리적 근거를 들어 개선안을 작성해 주십시오.

• A기업은 동종업계 유사기업들과 비교해 볼 때, 비교적 높은 재무안정성을 유지하고 있으며 업무강도가 그리 높지 않은 것으로 외부에 알려져 있음.

• 최근 조사결과, 동종업계 유사기업들과 연봉을 비교해 보았을 때 연봉 수준도 그리 나쁘지 않은 편이라는 것이 확인되었음.

• 그러나 지난 3년간 1~2년차 직원들의 이직률이 계속해서 증가하고 있는 추세이며, 경영진 회의에서 최우선 해결과제 중 하나로 거론되었음.

• 이에 따라 인사팀에서 현재 1~2년차 사원들을 대상으로 개선되어야 하는 A기업의 조직문화에 대한 설문조사를 실시한 결과, '상명하복식의 의사소통'이 36.7%로 1위를 차지했음.

• 이러한 설문조사와 함께, 신입사원 조기 이직에 대한 원인을 분석한 결과 파랑새 증후군, 셀프홀릭 증후군, 피터팬 증후군 등 3가지로 분류할 수 있었음.

〈동종업계 유사기업들과의 연봉 비교〉

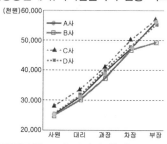

〈우리 회사 조직문화 중 개선되었으면 하는 것〉

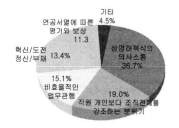

〈신입사원 조기 이직의 원인〉

• 파랑새 증후군

- 현재의 직장보다 더 좋은 직장이 있을 것이라는 막연한 기대감으로 끊임없이 새로운 직장을 탐색함.

- 학력 수준과 맞지 않는 '하향지원', 전공과 적성을 고려하지 않고 일단 취업하고 보자는 '묻지마 지원'이 파랑새 증후군을 초래함.

• 셀프홀릭 증후군

- 본인의 역량에 비해 가치가 낮은 일을 주로 하면서 갈등을 느낌.

• 피터팬 증후군

- 기성세대의 문화를 무조건 수용하기보다는 자유로움과 변화를 추구함.

- 상명하복, 엄격한 규율 등 기성세대가 당연시하는 관행에 거부감을 가지며 직장에 답답함을 느낌.

- **준비전략** : 발표면접의 시작은 과제 안내문과 과제 상황, 과제 자료 등을 정확하게 이해하는 것에서 출발한다. 과제 안내문을 침착하게 읽고 제시된 주제 및 문제와 관련된 상황의 맥락을 파악한 후 과제를 검토한다. 제시된 기사나 그래프 등을 충분히 활용하여 주어진 문제를 해결할 수 있는 해결책이나 대안을 제시하며, 발표를 할 때에는 명확하고 자신 있는 태도로 전달할 수 있도록 한다.

③ 토론면접

  ㉠ 면접 방식 및 판단기준
   - **면접 방식** : 상호갈등적 요소를 가진 과제 또는 공통의 과제를 해결하는 내용의 토론 과제를 제시하고, 그 과정에서 개인 간의 상호작용 행동을 관찰하는 방식으로 면접이 진행된다.
   - **판단기준** : 팀워크, 적극성, 갈등 조정, 의사소통능력, 문제해결능력 등

  ㉡ **특징** : 토론을 통해 도출해 낸 최종안의 타당성도 중요하지만, 결론을 도출해 내는 과정에서의 의사소통능력이나 갈등상황에서 의견을 조정하는 능력 등이 중요하게 평가되는 특징이 있다.

  ㉢ 예시 문항 및 준비전략
   - 예시 문항

     - 군 가산점제 부활에 대한 찬반토론
     - 담뱃값 인상에 대한 찬반토론
     - 비정규직 철폐에 대한 찬반토론
     - 대학의 영어 강의 확대 찬반토론

   - **준비전략** : 토론면접은 무엇보다 팀워크와 적극성이 강조된다. 따라서 토론과정에 적극적으로 참여하며 자신의 의사를 분명하게 전달하며, 갈등상황에서 자신의 의견만 내세울 것이 아니라 다른 지원자의 의견을 경청하고 배려하는 모습도 중요하다. 갈등상황을 일목요연하게 정리하여 조정하는 등의 의사소통능력을 발휘하는 것도 좋은 전략이 될 수 있다.

④ 상황면접

  ㉠ 면접 방식 및 판단기준
   - **면접 방식** : 상황면접은 직무 수행 시 접할 수 있는 상황들을 제시하고, 그러한 상황에서 어떻게 행동할 것인지를 이야기하는 방식으로 진행된다.
   - **판단기준** : 해당 상황에 적절한 역량의 구현과 구체적 행동지표

  ㉡ **특징** : 실제 직무 수행 시 접할 수 있는 상황들을 제시하므로 입사 이후 지원자의 업무수행능력을 평가하는 데 적절한 면접 방식이다. 또한 지원자의 가치관, 태도, 사고방식 등의 요소를 통합적으로 평가하는 데 용이하다.

ⓒ 예시 문항 및 준비전략

• 예시 문항

> 당신은 생산관리팀의 팀원으로, 생산팀이 기한에 맞춰 효율적으로 제품을 생산할 수 있도록 관리하는 역할을 맡고 있습니다. 3개월 뒤에 제품A를 정상적으로 출시하기 위해 생산팀의 생산 계획을 수립한 상황입니다. 그러나 원가가 곧 실적으로 이어지는 구매팀에서는 최대한 원가를 줄여 전반적 단가를 낮추려고 원가절감을 위한 제안을 하였으나, 연구개발팀에서는 구매팀이 제안한 방식으로 제품을 생산할 경우 대부분이 구매팀의 실적으로 산정될 것이므로 제대로 확인도 해보지 않은 채 적합하지 않은 방식이라고 판단하고 있습니다. 당신은 어떻게 하겠습니까?

• 준비전략 : 상황면접은 먼저 주어진 상황에서 핵심이 되는 문제가 무엇인지를 파악하는 것에서 시작한다. 주질문과 세부질문을 통하여 질문의 의도를 파악하였다면, 그에 대한 구체적인 행동이나 생각 등에 대해 응답할수록 높은 점수를 얻을 수 있다.

⑤ 역할면접

㉠ 면접 방식 및 판단기준

• 면접 방식 : 역할면접 또는 역할연기 면접은 기업 내 발생 가능한 상황에서 부딪히게 되는 문제와 역할을 가상적으로 설정하여 특정 역할을 맡은 사람과 상호작용하고 문제를 해결해 나가도록 하는 방식으로 진행된다. 역할연기 면접에서는 면접관이 직접 역할연기를 하면서 지원자를 관찰하기도 하지만, 역할연기 수행만 전문적으로 하는 사람을 투입할 수도 있다.

• 판단기준 : 대처능력, 대인관계능력, 의사소통능력 등

㉡ 특징 : 역할면접은 실제 상황과 유사한 가상 상황에서의 행동을 관찰함으로서 지원자의 성격이나 대처 행동 등을 관찰할 수 있다.

㉢ 예시 문항 및 준비전략

• 예시 문항

> [금융권 역할면접의 예]
> 당신은 ○○은행의 신입 텔러이다. 사람이 많은 월말 오전 한 할아버지(면접관 또는 역할담당자)께서 ○○은행을 사칭한 보이스피싱으로 500만 원을 피해 보았다며 소란을 일으키고 있다. 실제 업무상황이라고 생각하고 상황에 대처해 보시오.

• 준비전략 : 역할연기 면접에서 측정하는 역량은 주로 갈등의 원인이 되는 문제를 해결 하고 제시된 해
결방안을 상대방에게 설득하는 것이다. 따라서 갈등해결, 문제해결, 조정·통합, 설득력과 같은 역량
이 중요시된다. 또한 갈등을 해결하기 위해서 상대방에 대한 이해도 필수적인 요소이므로 고객 지향
을 염두에 두고 상황에 맞게 대처해야 한다.

역할면접에서는 변별력을 높이기 위해 면접관이 압박적인 분위기를 조성하는 경우가 많기 때문에 스
트레스 상황에서 불안해하지 않고 유연하게 대처할 수 있도록 시간과 노력을 들여 충분히 연습하는
것이 좋다.

② 면접 이미지 메이킹

(1) 성공적인 이미지 메이킹 포인트

① 복장 및 스타일

㉠ 남성

• 양복 : 양복은 단색으로 하며 넥타이나 셔츠로 포인트를 주는 것이 효
과적이다. 짙은 회색이나 감청색이 가장 단정하고 품위 있는 인상을
준다.
• 셔츠 : 흰색이 가장 선호되나 자신의 피부색에 맞추는 것이 좋다. 푸
른색이나 베이지색은 산뜻한 느낌을 줄 수 있다. 양복과의 배색도 고
려하도록 한다.
• 넥타이 : 의상에 포인트를 줄 수 있는 아이템이지만 너무 화려한 것은
피한다. 지원자의 피부색은 물론, 정장과 셔츠의 색을 고려하며, 체
격에 따라 넥타이 폭을 조절하는 것이 좋다.
• 구두 & 양말 : 구두는 검정색이나 짙은 갈색이 어느 양복에나 무난하게
어울리며 깔끔하게 닦아 준비한다. 양말은 정장과 동일한 색상이나 검
정색을 착용한다.
• 헤어스타일 : 머리스타일은 단정한 느낌을 주는 짧은 헤어스타일이 좋
으며 앞머리가 있다면 이마나 눈썹을 가리지 않는 선에서 정리하는
것이 좋다.

ⓛ 여성

- 의상 : 단정한 스커트 투피스 정장이나 슬랙스 슈트가 무난하다. 블랙이나 그레이, 네이비, 브라운 등 차분해 보이는 색상을 선택하는 것이 좋다.
- 소품 : 구두, 핸드백 등은 같은 계열로 코디하는 것이 좋으며 구두는 너무 화려한 디자인이나 굽이 높은 것을 피한다. 스타킹은 의상과 구두에 맞춰 단정한 것으로 선택한다.
- 액세서리 : 액세서리는 너무 크거나 화려한 것은 좋지 않으며 과하게 많이 하는 것도 좋은 인상을 주지 못한다. 착용하지 않거나 작고 깔끔한 디자인으로 포인트를 주는 정도가 적당하다.
- 메이크업 : 화장은 자연스럽고 밝은 이미지를 표현하는 것이 좋으며 진한 색조는 인상이 강해 보일 수 있으므로 피한다.
- 헤어스타일 : 커트나 단발처럼 짧은 머리는 활동적이면서도 단정한 이미지를 줄 수 있도록 정리한다. 긴 머리의 경우 하나로 묶거나 단정한 머리망으로 정리하는 것이 좋으며, 짙은 염색이나 화려한 웨이브는 피한다.

② 인사

ⓘ **인사의 의미** : 인사는 예의범절의 기본이며 상대방의 마음을 여는 기본적인 행동이라고 할 수 있다. 인사는 처음 만나는 면접관에게 호감을 살 수 있는 가장 쉬운 방법이 될 수 있기도 하지만 제대로 예의를 지키지 않으면 지원자의 인성 전반에 대한 평가로 이어질 수 있으므로 각별히 주의해야 한다.

ⓛ **인사의 핵심 포인트**

- 인사말 : 인사말을 할 때에는 밝고 친근감 있는 목소리로 하며, 자신의 이름과 수험번호 등을 간략하게 소개한다.
- 시선 : 인사는 상대방의 눈을 보며 하는 것이 중요하며 너무 빤히 쳐다본다는 느낌이 들지 않도록 주의한다.
- 표정 : 인사는 마음에서 우러나오는 존경이나 반가움을 표현하고 예의를 차리는 것이므로 살짝 미소를 지으며 하는 것이 좋다.
- 자세 : 인사를 할 때에는 가볍게 목만 숙인다거나 흐트러진 상태에서 인사를 하지 않도록 주의하며 절도 있고 확실하게 하는 것이 좋다.

③ 시선처리와 표정, 목소리

　　㉠ **시선처리와 표정** : 표정은 면접에서 지원자의 첫인상을 결정하는 중요한 요소이다. 얼굴표정은 사람의 감정을 가장 잘 표현할 수 있는 의사소통 도구로 표정 하나로 상대방에게 호감을 주거나, 비호감을 사기도 한다. 호감이 가는 인상의 특징은 부드러운 눈썹, 자연스러운 미간, 적당히 볼록한 광대, 올라간 입 꼬리 등으로 가볍게 미소를 지을 때의 표정과 일치한다. 따라서 면접 중에는 밝은 표정으로 미소를 지어 호감을 형성할 수 있도록 한다. 시선은 면접관과 고르게 맞추되 생기 있는 눈빛을 띄도록 하며, 너무 빤히 쳐다본다는 인상을 주지 않도록 한다.

　　㉡ **목소리** : 면접은 주로 면접관과 지원자의 대화로 이루어지므로 목소리가 미치는 영향이 상당하다. 답변을 할 때에는 부드러우면서도 활기차고 생동감 있는 목소리로 하는 것이 면접관에게 호감을 줄 수 있으며 적당한 제스처가 더해진다면 상승효과를 얻을 수 있다. 그러나 적절한 답변을 하였음에도 불구하고 콧소리나 날카로운 목소리, 자신감 없는 작은 목소리는 답변의 신뢰성을 떨어뜨릴 수 있으므로 주의하도록 한다.

④ 자세

　　㉠ 걷는 자세
- 면접장에 입실할 때에는 상체를 곧게 유지하고 발끝은 평행이 되게 하며 무릎을 스치듯 11자로 걷는다.
- 시선은 정면을 향하고 턱은 가볍게 당기며 어깨나 엉덩이가 흔들리지 않도록 주의한다.
- 발바닥 전체가 닿는 느낌으로 안정감 있게 걸으며 발소리가 나지 않도록 주의한다.
- 보폭은 어깨넓이만큼이 적당하지만, 스커트를 착용했을 경우 보폭을 줄인다.
- 걸을 때도 미소를 유지한다.

　　㉡ 서있는 자세
- 몸 전체를 곧게 펴고 가슴을 자연스럽게 내민 후 등과 어깨에 힘을 주지 않는다.
- 정면을 바라본 상태에서 턱을 약간 당기고 아랫배에 힘을 주어 당기며 바르게 선다.
- 양 무릎과 발뒤꿈치는 붙이고 발끝은 11자 또는 V형을 취한다.
- 남성의 경우 팔을 자연스럽게 내리고 양손을 가볍게 쥐어 바지 옆선에 붙이고, 여성의 경우 공수자세를 유지한다.

ⓒ 앉은 자세

• 남성

> • 의자 깊숙이 앉고 등받이와 등 사이에 주먹 1개 정도의 간격을 두며 기대듯 앉지 않도록 주의한다. (남녀 공통 사항)
> • 무릎 사이에 주먹 2개 정도의 간격을 유지하고 발끝은 11자를 취한다.
> • 시선은 정면을 바라보며 턱은 가볍게 당기고 미소를 짓는다. (남녀 공통 사항)
> • 양손은 가볍게 주먹을 쥐고 무릎 위에 올려놓는다.
> • 앉고 일어날 때에는 자세가 흐트러지지 않도록 주의한다. (남녀 공통 사항)

• 여성

> • 스커트를 입었을 경우 왼손으로 뒤쪽 스커트 자락을 누르고 오른손으로 앞쪽 자락을 누르며 의자에 앉는다.
> • 무릎은 붙이고 발끝을 가지런히 하며, 다리를 왼쪽으로 비스듬히 기울이면 단정해 보이는 효과가 있다.
> • 양손을 모아 무릎 위에 모아 놓으며 스커트를 입었을 경우 스커트 위를 가볍게 누르듯이 올려놓는다.

(2) 면접 예절

① 행동 관련 예절

ㄱ **지각은 절대금물** : 시간을 지키는 것은 예절의 기본이다. 지각을 할 경우 면접에 응시할 수 없거나, 면접 기회가 주어지더라도 불이익을 받을 가능성이 높아진다. 따라서 면접장소가 결정되면 교통편과 소요시간을 확인하고 가능하다면 사전에 미리 방문해 보는 것도 좋다. 면접 당일에는 서둘러 출발하여 면접 시간 20~30분 전에 도착하여 회사를 둘러보고 환경에 익숙해지는 것도 성공적인 면접을 위한 요령이 될 수 있다.

ㄴ **면접 대기 시간** : 지원자들은 대부분 면접장에서의 행동과 답변 등으로만 평가를 받는다고 생각하지만 그렇지 않다. 면접관이 아닌 면접진행자 역시 대부분 인사실무자이며 면접관이 면접 후 지원자에 대한 평가에 있어 확신을 위해 면접진행자의 의견을 구한다면 면접진행자의 의견이 당락에 영향을 줄 수 있다. 따라서 면접 대기 시간에도 행동과 말을 조심해야 하며, 면접을 마치고 돌아가는 순간까지도 긴장을 늦춰서는 안 된다. 면접 중 압박적인 질문에 답변을 잘 했지만, 면접장을 나와 흐트러진 모습을 보이거나 욕설을 한다면 면접 탈락의 요인이 될 수 있으므로 주의해야 한다.

ⓒ **입실 후 태도** : 본인의 차례가 되어 호명되면 또렷하게 대답하고 들어간다. 만약 면접장 문이 닫혀 있다면 상대에게 소리가 들릴 수 있을 정도로 노크를 두세 번 한 후 대답을 듣고 나서 들어가야 한다. 문을 여닫을 때에는 소리가 나지 않게 조용히 하며 공손한 자세로 인사한 후 성명과 수험번호를 말하고 면접관의 지시에 따라 자리에 앉는다. 이 경우 착석하라는 말이 없는데 먼저 의자에 앉으면 무례한 사람으로 보일 수 있으므로 주의한다. 의자에 앉을 때에는 끝에 앉지 말고 무릎 위에 양손을 가지런히 얹는 것이 예절이라고 할 수 있다.

ⓓ **옷매무새를 자주 고치지 마라.** : 일부 지원자의 경우 옷매무새 또는 헤어스타일을 자주 고치거나 확인하기도 하는데 이러한 모습은 과도하게 긴장한 것 같아 보이거나 면접에 집중하지 못하는 것으로 보일 수 있다. 남성 지원자의 경우 넥타이를 자꾸 고쳐 맨다거나 정장 상의 끝을 너무 자주 만지작거리지 않는다. 여성 지원자는 머리를 계속 쓸어 올리지 않고, 특히 짧은 치마를 입고서 신경이 쓰여 치마를 끌어 내리는 행동은 좋지 않다.

ⓔ **다리를 떨거나 산만한 시선은 면접 탈락의 지름길** : 자신도 모르게 다리를 떨거나 손가락을 만지는 등의 행동을 하는 지원자가 있는데, 이는 면접관의 주의를 끌 뿐만 아니라 불안하고 산만한 사람이라는 느낌을 주게 된다. 따라서 가능한 한 바른 자세로 앉아 있는 것이 좋다. 또한 면접관과 시선을 맞추지 못하고 여기저기 둘러보는 듯한 산만한 시선은 지원자가 거짓말을 하고 있다고 여겨지거나 신뢰할 수 없는 사람이라고 생각될 수 있다.

② **답변 관련 예절**

ⓐ **면접관이나 다른 지원자와 가치 논쟁을 하지 않는다.** : 질문을 받고 답변하는 과정에서 면접관 또는 다른 지원자의 의견과 다른 의견이 있을 수 있다. 특히 평소 지원자가 관심이 많은 문제이거나 잘 알고 있는 문제인 경우 자신과 다른 의견에 대해 이의가 있을 수 있다. 하지만 주의할 것은 면접에서 면접관이나 다른 지원자와 가치 논쟁을 할 필요는 없다는 것이며 오히려 불이익을 당할 수도 있다. 정답이 정해져 있지 않은 경우에는 가치관이나 성장배경에 따라 문제를 받아들이는 태도에서 답변까지 충분히 차이가 있을 수 있으므로 굳이 면접관이나 다른 지원자의 가치관을 지적하고 고치려 드는 것은 좋지 않다.

ⓑ **답변은 항상 정직해야 한다.** : 면접이라는 것이 아무리 지원자의 장점을 부각시키고 단점을 축소시키는 것이라고 해도 절대로 거짓말을 해서는 안 된다. 거짓말을 하게 되면 지원자는 불안하거나 꺼림칙한 마음이 들게 되어 면접에 집중을 하지 못하게 되고 수많은 지원자를 상대하는 면접관은 그것을 놓치지 않는다. 거짓말은 그 지원자에 대한 신뢰성을 떨어뜨리며 이로 인해 다른 스펙이 아무리 훌륭하다고 해도 채용에서 탈락하게 될 수 있음을 명심하도록 한다.

ⓒ **경력직의 경우 전 직장에 대해 험담하지 않는다.** : 지원자가 전 직장에서 무슨 업무를 담당했고 어떤 성과를 올렸는지는 면접관이 관심을 둘 사항일 수 있지만, 이전 직장의 기업문화나 상사들이 어땠는지는 그다지 궁금해 하는 사항이 아니다. 전 직장에 대해 험담을 늘어놓는다든가, 동료와 상사에 대한 악담을 하게 된다면 오히려 지원자에 대한 부정적인 이미지만 심어줄 수 있다. 만약 전 직장에 대한 말을 해야 할 경우가 생긴다면 가능한 한 객관적으로 이야기하는 것이 좋다.

ⓔ **자기 자신이나 배경에 대해 자랑하지 않는다.** : 자신의 성취나 부모 형제 등 집안사람들이 사회·경제적으로 어떠한 위치에 있는지에 대한 자랑은 면접관으로 하여금 지원자에 대해 오만한 사람이거나 배경에 의존하려는 나약한 사람이라는 이미지를 갖게 할 수 있다. 따라서 자기 자신이나 배경에 대해 자랑하지 않도록 하고, 자신이 한 일에 대해서 너무 자세하게 얘기하지 않도록 주의해야 한다.

❸ 면접 질문 및 답변 포인트

(1) 가족 및 대인관계에 관한 질문

① **당신의 가정은 어떤 가정입니까?**

면접관들은 지원자의 가정환경과 성장과정을 통해 지원자의 성향을 알고 싶어 이와 같은 질문을 한다. 비록 가정 일과 사회의 일이 완전히 일치하는 것은 아니지만 '가화만사성'이라는 말이 있듯이 가정이 화목해야 사회에서도 화목하게 지낼 수 있기 때문이다. 그러므로 답변 시에는 가족사항을 정확하게 설명하고 집안의 분위기와 특징에 대해 이야기하는 것이 좋다.

② **친구 관계에 대해 말해 보십시오.**

지원자의 인간성을 판단하는 질문으로 교우관계를 통해 답변자의 성격과 대인관계능력을 파악할 수 있다. 새로운 환경에 적응을 잘하여 새로운 친구들이 많은 것도 좋지만, 깊고 오래 지속되어온 인간관계를 말하는 것이 더욱 바람직하다.

(2) 성격 및 가치관에 관한 질문

① 당신의 PR포인트를 말해 주십시오.

PR포인트를 말할 때에는 지나치게 겸손한 태도는 좋지 않으며 적극적으로 자기를 주장하는 것이 좋다. 앞으로 입사 후 하게 될 업무와 관련된 자기의 특성을 구체적인 일화를 더하여 이야기하도록 한다.

② 당신의 장·단점을 말해 보십시오.

지원자의 구체적인 장·단점을 알고자 하기 보다는 지원자가 자기 자신에 대해 얼마나 알고 있으며 어느 정도의 객관적인 분석을 하고 있나, 그리고 개선의 노력 등을 시도하는지를 파악하고자 하는 것이다. 따라서 장점을 말할 때는 업무와 관련된 장점을 뒷받침할 수 있는 근거와 함께 제시하며, 단점을 이야기할 때에는 극복을 위한 노력을 반드시 포함해야 한다.

③ 가장 존경하는 사람은 누구입니까?

존경하는 사람을 말하기 위해서는 우선 그 인물에 대해 알아야 한다. 잘 모르는 인물에 대해 존경한다고 말하는 것은 면접관에게 바로 지적당할 수 있으므로, 추상적이라도 좋으니 평소에 존경스럽다고 생각했던 사람에 대해 그 사람의 어떤 점이 좋고 존경스러운지 대답하도록 한다. 또한 자신에게 어떤 영향을 미쳤는지도 언급하면 좋다.

(3) 학교생활에 관한 질문

① 지금까지의 학교생활 중 가장 기억에 남는 일은 무엇입니까?

가급적 직장생활에 도움이 되는 경험을 이야기하는 것이 좋다. 또한 경험만을 간단하게 말하지 말고 그 경험을 통해서 얻을 수 있었던 교훈 등을 예시와 함께 이야기하는 것이 좋으나 너무 상투적인 답변이 되지 않도록 주의해야 한다.

② 성적은 좋은 편이었습니까?

면접관은 이미 서류심사를 통해 지원자의 성적을 알고 있다. 그럼에도 불구하고 이 질문을 하는 것은 지원자가 성적에 대해서 어떻게 인식하느냐를 알고자 하는 것이다. 성적이 나빴던 이유에 대해서 변명하려 하지 말고 담백하게 받아드리고 그것에 대한 개선노력을 했음을 밝히는 것이 적절하다.

⑷ 지원동기 및 직업의식에 관한 질문

① 왜 우리 회사를 지원했습니까?

이 질문은 어느 회사나 가장 먼저 물어보고 싶은 것으로 지원자들은 기업의 이념, 대표의 경영능력, 재무구조, 복리후생 등 외적인 부분을 설명하는 경우가 많다. 이러한 답변도 적절하지만 지원 회사의 주력 상품에 관한 소비자의 인지도, 경쟁사 제품과의 시장점유율을 비교하면서 입사동기를 설명한다면 상당히 주목 받을 수 있을 것이다.

② 만약 이번 채용에 불합격하면 어떻게 하겠습니까?

불합격할 것을 가정하고 회사에 응시하는 지원자는 거의 없을 것이다. 이는 지원자를 궁지로 몰아넣고 어떻게 대응하는지를 살펴보며 입사 의지를 알아보려고 하는 것이다. 이 질문은 너무 깊이 들어가지 말고 침착하게 답변하는 것이 좋다.

③ 당신이 생각하는 바람직한 사원상은 무엇입니까?

직장인으로서 또는 조직의 일원으로서의 자세를 묻는 질문으로 지원하는 회사에서 어떤 인재상을 요구하는 가를 알아두는 것이 좋으며, 평소에 자신의 생각을 미리 정리해 두어 당황하지 않도록 한다.

④ 직무상의 적성과 보수의 많음 중 어느 것을 택하겠습니까?

이런 질문에서 회사 측에서 원하는 답변은 당연히 직무상의 적성에 비중을 둔다는 것이다. 그러나 적성만을 너무 강조하다 보면 오히려 솔직하지 못하다는 인상을 줄 수 있으므로 어느 한 쪽을 너무 강조하거나 경시하는 태도는 바람직하지 못하다.

⑤ 상사와 의견이 다를 때 어떻게 하겠습니까?

과거와 다르게 최근에는 상사의 명령에 무조건 따르겠다는 수동적인 자세는 바람직하지 않다. 회사에서는 때에 따라 자신이 판단하고 행동할 수 있는 직원을 원하기 때문이다. 그러나 지나치게 자신의 의견만을 고집한다면 이는 팀원 간의 불화를 야기할 수 있으며 팀 체제에 악영향을 미칠 수 있으므로 선호하지 않는다는 것에 유념하여 답해야 한다.

⑥ 근무지가 지방인데 근무가 가능합니까?

근무지가 지방 중에서도 특정 지역은 되고 다른 지역은 안 된다는 답변은 바람직하지 않다. 직장에서는 순환 근무라는 것이 있으므로 처음에 지방에서 근무를 시작했다고 해서 계속 지방에만 있는 것은 아님을 유의하고 답변하도록 한다.

(5) 여가 활용에 관한 질문

취미가 무엇입니까?

기초적인 질문이지만 특별한 취미가 없는 지원자의 경우 대답이 애매할 수밖에 없다. 그래서 가장 많이 대답하게 되는 것이 독서, 영화감상, 혹은 음악감상 등과 같은 흔한 취미를 말하게 되는데 이런 취미는 면접관의 주의를 끌기 어려우며 설사 정말 위와 같은 취미를 가지고 있다하더라도 제대로 답변하기는 힘든 것이 사실이다. 가능하면 독특한 취미를 말하는 것이 좋으며 이제 막 시작한 것이라도 열의를 가지고 있음을 설명할 수 있으면 그것을 취미로 답변하는 것도 좋다.

(6) 지원자를 당황하게 하는 질문

① 성적이 좋지 않은데 이 정도의 성적으로 우리 회사에 입사할 수 있다고 생각합니까?

비록 자신의 성적이 좋지 않더라도 이미 서류심사에 통과하여 면접에 참여하였다면 기업에서는 지원자의 성적보다 성적 이외의 요소, 즉 성격·열정 등을 높이 평가했다는 것이라고 할 수 있다. 그러나 이런 질문을 받게 되면 지원자는 당황할 수 있으나 주눅 들지 말고 침착하게 대처하는 면모를 보인다면 더 좋은 인상을 남길 수 있다.

② 당신은 이 회사에 적합하지 않은 것 같군요.

이 질문은 지원자의 입장에서 상당히 곤혹스러울 수밖에 없다. 질문을 듣는 순간 그렇다면 면접은 왜 참가시킨 것인가 하는 생각이 들 수도 있다. 하지만 당황하거나 흥분하지 말고 침착하게 자신의 어떤 면이 회사에 적당하지 않는지 겸손하게 물어보고 지적당한 부분에 대해서 고치겠다는 의지를 보인다면 오히려 자신의 능력을 어필할 수 있는 기회로 사용할 수도 있다.

③ 다시 공부할 계획이 있습니까?

이 질문은 지원자가 합격하여 직장을 다니다가 공부를 더 하기 위해 회사를 그만 두거나 학습에 더 관심을 두어 일에 대한 능률이 저하될 것을 우려하여 묻는 것이다. 이때에는 당연히 학습보다는 일을 강조해야 하며, 업무 수행에 필요한 학습이라면 업무에 지장이 없는 범위에서 야간학교를 다니거나 회사에서 제공하는 연수 프로그램 등을 활용하겠다고 답변하는 것이 적당하다.

④ 지원한 분야가 전공한 분야와 다른데 여기 일을 할 수 있겠습니까?

수험생의 입장에서 본다면 지원한 분야와 전공이 다르지만 서류전형과 필기전형에 합격하여 면접을 보게 된 경우라고 할 수 있다. 이는 결국 해당 회사의 채용 방침상 전공에 크게 영향을 받지 않는다는 것이므로 무엇보다 자신이 전공하지는 않았지만 어떤 업무도 적극적으로 임할 수 있다는 자신감과 능동적인 자세를 보여주도록 노력하는 것이 좋다.

면접기출

- 당사에 대해 아는대로 말해보라.

- 입사하면 어떤 일을 하고 싶은가?

- 자신의 취미를 소개해보라.

- 자신의 특기를 설명해보라.

- 자신의 장단점을 말해보라.

- 자신의 자격증에 대해 설명해보라

- 지원자 성격의 장단점은?

- 지원자가 느낀 기관의 이미지는 어떠한가?

- 봉사활동 경험을 말해보라.

- 지원자의 전공이 기관 및 지원 분야에 어떻게 도움될지에 대해 말해보시오

- 지원자는 학창시절에 주로 무엇을 했는가?

- 업무 시 상사와 의견이 다를 때 어떻게 하겠는가?

- 지원자의 경우 나이가 많은데 어떻게 극복할 생각입니까?

- 고객이 억지를 부리며 불합리한 요구를 한다면 어떻게 처신하시겠습니까?

- 가치관에 크게 영향을 미친 경험이 있다면 말해보시오

- 단체생활에서 가장 중요한 것은?

- 공공 기관에 지원하게 된 결정적 이유가 있다면 말해보시오

- 지원자의 애국심에 대한 견해는?

- 팀 동료와 갈등이 생긴다면?

- 자신 있는 외국어로 자기소개해 보시오

- 살면서 가장 후회되는 일은?

- 자신의 컴퓨터활용 능력은?

- 지원자 자신이 좋아하는 사람과 싫어하는 사람을 구분하는 기준은 무엇입니까?

- 지원자는 살아오면서 타인을 설득시킨 경험이 있는가?

- 최근 감명깊게 읽은 책을 말해보라.

- 기관의 장점은 무엇인가?

- 기관의 단점은 무엇인가?

- 인생에서 중요하게 여기는 것은?

- 지원자 자신의 생활신조, 좌우명은?

- 야근이 많은데 할 수 있는가?

- 자신의 직업관을 말해보라

- 지방근무(비연고지 근무)가능한가?

- 입사후 포부를 말해보라.

- 자신을 채용해야하는 이유는?

- 아르바이트경험을 소개해보라.

- 자신의 전공을 소개해보라.

- 동아리 경험을 말해보라.

- 자신의 직무경험을 말해보라.

- 자신만의 경쟁력을 말해보라.

- 교외활동(대외활동)을 말해보시오

- 팀 회식과 개인약속이 겹친다면?

- 우리농산물 중 좋아하는 것은?

- 우리농산물 중 수출상품으로 유망한 것은 무엇인지 말해보시오

- 자신은 리더형인가, 팔로워인가?

- 비정규직에 대한 견해와 해결방안이 있다면?

- 우리 농산물의 해외 마케팅전략으로는 무엇이 좋은지 말해보시오

- 성취감을 느껴본 경험을 말해보라.

- 입사하면 어떤 일을 잘 할 수 있겠는가?

- 팀원이 빠져 팀 프로젝트가 중단될 위기에 처했을 시, 지원자는 어떻게 행동하겠는가?

PART

V

NCS 정답 및 해설

PART ❶ 의사소통능력

| 1 | ① | 2 | ③ | 3 | ③ | 4 | ① | 5 | ③ |

1 ①

제시된 지문은 공문서의 한 종류인 보도자료에 해당한다. 마지막 문단에 밑줄 친 '거쳐'의 앞뒤 문맥을 파악해 보면, 지방재정협의회에서 논의한 지역 현안 사업은 각 부처의 검토 단계를 밟은 뒤 기재부에 신청되고, 이후 관계 기관의 협의를 거쳐 내년도 예산안에 반영함을 알 수 있다. 즉, 밑줄 친 '거쳐'는 '어떤 과정이나 단계를 겪거나 밟다.'의 의미로 사용되었다. 보기 중 이와 동일한 의미로 쓰인 것은 ①이다.

② 마음에 거리끼거나 꺼리다.

③ 오가는 도중에 어디를 지나거나 들르다.

④ 무엇에 걸리거나 막히다.

2 ③

네 개의 문장에서 공통적으로 언급하고 있는 것은 환경문제임을 알 수 있다. 따라서 (나) 문장이 '문제 제기'를 한 것으로 볼 수 있다. (가)는 (나)에서 언급한 바를 더욱 발전시키며 논점을 전개해 나가고 있으며, (라)에서는 논점을 '잘못된 환경문제의 해결 주체'라는 쪽으로 전환하여 결론을 위한 토대를 구성하며, (다)에서 필자의 주장을 간결하게 매듭짓고 있다.

3 ③

③ 디지털화는 공장 내 사물들 간에 소통이 가능하도록 물리적 아날로그 신호를 디지털 신호로 변환하는 것이다.

①② 두 번째 문단에서 언급하고 있다.

④ 세 번째 문단에서 언급하고 있다.

4 ①

① 부지 용도가 단독주택용지이고 토지사용 가능시기가 '즉시'라는 공고를 통해 계약만 이루어지면 즉시 이용이 가능한 토지임을 알 수 있다.

② 계약체결 후 남은 금액은 공급가격에서 계약금을 제외한 33,250,095,000원이다. 이를 무이자로 3년간 6회에 걸쳐 납부해야 하므로 첫 번째 내야 할 중도금은 5,541,682,500원이다.

③ 규모 400㎡의 단독주택용지를 주택건설업자에게 분양하는 공고이다.

④ 계약금은 공급가격의 10%로 보증금이 더 적다.

---

5 ③

고위직급자와 계약직 직원들에 대한 학습목표 달성을 지원해야 한다는 논의가 되고 있으므로 그에 따른 실천 방안이 있을 것으로 판단할 수 있으나, 교육 시간 자체가 더 증가할 것으로 전망하는 것은 근거가 제시되어 있지 않은 의견이다.

① 22시간→35시간으로 약 59% 증가하였다.

② 평균 학습시간을 초과하여 달성하는 등 상시학습문화가 정착되었다고 평가하고 있다.

④ 생애주기에 맞는 직급별 직무역량교육 의무화라는 것은 각 직급과 나이에 보다 적합한 교육이 실시될 것임을 의미한다.

PART ❷ 문제해결능력 🔍

| 1 | ④ | 2 | ③ | 3 | ④ | 4 | ② | 5 | ① |

1 ④

날짜를 따져 보아야 하는 유형의 문제는 아래와 같이 달력을 그려서 살펴보면 어렵지 않게 정답을 구할 수 있다.

일	월	화	수	목	금	토
	1	2	3	4	5	6
7	8	9	10	11	12	13
14	15	16	17	18	19	20
21	22	23	24	25	26	27
28	29	30	31			

1일이 월요일이므로 정 대리는 위와 같은 달력에 해당하는 기간 중에 출장을 가려고 한다. 3박 4일 일정 중 출발과 도착일 모두 휴일이 아니어야 한다면 월~목요일, 화~금요일, 금~월요일 세 가지의 경우의 수가 생기는데, 현지에서 복귀하는 비행편이 화요일과 목요일이므로 월~목요일의 일정을 선택해야 한다. 회의가 셋째 주 화요일이라면 16일이므로 그 이후 가능한 월~목요일은 두 번이 있으나, 마지막 주의 경우 도착일이 다음 달로 넘어가게 되므로 조건에 부합되지 않는다. 따라서 출장 출발일로 적절한 날은 22일이며 일정은 22~25일이 된다.

2 ③

ⓜ에서 유진이는 화요일에 학교에 가지 않으므로 ⓒ의 대우에 의하여 수요일에는 학교에 간다.

수요일에 학교에 가므로 ⓛ의 대우에 의해 금요일에는 학교에 간다.

금요일에 학교에 가므로 ⓔ의 대우에 의해 월요일에는 학교를 가지 않는다.

월요일에 학교를 가지 않으므로 ⓖ의 대우에 의해 목요일에는 학교에 간다.

따라서 유진이가 학교에 가는 요일은 수, 목, 금이다.

---

3 ④

④ 어머니와 본인, 배우자, 아이 셋을 합하면 丁의 가족은 모두 6명이다. 6인 가구의 월평균소득기준은 5,144,224원 이하로, 월평균소득이 480만 원이 되지 않는 丁는 국민임대주택 예비입주자로 신청할 수 있다.

① 세대 분리되어 있는 배우자도 세대구성원에 포함되므로 주택을 소유한 아내가 있는 甲은 국민임대주택 예비입주자로 신청할 수 없다.

② 본인과 배우자, 배우자의 부모님을 합하면 乙의 가족은 모두 4명이다. 4인 가구 월평균소득기준은 4,315,641원 이하로, 월평균소득이 500만 원을 넘는 乙은 국민임대주택 예비입주자로 신청할 수 없다.

③ 신청자인 丙의 배우자의 직계비속인 아들이 전 남편으로부터 아파트 분양권을 물려받아 소유하고 있으므로 丙은 국민임대주택 예비입주자로 신청할 수 없다.

---

4 ②

B팀은 자신들이 제작한 K부서 정책홍보책자를 서울에 모두 배포하거나 부산에 모두 배포한다는 지침에 따라 배포하였는데, B팀이 제작·배포한 K부서 정책홍보책자 중 일부를 부산에서 발견하였으므로, B팀의 책자는 모두 부산에 배포되었다.

A팀이 제작·배포한 책자 중 일부를 서울에서 발견하였지만, A팀은 자신들이 제작한 K부서의 모든 정책홍보책자를 서울이나 부산에 배포한다는 지침에 따라 배포하였으므로, 모두 서울에 배포되었는지는 알 수 없다. 따라서 항상 옳은 평가는 ⓒ뿐이다.

---

5 ①

조사 대상과 조사 내용을 볼 때, ①은 본 설문조사의 목적으로 가장 적합하지 않다.

② 조사 내용 중 '향후 해외 근거리 당일 왕복항공 잠재 수요 파악'을 통해 해외 당일치기 여객의 수요에 부응할 수 있는 노선 구축 근거를 마련할 수 있다.

③ 조사 내용 중 '과거 해외 근거리 당일 왕복항공 이용 실적 파악'을 통해 해외 근거리 당일 왕복항공을 이용한 실적 및 행태를 파악할 수 있다.

④ 조사 내용 중 '해외 근거리 당일 왕복항공 이용을 위한 개선 사항 파악'을 통해 근거리 국가로 여행 또는 출장을 위해 당일 왕복항공을 이용할 의향과 수용도를 파악할 수 있다.

1	④	2	②	3	②	4	①	5	④

1 ④

일반적으로 기자들을 상대하는 업무는 홍보실, 사장의 동선 및 일정 관리는 비서실, 퇴직 및 퇴직금 관련 업무는 인사부, 사원증 제작은 총무부에서 관장하는 업무로 분류된다.

---

2 ②

(A) 기능적 조직구조이며, (B)는 사업별 조직구조이다. 환경이 안정적이거나 일상적인 기술, 조직의 내부 효율성을 중요시하며 기업의 규모가 작을 때에는 업무의 내용이 유사하고 관련성이 있는 것들을 결합해서 (A)와 같은 기능적 조직구조 형태를 이룬다. 또한, 급변하는 환경변화에 효과적으로 대응하고 제품, 지역, 고객별 차이에 신속하게 적응하기 위해서는 분권화된 의사결정이 가능한 (B)와 같은 사업별 조직구조 형태를 이룰 필요가 있다. (A)와 같은 조직구조에서는 결재라인이 적어 신속한 의사결정이 이루어질 수 있으며, (B)와 같은 조직구조에서는 본부장, 부문장 등의 이사진이 배치될 수 있어, 중간관리자의 역할이 중요한 경우에 볼 수 있는 조직구조이다.

---

3 ②

차별화 전략과 원가우위 전략이 전체 시장을 상대로 하는 전략인 반면, 집중화 전략은 특정 시장을 대상으로 한다. 따라서 고객층을 세분화하여 타깃 고객층에 맞는 맞춤형 전략을 세울 필요가 있다. 타깃 고객층에 자사가 가진 특정 역량이 발휘되어 판매를 늘릴 수 있는 전략이라고 할 수 있다.

---

4 ①

① 기능의 다양화는 자사의 강점에 해당되며, 신흥시장의 잠재 수요를 기대할 수 있어 이를 연결한 전략으로 적절한 SO 전략이라고 할 수 있다.

② 휴대기기의 대중화(O)에 힘입어 MP3폰의 성능 강화(T)

③ 다양한 기능을 추가(S)한 판매 신장으로 이익 확대(W)

④ 개도국 수요를 창출(O)하여 저가 제품 판매 확대(W)

5 ④

④ 전결권자가 자리를 비웠을 경우, '직무 권한'은 차상위자가 아닌 직상급직책자가 수행하게 되며, 차상위자가 전결권자가 되는 경우에도 '직무 권한' 자체의 위임이 되는 것은 아니다.

① 차상위자가 필요한 경우, 최종결재자(전결권자)가 될 수 있다.

② 부재 중 결재사항은 전결권자 업무 복귀 시 사후 결재를 받는 것으로 규정하고 있다.

③ 팀장의 업무 인수인계는 부사장의 전결 사항이다.

PART ④ 자원관리능력

1	③	2	④	3	①	4	④	5	②

---

1 ③

교육비 지원 기준에 따라 각 직원이 지원 받을 수 있는 내역을 정리하면 다음과 같다.

A	• 본인 대학원 학비 3백만 원(100% 지원) • 동생 대학 학비 2백만 원(형제 및 자매→80% 지원) = 160만 원	총 460만 원
B	딸 대학 학비 2백만 원(직계 비속→90% 지원) = 180만 원	총 180만 원
C	본인 대학 학비 3백만 원(100% 지원) 아들 대학 학비 4백만 원(직계 비속→90% 지원) = 360만 원	총 660만 원
D	본인 대학 학비 2백만 원(100% 지원) 딸 대학 학비 2백만 원(90% 지원) = 180만 원 아들 대학원 학비 2백만 원(90% 지원) = 180만 원	총 560만 원

따라서 A~D 직원 4명의 총 교육비 지원 금액은 1,860만 원이고, 이를 원단위로 표현하면 18,600,000원이다.

---

2 ④

④ 결원이 생겼을 때에는 그대로 추가 선발 없이 채용을 마감할 수 있으며, 추가합격자를 선발할 경우 반드시 차순위자를 선발하여야 한다.

① 모든 응시자는 1인 1개 분야만 지원할 수 있다. 따라서 중복 응시에 대해 어느 한쪽을 임의로 무효처리할 수 있다.

② 입사지원서 작성 내용과 다르게 된 결과이므로 취소 처분이 가능하다.

③ 지원자가 채용예정인원 수와 같거나 미달하더라도 적격자가 없는 경우 선발하지 않을 수 있다.

3 ①

주행속도에 따른 연비와 구간별 소요되는 연료량을 계산하면 다음과 같다.

차량	주행속도(km/h)	연비(km/L)	구간별 소요되는 연료량(L)		
A (LPG)	30 이상 60 미만	10 × 50.0% = 5	1구간	20	총 31.5
	60 이상 90 미만	10 × 100.0% = 10	2구간	4	
	90 이상 120 미만	10 × 80.0% = 8	3구간	7.5	
B (휘발유)	30 이상 60 미만	16 × 62.5% = 10	1구간	10	총 17.5
	60 이상 90 미만	16 × 100.0% = 16	2구간	2.5	
	90 이상 120 미만	16 × 75.0% = 12	3구간	5	
C (경유)	30 이상 60 미만	20 × 50.0% = 10	1구간	10	총 16
	60 이상 90 미만	20 × 100.0% = 20	2구간	2	
	90 이상 120 미만	20 × 75.0% = 15	3구간	4	

따라서 조건에 따른 주행을 완료하는 데 소요되는 연료비는 A 차량은 31.5 × 1,000 = 31,500원, B 차량은 17.5 × 2,000 = 35,000원, C 차량은 16 × 1,600 = 25,600원으로, 두 번째로 높은 연료비가 소요되는 차량은 A며 31,500원의 연료비가 든다.

---

4 ④

ⓒ 2의 '전자·통신관계법에 의한 전기·전자통신기술에 관한 업무'에 해당하므로 丙은 자격 취득 후 경력 기간 15개월 중 80%인 12개월을 인정받는다.

ⓔ 1의 '전력시설물의 설계·공사·감리·유지보수·관리·진단·점검·검사에 관한 기술업무'에 해당하므로 丁은 자격 취득 전 경력 기간 2년의 50%인 1년을 인정받는다.

ⓐ 3에 따라 자격 취득 전의 경력 기간은 50%만 인정되므로 甲은 5년의 경력 기간 중 50%인 2년 6개월만 인정받는다.

ⓑ 2의 「전기용품안전관리법」에 따른 전기용품의 설계·제조·검사 등의 기술업무에 해당하므로 乙은 자격 취득 후 경력 기간 30개월 중 80%인 24개월을 인정받는다.

---

5 ②

먼저 '층별 월 전기료 60만 원 이하' 조건을 적용해 보면 2층, 3층, 5층에서 각각 6대, 2대, 1대의 구형 에어컨을 버려야 한다. 다음으로 '구형 에어컨 대비 신형 에어컨 비율 1/2 이상 유지' 조건을 적용하면 4층, 5층에서 각각 1대, 2대의 신형 에어컨을 구입해야 한다. 그런데 5층에서 신형 에어컨 2대를 구입하게 되면 구형 에어컨 12대와 신형 에어컨 6대가 되어 월 전기료가 60만 원이 넘게 되므로 2대의 구형 에어컨을 더 버려야 하며, 신형 에어컨은 1대만 구입하면 된다. 따라서 A상사가 구입해야 하는 신형 에어컨은 총 2대이다.

1	③	2	②	3	③	4	②	5	③

1   ③

첫 번째와 두 번째 규칙에 따라 두 사람의 점수 총합은 $4 \times 20 + 2 \times 20 = 120$점이 된다. 이 때 두 사람 중 점수가 더 낮은 사람의 점수를 x점이라고 하면, 높은 사람의 점수는 $120 - x$점이 되므로 $120 - x = x + 12$가 성립한다.

따라서 $x = 54$이다.

---

2   ②

주어진 조건에 의해 다음과 같이 계산할 수 있다.

$\{(1,000,000 + 100,000 + 200,000) \times 12 + (1,000,000 \times 4) + 500,000\} \div 365 \times 30 = 1,652,055$원

따라서 소득월액은 $1,652,055$원이 된다.

---

3   ③

자료에 제시된 각 암별 치명률이 나올 수 있는 공식은 보기 중 ③이다. 참고적으로 치명률은 어떤 질환에 의한 사망자수를 그 질환의 환자수로 나눈 것으로 보통 백분율로 나타내며, 치사율이라고도 한다.

---

4   ②

② 〈자료 1〉에 따르면 건강수명은 평균수명에서 질병이나 부상으로 인하여 활동하지 못한 기간을 뺀 기간이다. 〈자료 2〉에서 건강수명 예상치의 범위는 평균수명의 90%에서 ±1% 수준이고, 해당 연도 환경 개선 정도에 따라 계산한다고 기준을 제시하고 있으므로 이를 통해 2014년과 2015년의 건강수명을 구할 수 있다.

- 2014년 건강수명 = 80.79세(평균수명) × 89%(환경 개선 불량) = 71.9031세
- 2015년 건강수명 = 81.2세(평균수명) × 89%(환경 개선 불량) = 72.268세

따라서 2014년 건강수명이 2015년 건강수명보다 짧다.

①③ 2013년의 건강수명 = 80.55세(평균수명) × 91%(환경 개선 양호) = 73.3005세로 2014년의 건강수명인 71.9031세 또는 2015년의 건강수명인 72.268세보다 길다.

④ 2014년 환경 개선 정도가 보통일 경우 건강수명 = 80.79세 × 90% = 72.711세이다. 2013년의 건강수명은 73.3005세이므로 2013년 건강수명이 2014년 건강수명보다 길다.

5 ③

③ 표를 통해 건설 부가가치는 '건설공사 매출액 − 건설비용'의 산식이 적용됨을 알 수 있다. 건설공사 매출액은 국내와 해외 매출액의 합산이므로 해외 매출액의 증감은 건설 부가가치에 직접적인 영향을 미친다.

① 제시된 기업체 수 증가율을 통하여 연도별 기업체 수를 확인할 수 있으며, 2012년도에는 기업체 수가 약 65,183개로 65,000개 이상이 된다.

② 2016년은 313.3 ÷ 356.6 × 100 = 약 87.9%이며, 2017년은 354.0 ÷ 392.0 × 100 = 약 90.3%이다.

④ 다른 항목은 2017년에 모두 증가하였지만, 건설공사 매출액 중 해외 매출액 지표는 감소하였다.

NCS예상문제 정답해설

PART ❶ 의사소통능력

1	③	2	②	3	④	4	③	5	④	6	④	7	①	8	③	9	②	10	②
11	③	12	④	13	①	14	④	15	③	16	③	17	④	18	②	19	②	20	②
21	④	22	④	23	③	24	③	25	④	26	②	27	④	28	②	29	④	30	①
31	②	32	③	33	②	34	④	35	④	36	②	37	②	38	①	39	③	40	②
41	④	42	②	43	①	44	③	45	④	46	③	47	②	48	④	49	④	50	④

1 ③

① 기술 사업화를 위해서는 시작품 제작 및 성능평가를 완료한 수준의 기술을 보유하여야 한다.

② 기술 사용화 지원을 받기 위해서는 TRL7 이상의 환경기술을 보유하고 있어야 한다.

④ 휴·폐업 중인 경우 신청자격이 제한된다.

---

2 ②

네 번째 문단에 따르면 신재생 에너지 시스템은 화석 에너지와 달리 발전량을 쉽게 제어할 수 없고, 지역의 환경에 따라 발전량이 서로 다르다는 특징이 있다. 따라서 ②에서 언급한 발전량 자동 조절보다는 잉여 에너지 저장 기술을 갖추어야 한다고 볼 수 있다.

① 중앙 집중식으로 이루어진 에너지 공급 상황에서 거주자는 에너지 생산을 고려할 필요가 없었으나, 분산형 전원 형태의 신재생 에너지 공급 상황에서는 거주자 스스로 생산과 소비를 통제하여 에너지 절감을 할 수 있어야 할 것이다.

③ 기존의 제한된 서비스를 넘어서는 다양한 에너지 서비스가 탄생될 수 있도록 하는 플랫폼 기술은 스마트 그리드를 기반으로 한 마이크로 그리드 시스템 구축에 필요한 요소라고 판단할 수 있다.

④ 과거의 경험으로 축적된 에너지 사용에 대한 데이터를 분석하여 필요한 상황에 적절한 맞춤형 에너지를 서비스하는 기능은 효과적인 관리 솔루션이 될 수 있다.

3 ④

주어진 글의 핵심 논점은 '지자체의 에너지 정책 기능의 강화 필요성'이 될 것이다. 지자체 중심의 분산형 에너지 정책의 흐름을 전제한 후 기존 중앙 정부 중심의 에너지 정책의 장점을 소개하였으며, 그에 반해 분산형 에너지 정책을 추진함에 있어 유의해야 할 사안은 어떤 것인지를 열거하며 비교하였다고 볼 수 있다.

ⓔ이 속한 단락의 앞 단락에서는 지역 특성을 고려하여 지자체가 분산형 에너지 정책의 주도권을 쥐어야 한다는 주장을 펴고 있으며, 이를 '이뿐만 아니라' 라는 어구로 연결하여 앞의 내용을 더욱 강화하게 되는 '각 지역의 네트워크에너지 중심'에 관한 언급을 하였다. 따라서 네트워크에너지 체제 하에서 드러나는 특징은, 지자체가 지역 특성과 현실에 맞는 에너지 정책의 주도권을 행사하기 위해서는 지역별로 공급비용이 동일하지 않은 특성에 기인한 에너지 요금을 차별화해야 한다는 목소리가 커지고 있다고 판단하는 것이 현실을 올바르게 판단한 내용이 된다. 뿐만 아니라 ⓔ의 바로 다음에 NIMBY 현상을 사례로 들고 있는 점은 이러한 에너지 요금 차별화의 목소리가 커지고 있다는 사실을 뒷받침하는 내용으로 볼 수 있다. 따라서 ⓔ은 글 전체의 내용과 반대되는 논리를 포함하고 있는 문장이 된다.

① 중앙 정부 중심의 에너지 정책에 대한 기본적인 특징으로, 대표적인 장점이 된다고 볼 수 있다.

② 분산형 에너지 정책과는 상반되는 중앙집중형 에너지 정책의 효율적인 특성이며, 뒤에서 언급된 NIMBY 현상을 최소화할 수 있는 특성이기도 하다.

③ 지자체별로 지역 특성을 고려한 미시적 정책이 분산형 에너지 정책의 관건이라는 주장으로 글의 내용과 논리적으로 부합한다.

---

4 ③

① 코노르스키는 '환각이 왜 일어나는가?'라는 질문을 뒤집어 '환각은 왜 항상 일어나지 않는가? 환각을 구속하는 것은 무엇인가?'라는 질문을 제기했다.

② 코노르스키는 뇌에서 감각기관으로 진행되는 연결의 존재에 대한 증거를 수집했다.

④ 멸 단위(off units)가 계속적인 활동을 발화하고 생성하기 때문에 평상시에는 침묵이나 어둠 속에 있다고 해서 입력되는 자료가 그렇게 줄어들지 않는다.

---

5 ④

④ 뇌과학자 A는 유리질화 냉동보존된 인간을 다시 살려냈을 때 커넥톰이 보존되어있어야 냉동보존이 유의미하다고 주장하며 냉동보존을 위해 알코어 재단에서 시신을 수령할 무렵에는 이미 시신의 두뇌가 손상되어있기 때문에 냉동보존에 대해 회의적이라고 주장한다.

① 주어진 글에 언급되지 않은 내용이다.

② 유리질화 냉동보존술에 대한 내용이다.

③ 정자나 난자, 배아, 혈액 등은 저속냉동술을 사용하여 온도를 1분에 1도 정도로 천천히 낮추는 방식으로 이 기술에서 느린 냉각은 삼투압을 이용해 세포 바깥의 물을 얼음 상태로 만들고 세포 내부의 물은 냉동되지 않도록 하는 방식이다.

6 ④

현혹효과(Halo Effect)는 어떤 한 부분에 있어 어떠한 사람에 대해서 호의적인 태도 등이 다른 부분에 있어서도 그 사람에 대한 평가에 영향을 주는 것을 의미하는데, 예를 들어 종업원 선발 시 면접관에게 면접에서 좋은 인상을 준 사람에 대해, 면접관들이 생각할 때 그 사람에게서 좋은 인상을 받은 만큼 업무에 대한 책임감이나 능력 등도 좋은 것이라고 판단하는 것을 의미한다. ①번은 지각적 방어, ②번은 대비오차, ③번은 관대화 경향을 각각 설명한 것이다.

---

7 ①

제시된 내용은 교통사고가 교통 법규를 제대로 지키지 않은 데서 발생하며, 이를 근절하기 위해 보다 엄격한 교통 법규가 필요함을 강조하고 있다.

---

8 ③

담배 자동판매기가 국민건강증진법에 허용된 장소에 설치되어 있다고 자료에서 이미 밝히고 있으므로 대책에 대한 구상으로 적절하지 않다.

---

9 ②

'컨스터블의 그림은 당시 풍경화의 주요 구매자였던 영국 귀향의 취향에서 어긋나 그다지 인기를 끌지 못했다. 당시 유행하던 픽처레스크 풍경화는 도식적이고 이상화된 풍경 묘사에 치중했지만, 컨스터블의 그림은 평범한 시골의 전원 풍경을 사실적으로 묘사한 것처럼 보인다에서 알 수 있듯이 사실적 화풍으로 제작되어 당시 영국 귀족들에게 선호되지 못했다는 것을 유추할 수 있다.

---

10 ②

제시글을 통해 알 수 있는 합리적 기대이론의 의미는 가계나 기업 등 경제주체들은 활용가능한 모든 정보를 활용해 경제상황의 변화를 합리적으로 예측한다는 것으로, 이에 따르면 공개된 금융, 재정 정책은 합리적 기대이론에 의한 경제주체들의 선제적 반응으로 무력화되고 만다. 보기 ②에서 언급된 내용은 이와 정반대로 움직이는 경제주체의 모습을 설명한 것으로, 경제주체들이 드러난 정보를 무시하고 과거의 실적치만으로 기대를 형성하는 기대오류를 범한다고 보는 견해이다.

---

11 ③

(다)의 내용은 농어촌 특성에 적합한 고령자에 대한 복지서비스를 제공하는 모습을 설명하고 있다.

---

12 ④

모네는 인상주의 화가로서 대상의 고유한 색은 존재하지 않는다고 생각했다. 그러므로 모네가 고유한 색을 표현하려 했다는 진술은 적절하지 않다.

13 ①

② 대상에 대해 복잡한 형태로 추상화하여 대상에 대한 전체적인 느낌을 부각하는 방법을 시도한 것은 세 잔의 화풍이 아니므로 적절하지 않다.

③ 사물에 대해 최대한 정확히 묘사하기 위해 전통적 원근법을 독창적 방식으로 변용한 것은 세잔의 화풍 이 아니므로 이 역시 적절하지 않다.

④ 시시각각 달라지는 자연을 관찰 및 분석해 대상에 대한 인상을 그려 내는 화풍을 정립한 것은 세잔이 아니므로 적절하지 않다.

---

14 ④

A는 은하와 은하가 멀어질 때 그 사이에서 물질이 연속적으로 생성되어 새로운 은하들이 계속 형성되기 때문에, 우주가 팽창하지만 전체적으로 항상성을 유지하며 평균 밀도가 일정하게 유지된다고 보고 있다.

---

15 ③

흡습형태변형은 한쪽 면에 있는 세포의 길이(크기)가 반대 쪽 면에 있는 세포에 비해 습도에 더 민감하게 변하여, 습도가 낮아져 세포 길이가 짧아지면 그쪽 면을 향해 휘어지는 것을 의미한다고 언급되어 있다. 따라서 등에 땀이 나면 세포 길이가 더 짧은 바깥쪽으로 옷이 휘어지게 되므로 등 쪽 면에 공간이 생기게 되는 원리를 이용한 것임을 알 수 있다.

---

16 ③

'깨진 유리창의 법칙'은 깨진 유리창처럼 사소한 것들을 수리하지 않고 방치해두면, 나중에는 큰 범죄로 이어진다는 범죄 심리학 이론으로, 작은 일을 소홀히 관리하면 나중에는 큰일로 이어질 수 있음을 의미한다.

---

17 ④

㉠ A는 낭포성 유전자를 지니고 있는 '쥐'를 이용한 실험을 통해 낭포성 유전자를 가진 '사람' 역시 콜레라 로부터 보호받을 것이라는 결론을 내렸다. 이는 쥐에서 나타나는 질병 양상은 사람에게도 유사하게 적용된다는 것을 전제로 한다.

㉢ A는 실험에서 '콜레라 균'에 감염을 시키는 대신에 '콜레라 독소'를 주입하였다. 이는 콜레라 독소의 주입이 콜레라균에 의한 감염과 같은 증상을 유발함을 전제로 한다.

㉣ 만약 낭포성 섬유증 유전자를 가진 모든 사람이 낭포성 섬유증으로 인하여 청년기 전에 사망한다면 '살아남았다'고 할 수 없을 것이다. 따라서 '낭포성 섬유증 유전자를 가진 모든 사람이 이로 인하여 청년기 전에 사망하는 것은 아니다'라는 전제가 필요하다.

---

18 ②

신재생에너지를 활용한 에너지 신산업의 핵심은 전력저장장치(Energy Storage System)와 분산형 전원 (Distributed Resources)의 구축에 있다. 태양광 설비 등을 이용하여 에너지를 생산할 뿐만 아니라 이를 저장하여 사용 및 판매에 이르는 활동에까지 소비자들이 직접 참여할 수 있는, 이른바 에너지 자립을 단위 지역별로 가능하도록 하는 것이 핵심 내용이다. 이것은 기존의 중앙집중적인 에너지 공급 방식에서 탈피하여 에너지 자급자족이 가능한 분산형 전원 설비를 갖추어야만 가능한 일이다. 따라서 전력저장장치와 분산형 전원의 개술 개발과 보급은 에너지 신산업의 필수적이고 기본적인 조건이라고 할 수 있다.

19 ②

사회보험의 종류에는 공적연금, 건강보험, 산재보험, 고용(실업)보험, 노인장기요양보험 등이 있으며 공적연금은 다시 노령연금, 유족연금, 장애연금으로 구분되어 있다.

20 ②

통상임금이 200만 원이면 육아휴직급여는 100분의 40인 80만 원이 되며, 이 금액의 100분의 25인 20만 원이 직장복귀 6개월 후 지급받는 금액이 된다.

21 ④

제브라피쉬의 실험은 햇빛의 자외선으로부터 줄기세포를 보호하는 멜라닌 세포를 제거한 후 제브라피쉬를 햇빛에 노출시켜 본 사실이 핵심적인 내용이라고 할 수 있다. 따라서 이를 통하여 알 수 있는 결론은, 줄기세포가 존재하는 장소는 햇빛의 자외선으로부터 보호받을 수 있는 방식으로 진화하게 되었다는 것이 타당하다고 볼 수 있다.

22 ④

전기차의 시장침투가 제약을 받게 되는 원인이 빈칸에 들어갈 가장 적절한 말이 될 것이며, 이것은 전후의 맥락으로 보아 기존의 내연기관차와의 비교를 통하여 파악되어야 할 것이다. 따라서 '단순히 전기차가 주관적으로 불편하다는 이유가 아닌 기존 내연기관차에 비해 더 불편한 점이 있을 경우'에 해당하는 말이 위치해야 한다.

23 ③

(다) 인간은 태양의 움직임에 따라 신체 조건을 맞춤
(라) 그러나 전등의 발명으로 밤에도 활동
(가) 인류의 문명이 발달
(나) 생체 리듬을 잃음

24 ③

과학으로부터 많은 문제가 발생하고 있음을 밝히고 있지만 과학으로부터 해결 방안을 찾을 수 있다는 내용은 언급되어 있지 않다.

25 ④

마지막 문장에서 과학적 지식이 인간의 문제에 관하여 결정을 내려주는 것은 착각이라고 말한 것으로 볼 때, 결정을 내리는 것은 인간이라는 내용이 이어져야 한다.

26 ②

감정을 표면에 드러내지 않는 것을 군자의 덕으로 생각하는 동양에서는, 헤프게 웃는 것을 경계해 온 사실에 대해 '기우(杞憂)'라고 표현한 것을 볼 때 웃음을 인격 완성의 조건으로 보고 있지 않다는 것을 알 수 있다.

27 ④

체면으로 인하여 인간 생활에 있어서 웃음의 가치를 깨닫지 못하는 삶의 태도를 경계하고 있다.

28 ②

첫 번째 문단에서 조선의 원격전에 대해 언급하였고, 두 번째 문단에서 육전에서 일본을 당해내지 못했지만 해전에서는 화포를 통해 압도하였다고 나타나 있다.

29 ④

㈐는 사회적 방언에 대해 설명하고 있다.

30 ①

인체 냉동 기술은 인체의 소생 가능성을 높인다는 점에서 긍정적 측면이 있는 기술이다. 그러나 냉동인간은 기술 개발과는 별도로 윤리적 문제도 야기될 수 있는 기술이다. 이렇게 보면 인체 냉동 기술은 '양날의 칼'에 비유할 수 있다.

31 ②

글쓴이는 구름을 통해 무상(無常)한 삶의 본질을 깨닫고, 달관하는 삶의 자세를 배우고 있음을 알 수 있다.

32 ③

첫 문단의 '일정한 목적의식이나 문제의식을 안고 달려드는 독서일수록 사실은 능률적인 것이다.', '마찬가지로 일정한 주제 의식이나 문제의식을 가지고 독서를 할 때 보다 창조적이고 주체적인 독서 행위가 성립될 것이다.' 등의 문장을 통해 주제를 유추할 수 있다.

33 ②

빈칸이 있는 문장의 시작에 "이런 맥락에서"라고 제시되어 있으므로 앞의 문맥을 살펴야 한다. 앞에서 사물놀이의 창안자들이 새로운 발전을 이루어 내지 못한 채 그 예술적 성과와 대중적 인기에 안주하고 있다는 것에 대해 이야기하고 있으므로 빈칸에 들어갈 가장 적절한 것은 ②이다.

34 ③

가장 먼저 ㈎에서 진화의 과정이 이상적이고, 완벽하지 않음을 제시하고 있으며 ㈐와 ㈏에서 진화의 과정에 대해 설명하고, ㈑에서 그 과정이 ㈎의 이유임을 제시하고 있다.

35 ④

창의성의 발휘는 자기 영역의 규칙이나 내용에 대한 이해뿐만 아니라 현장에서 적용되는 평가 기준과 밀접한 관련이 있다는 것이 이 글이 전달하고자 하는 중심적인 내용이다.

36 ②

㈏에서 화제를 제시하고 ㈎에서 예를 들어 설명한다. ㈑는 ㈎ 같은 충동을 느끼는 짐작이다. ㈒, ㈐에서는 '그러나'를 통해 내용을 전환하여 충동을 풀 기회가 없다는 것을 아쉬워하고 있다.

37 ②

셋째 재화의 특성에 따른 요인으로 하나의 재화가 얼마나 다른 재화와 밀접하게 관련되어 있느냐에 관한 것 즉 보완재의 여부에 따라 가격분산을 가져올 수 있다.에서 유추할 수 있는 내용이다.

38 ①

㈒ 영양소로부터 에너지를 얻거나 몸에 필요한 물질을 합성하는 과정이 모두 화학 반응에 의해 이루어짐을 제시
㈐ 촉매의 정의
㈏ 정촉매와 부촉매로 촉매를 구분
㈑ 활성화 에너지의 정의 및 활성화 에너지와 반응 속도의 관계 설명
㈎ 정촉매와 부촉매에 대한 설명

39 ③

빈칸 이후의 문장에서 소비자 의식의 문제점에 대해 이야기하고 있으므로 빈칸에 가장 적절한 문장은 ③이다.

40 ②

제시된 글의 주제는 모든 일은 원인에 따라 결과를 맺는다.

41 ④

지문의 마지막 문장 웹 만화는 장면을 연속적으로 이어 볼 수 있으므로 긴장감을 지속적으로 유지해 나갈 수 있다.를 통해 빈칸에는 독자의 흥미를 배가시킬 수 있다가 들어가는 것이 가장 적절하다.

42 ②

처음 문단에서 도덕적 삶을 손해라고 생각하는 인식이 널리 퍼지게 된 까닭이 무엇인지에 대해 문제를 제기하고, 이어지는 문단에서 그 이유를 밝히고 있다.

43 ①

㉠의 바로 앞에 쓰인 문장은, 정직하고 성실한 사람이 말년에 비참하게 보내지 않을 확률이 더 높다는 뜻으로 해석할 수 있다.

① 사필귀정(事必歸正) : 모든 일은 반드시 바른길로 돌아감
② 권선징악(勸善懲惡) : 착한 일을 권장하고 악한 일을 징계함
③ 적자생존(適者生存) : 환경에 적응하는 생물만이 살아남고, 그렇지 못한 것은 도태되어 멸망하는 현상
④ 선공후사(先公後私) : 공적인 일을 먼저 하고 사사로운 일은 뒤로 미룸

44 ③

제시된 설문조사에는 광고 매체 선정에 참고할 만한 조사 내용이 포함되어 있지 않다. 따라서 ③은 이 설문조사의 목적으로 적합하지 않다.

45 ④

언어적인 측면으로서 의사소통의 특징이다.

46 ③

① 개과불린 : 허물을 고침에 인색하지 않음을 이르는 말
② 경거망동 : 경솔하여 생각 없이 망령되게 행동함. 또는 그런 행동
③ 교각살우 : 소의 뿔을 바로잡으려다가 소를 죽인다는 뜻으로, 잘못된 점을 고치려다가 그 방법이나 정도가 지나쳐 오히려 일을 그르침을 이르는 말
④ 부화뇌동 : 우레 소리에 맞춰 함께 한다는 뜻으로, 자신의 뚜렷한 소신 없이 그저 남이 하는 대로 따라가는 것을 이르는 말

47 ②

㈎ 두 명 이상의 이름을 나열할 경우에는 맨 마지막 이름 뒤에 호칭을 붙인다는 원칙에 따라 '최한국, 조대한, 강민국 사장을 등 재계 주요 인사들은 모두 ∼'로 수정해야 한다.
㈏ 외국인의 이름은 현지발음을 외래어 표기법에 맞게 한글로 적고 성과 이름 사이를 띄어 쓴다는 원칙에 따라 '버락 오바마 미국 대통령의 임기는 ∼'으로 수정해야 한다.
㈐ 중국 지명이므로 현지음을 한글로 외래어 표기법에 맞게 쓰고 괄호 안에 한자를 써야한다는 원칙에 따라, '절강성(浙江省) 온주(溫州)'로 수정해야 한다.
㈑ 국제기구나 외국 단체의 경우 처음에는 한글 명칭과 괄호 안에 영문 약어 표기를 쓴 다음 두 번째부터는 영문 약어만 표기한다는 원칙에 따른 올바른 표기이다.

48 ④

'구별하지 못하고 뒤섞어서 생각하다.'의 '혼동'은 올바르게 사용된 단어이며, '혼돈'으로 잘못 쓰지 않도록 주의한다.

① 최저임금 인상이 자영업자의 추가적인 인건비 인상을 발생시키는 원인이 된다는 내용이므로 '표출'이 아닌 '초래'하는 것이라고 표현해야 한다.

② 앞의 내용으로 보아 급하고 과도한 최저임금인상에 대한 수식어가 될 것이므로 '급격한'이 올바른 표현이다.

③ 최저임금인상 대신 그만큼에 해당하는 근로 장려세제를 '확대'하는 것의 의미를 갖는 문장이다.

---

49 ④

제시된 글은 누구나 쉽게 정보를 생산하고 공유할 수 있는 소셜미디어의 장점이 부각된 기사로 ①②③의 보기들은 사례내용과 관련이 없다.

---

50 ④

'참여'는 '어떤 일에 끼어들어 관계함', '참석'은 '모임이나 회의 따위의 자리에 참여함', '참가'는 '모임이나 단체 또는 일에 관계하여 들어감'의 뜻을 지닌다. 이를 보면 각각 그 의미의 초점의 다르다는 것을 알 수 있는데, '참여'는 '어떤 일에 관계하다'의 의미로서 쓰여 그 일의 진행 과정에 개입해 있는 경우를 드러내는 데에 쓰이는 것인데 반해서, '참석'은 모임이나 회의에 출석하는 것의 의미를 지니는 경우에 사용되며, '참가'는 단순한 출석의 의미가 아니라 '참여'의 단계로 들어가는 과정을 나타내는 것으로 이해하여 볼 수 있다.

'참견'은 '자기와 별로 관계없는 일이나 말 따위에 끼어들어 쓸데없이 아는 체하거나 이래라저래라 함'을 의미하며, '참관'은 '어떤 자리에 직접 나아가서 봄'의 의미이다.

1	①	2	④	3	④	4	④	5	④	6	④	7	②	8	③	9	③	10	②
11	③	12	①	13	②	14	④	15	②	16	④	17	④	18	④	19	③	20	③
21	④	22	④	23	④	24	②	25	②	26	④	27	④	28	②	29	④	30	④
31	③	32	③	33	①	34	①	35	②	36	④	37	④	38	④	39	④	40	④
41	④	42	①	43	④	44	④	45	④	46	④	47	②	48	④	49	③	50	③

1 ①

세 번째 조건에 의하면 정 선생와 강 선생는 국어과 담당도 체육과 담당도 아니므로 수학과와 영어과 담당이 된다. 따라서 이 선생과 최 선생은 국어과와 체육과 중 하나이다. 첫 번째 조건에 의하면 이 선생이 체육과와 영어과 중 한 곳의 담당이며 세 번째 조건에 의해 영어과를 제외한 체육과 담당임을 알 수 있다. 따라서 남은 한 곳인 국어과가 최 선생이 담당하는 교과임을 알 수 있다.

2 ④

주어진 조건에 따라 범인을 가정하여 진술을 판단하면 다음과 같다.

〈사건 1〉

진술 \ 범인	가인	나은	다영
가인	거짓	참	참
나은	참	참	거짓
다영	거짓	거짓	참

〈사건 2〉

진술 \ 범인	라희	마준	바은
라희	거짓	참	참
마준	거짓	참	참
바은	거짓	거짓	참

따라서 〈사건 1〉의 범인은 가인, 〈사건 2〉의 범인은 라희다.
① 가인이의 진술을 거짓이다.
② 사건 2에서 참을 말한 사람은 없다.
③ 마준이는 창문을 깬 범인이 아니다.

3 ④

제시된 계산 방법을 활용하여 운동량에 따른 칼로리 지수를 곱하여 각각 다음과 같이 계산할 수 있다.
김길동 : $66.47+(13.75 \times 75)+(5 \times 175)-(6.76 \times 48)=1,648.24$
　　　→ 일일 칼로리 요구량: $1,648.24 \times 1.9=3,131.66$칼로리
이갑순 : $655.1+(9.56 \times 52)+(1.85 \times 165)-(4.68 \times 36)=1,288.99$
　　　→ 일일 칼로리 요구량: $1,288.99 \times 1.55=1,997.93$칼로리

4 ④

평일의 경우, D과장을 제외한 나머지 세 명은 모두 오전에 진료하는 날이 3일, 오후에 수술하는 날이 3일 씩이므로 네 명 모두 오전에는 진료를, 오후에는 수술을 더 많이 하고 있음을 알 수 있다.

① 예약과 재진 환자의 경우 진료실을 곧바로 찾아가면 된다.

② 진료시간은 오전과 오후가 각각 3시간 30분, 4시간이며, 접수 가능 시간은 이보다 30분씩 짧은 것을 알 수 있다.

③ 안내 사항에 언급되어 있다.

---

5 ④

15일이 수요일이라 했으므로 '이번 달의 달력을 그려 B과장과 C과장의 수술 일정(오전/오후)을 확인해 보면 다음과 같다.

일	월	화	수	목	금	토
			1	2	3	4 C과장 X
5	6 C / A	7 A / C	8 X / A, C	9 A, C / X	10 X / A, C	11
12	13	14	15 공사	16 공사	17 공사	18 공사
19	20	21	22	23	24	25 A과장 X
26	27	28	29	30	(31)	

따라서 수요일과 금요일은 A과장과 C과장이 모두 오전 수술 일정이 없어 K씨가 원하는 시간에 수술을 받을 수 없는 요일이 된다.

① 24일은 금요일이므로 A과장이나 C과장의 오전 수술 일정이 없는 날이다.

② 25일은 넷째 주 토요일이므로 A과장 휴무일이다.

③ 화요일 오전에도 A과장에게 수술을 받을 수 있다.

---

6 ④

① A팀은 4주차에 라 제안서를 검토해야 한다.

② B팀은 A팀보다 먼저 가 제안서를 검토할 수 없다.

③ B팀은 문화예술에 관한 제안서를 2개 연속 검토할 수 없다.

---

7 ②

보완적 평가방식은 각 상표에 있어 어떤 속성의 약점을 다른 속성의 강점에 의해 보완하여 전반적인 평가를 내리는 방식을 의미한다. 한 가지 예로서 비행기의 경우 속성별 평가점수가 4, 4, 7, 9점이며, 각 속성이 평가에서 차지하는 중요도는 20, 30, 40, 50이므로, 이러한 가중치를 각 속성별 평가점수에 곱한 후에 이를 모두 더하면 930이 된다. 이러한 방식으로 계산하면 그 결과는 아래와 같다.

- 비행기 : $(20 \times 4) + (30 \times 4) + (40 \times 7) + (50 \times 9) = 930$
- 기차 : $(20 \times 5) + (30 \times 4) + (40 \times 5) + (50 \times 8) = 820$
- 고속버스 : $(20 \times 4) + (30 \times 5) + (40 \times 7) + (50 \times 5) = 760$
- 승용차 : $(20 \times 3) + (30 \times 7) + (40 \times 8) + (50 \times 6) = 890$

8 ③

인천에서 모스크바까지 8시간이 걸리고, 6시간이 인천이 더 빠르므로

09 : 00시 출발 비행기를 타면 9+(8-6)=11시 도착

19 : 00시 출발 비행기를 타면 19+(8-6)=21시 도착

02 : 00시 출발 비행기를 타면 2+(8-6)=4시 도착

---

9 ③

주어진 조건에 따라 선택지의 날짜에 해당하는 당직 근무표를 정리해 보면 다음과 같다.

구분	갑	을	병	정
A	2일, 14일		8일	
B		3일		9일
C	10일		4일	
D		11일		5일
E	6일		12일	
F		7일		13일

따라서 A와 갑이 2일 날 당직 근무를 섰다면 E와 병은 12일 날 당직 근무를 서게 된다.

---

10 ②

우수한 의견을 즉석에서 판단하려는 것은 다듬어지지 않은 많은 양의 아이디어를 도출해내고자 하는 브레인스토밍에 해로운 방식이다.

① 직원들에게 부담 없이 자유롭게 의견을 개진할 수 있는 분위기를 만들어주는 바람직한 방법으로 볼 수 있다.

③ 신선하고 참신한 아이디어를 얻을 수 있고 모든 구성원을 참여시킬 수 있는 방법으로 브레인스토밍에 적절하다.

④ 브레인스토밍은 서로를 쳐다보며 동등한 위치에서 회의를 진행할 수 있는 원형 좌석배치가 적절한 방법이다.

---

11 ③

두 번째 정보에서 테이블 1개+의자 1개=서류장 2개임을 알 수 있다. 세 번째 정보에서 두 번째 정보를 대입하면 서류장 1개=의자 2개가 되며 테이블 1개=의자 3개가 된다. 따라서 서류장 10개+의자 10개=의자 30개이며, 의자 30개=테이블 10이다.

---

12 ①

문제처리능력이란 목표와 현상을 분석하고 이 분석결과를 토대로 문제를 도출하여 최적의 해결책을 찾아 실행, 평가 처리해 나가는 일련의 활동을 수행하는 능력이라 할 수 있다. 이러한 문제처리능력은 문제해결절차를 의미하는 것으로, 일반적인 문제해결절차는 문제 인식, 문제 도출, 원인 분석, 해결안 개발, 실행 및 평가의 5단계를 따른다. ① 주어진 〈보기〉의 ㈎~㈒의 내용은 문제해결절차 5단계를 역순으로 제시해 놓았다.

13 ②

갑, 을, 병의 진술과 과음을 한 직원의 수를 기준으로 표를 만들어 보면 다음과 같다.

진술자 \ 과음직원	0명	1명	2명	3명
갑	거짓	참	거짓	거짓
을	거짓	거짓	참	거짓
병	거짓	참	참	거짓

- 과음을 한 직원의 수가 0명인 경우, 갑, 을, 병 모두 거짓을 말한 것이 되어 결국 모두 과음을 한 것이 된다. 따라서 이 경우는 과음을 한 직원의 수가 0명이라는 전제와 모순이 생기게 된다.
- 과음을 한 직원의 수가 1명인 경우, 을만 거짓을 말한 것이므로 과음을 한 직원의 수가 1명이라는 전제에 부합한다. 이 경우에는 을이 과음을 한 것이 되며, 갑과 병은 과음을 하지 않은 것이 된다.
- 과음을 한 직원의 수가 2명인 경우, 갑만 거짓을 말한 것이 되므로 과음을 한 직원의 수가 1명이 된다. 따라서 이 역시 과음을 한 직원의 수가 2명이라는 전제와 모순이 생기게 된다.
- 과음을 한 직원의 수가 3명인 경우, 갑, 을, 병 모두 거짓을 말한 것이 되어 과음을 한 직원의 수가 3명이 될 것이며, 이는 전제와 부합하게 된다.

따라서 4가지의 경우 중 모순 없이 발생 가능한 경우는 과음을 한 직원의 수가 1명 또는 3명인 경우가 되는데, 이 두 경우에 모두 거짓을 말한 을은 과음을 한 직원이라고 확신할 수 있다. 그러나 이 두 경우에 모두 사실을 말한 사람은 없으므로, 과음을 하지 않은 것이 확실한 직원은 아무도 없다.

14 ④

OJT(On the Job Training ; 사내교육훈련)는 다수의 종업원을 훈련하는 데에 있어 부적절하다.

15 ②

현재 발생하지 않았지만 장차 발생할지 모르는 문제를 예상하고 대비하는 일, 보다 나은 미래를 위해 새로운 문제를 스스로 설정하여 도전하는 일은 조직과 개인 모두에게 중요한 일이다. 이러한 형태의 문제를 설정형 문제라고 한다. 설정형 문제를 해결하기 위해서는 주변의 발생 가능한 문제들의 움직임을 관심을 가지고 지켜보는 자세가 필요하며, 또한 문제들이 발생했을 때 그것이 어떤 영향을 가져올지에 대한 논리적 추론이 가능해야 한다. 이러한 사고의 프로세스는 논리적 연결고리를 생성시킬 수 있는 추론의 능력이 요구된다고 볼 수 있다.

16 ④

첫 번째 조건을 통해 목욕탕, 미용실, 은행은 C, D, E 중 한 곳, 교회와 편의점은 A, B 중 한 곳임을 알 수 있다. 두 번째 조건에 의하면 목욕탕과 교회 사이에 편의점과 또 하나의 건물이 있어야 한다. 이 조건을 충족하려면 A가 교회, B가 편의점이어야 하며 또한 D가 목욕탕이어야 한다. C와 E는 어느 곳이 미용실과 은행의 위치인지 주어진 조건만으로 알 수 없다. 따라서 보기 ④에서 언급된 바와 같이 미용실이 E가 된다면 은행은 C가 되어 교회인 A와 45m 거리에 있게 된다.

```
        A     B    C D      E
K지점 ├──┼────┼──┼─┼──────┤
      15m   40m  60m 70m  100m
```

17 ④

회의 시간이 런던을 기준으로 11월 1일 9시이므로, 이때 서울은 11월 1일 18시, 시애틀은 11월 1일 2시이다.

- 甲은 런던을 기준으로 말했으므로 甲이 프로젝트에서 맡은 업무를 마치는 시간은 런던기준 11월 1일 22시로, 甲이 맡은 업무를 마치는 데 필요한 시간은 22-9=13시간이다.
- 乙은 시애틀을 기준으로 이해하고 말했으므로 乙은 甲이 말한 乙이 말한 다음날 오후 3시는 시애틀 기준 11월 2일 15시이다. 乙은 甲이 시애틀을 기준으로 11월 1일 22시에 맡은 일을 끝내 줄 것이라고 생각하였으므로, 乙이 맡은 업무를 마치는 데 필요한 시간은 2+15=17시간이다.
- 丙은 서울을 기준으로 말했으므로 丙이 말한 모레 오전 10시는 11월 3일 10시이다. 丙은 乙이 서울을 기준으로 11월 2일 15시에 맡은 일을 끝내 줄 것이라고 생각하였으므로, 丙이 맡은 업무를 마치는 데 필요한 시간은 9+10=19시간이다. 따라서 계획대로 진행될 경우 甲, 乙, 丙이 맡은 업무를 끝내는 데 필요한 총 시간은 13+17+19=49시간으로, 2일하고 1시간이라고 할 수 있다. 이를 서울 기준으로 보면 11월 1일 18시에서 2일하고 1시간이 지난 후이므로, 11월 3일 19시이다.

---

18 ②

㉠ 수민 : 계약의 성과 중 일부를 나눈다고 하였으므로 지지에 상응하는 대가를 제공하는 '교환 전술'에 해당한다.
㉡ 홍진 : 공문에 근거한 것이고 절차상 아무 문제도 없다고 하였으므로 제안의 적법성을 인식시키는 '합법화 전술'에 해당한다.

---

19 ③

주어진 조건을 정리해 보면 마지막 줄에는 봉선, 문성, 승일이가 앉게 되며 중간 줄에는 동현이와 승만이가 앉게 된다. 그러나 동현이가 승만이 바로 옆 자리며, 또한 빈자리가 바로 옆이라고 했으므로 승만이는 빈자리 옆에 앉지 못한다. 첫 줄에는 강훈이와 연정이가 앉게 되고 빈자리가 하나 있다. 따라서 연정이는 빈자리 옆에 배정 받을 수 있다.

---

20 ③

기원이와 정아의 진술로 인해 기원이와 정아는 흰우유(A 또는 B)를 먹었다. 현욱이는 정아보다 용량이 많은 우유를 먹었으므로 현욱이가 먹은 우유는 D이고 나머지 C는 은영이가 먹은 우유가 된다.

---

21 ④

진열되는 음료는 다음과 같다.

콜라/사이다	우유	사이다/콜라	오렌지주스	이온음료
우유	콜라/사이다	오렌지주스	사이다/콜라	이온음료

22 ④

1) A가 진실을 말할 때,

　　A : 파란색 구슬, B : 파란색 구슬, C : 노란색 구슬

　　이 경우, 빨간색 구슬을 가진 사람이 없어서 모순이다.

2) B가 진실을 말할 때,

　　A : 빨간색 또는 노란색 구슬, B : 빨간색 또는 노란색 구슬, C : 노란색 구슬

　　이 경우, 파란색 구슬을 가진 사람이 없어서 모순이다.

3) C가 진실을 말할 때,

　　A : 빨간색 또는 노란색 구슬, B : 파란색 구슬, C : 빨간색 또는 파란색 구슬

　　이로부터, A는 노란색 구슬, B는 파란색 구슬, C는 빨간색 구슬을 가지고 있다.

1), 2), 3)에 의하여 빨간색, 파란색, 노란색 구슬을 받은 사람을 차례로 나열하면 C, B, A이다.

23 ④

만약 B가 범인이라면 A와 B의 진술이 참이어야 한다. 하지만 문제에서 한 명의 진술만이 참이라고 했으므로 A, B는 거짓을 말하고 있고 C의 진술이 참이다. 따라서 범인은 D이다.

24 ②

ⓒ 참가자는 무작위로 선정한 것이 아니라 시음회의 참여를 원하는 직원을 대상으로 선정하였기 때문에 전체 직원에 대한 대표성이 확보되었다고 보기는 어렵다.

ⓔ 대표성을 확보하기 위해서는 우리나라의 남녀 비율이 아닌 A회사의 남녀 비율을 고려하여 선정하는 것이 더 적절하다.

25 ②

수미 소비상황을 봤을 때 A 신용카드 혜택이 없으며, B 신용카드는 1만 원 청구할인, C 신용카드는 1만 포인트 적립, D 신용카드는 1만 원 문화상품권을 증정한다. 액수가 동일한 경우 할인혜택, 포인트 적립, 문화상품권 지급 순으로 유리하다고 했으므로 수미는 B 신용카드를 선택한다.

26 ④

주어진 조건을 보면 관리과와 재무과에는 반드시 각각 5급이 1명씩 배정되고, 총무과에는 6급 2명이 배정된다. 인원수를 따져보면 홍보과에는 5급을 배정할 수 없기 때문에 6급이 2명 배정된다. 6급 4명 중에 C와 D는 총무과에 배정되므로 홍보과에 배정되는 사람은 E와 F이다. 각 과별로 배정되는 사람을 정리하면 다음과 같다.

관리과	A
홍보과	E, F
재무과	B
총무과	C, D

27 ④

현수막을 제작하기 위해서는 라, 다, 마가 선행되어야 한다. 따라서 세미나 기본계획 수립(2일)+세미나 발표자 선정(1일)+세미나 장소 선정(3일)=최소한 6일이 소요된다.

---

28 ②

각 작업에 걸리는 시간을 모두 더하면 총 11일이다.

---

29 ④

명부작성방법에서 1순위 항목점수가 동일한 경우에 한하여 2순위 항목에 해당될 경우 추가합산 가능하다고 나와 있다.

---

30 ④

ⓒ 300점
ⓑ 250점
ⓐ 150점

---

31 ③

철수는 같은 수로 과일 A와 B를 먹었으므로 각각 2개씩 먹었다는 것을 알 수 있다. 철수는 영수보다 과일 A를 1개 더 먹었으므로, 영수는 과일 A를 1개 먹었다.

---

32 ③

사회 명목론은 사회 전체의 이익보다는 개인의 권리를 중시한다는 점에서 자유주의, 개인주의와 맥락을 함께 한다.

---

33 ①

날씨가 시원함→기분이 좋음→마음이 차분함→배고픔→라면이 먹고 싶음
따라서 A만 옳다.

---

34 ①

ⓐ은 [연구개요] 중 '3시간 이상 폭력물을 시청한 아동과 청소년들은 텔레비전 속에서 보이는 성인들의 폭력행위를 빠른 속도로 모방하였다.'와 같은 맥락으로 볼 수 있는 자료로, [연구결과]를 뒷받침하는 직접적인 근거가 된다.
ⓑ 성인의 범죄행위 유발과 관련 자료이다.
ⓒ 이미 범죄행위를 저지르고 난 후 폭력물을 시청하는 조건이다.
ⓓ 텔레비전 프로그램 시청이 선행에 영향을 미침을 증명하는 자료가 아니다.

35 ②

㉠ 순정 : 다른 사람들의 지지를 이용하기 때문에 '연합 전술'에 해당한다.

㉡ 석일 : 기업의 비전과 가치를 언급함으로써 이상에 호소하여 제안에 몰입하도록 하기 때문에 '영감에 호소'에 해당한다.

---

36 ④

반장은 머리가 좋다. 또는 반장은 얼굴이 예쁘다(㉢ 또는 ㉣).

머리가 좋거나 얼굴이 예쁘면 반에서 인기가 많다(㉤).

∴ 반장은 반에서 인기가 많다.

※ ㉥의 경우 머리도 좋고 얼굴도 예뻐야 반에서 인기가 많다는 의미이므로 주어진 진술이 반드시 참이 되지 않는다.

---

37 ④

문장의 첫머리에 우리나라도~ 라고 제시하고 있으므로 빈칸에는 문장 앞의 내용인 국가 활동으로 인해 손해를 입은 개인을 보호하는 것에 대한 내용이 나와야 하므로 ④가 정답이 된다.

---

38 ④

모두가 당연시 하는 징병제의 적합성 자체를 비판적 시각으로 재고하려는 태도는 성찰적 태도에 해당한다.

---

39 ④

차별적 교제 이론에서 일탈에 대한 해결책으로 제시하는 것은 일탈 행위자와의 접촉을 제한하는 것이다.

---

40 ④

기능론과 갈등론은 모두 거시적 관점에 해당한다.

---

41 ④

동일한 행동이라도 일탈에 대한 기준이 서로 다르게 적용될 수 있음을 보여 주는 사례로, 이는 낙인 이론의 사례로 적절하다.

---

42 ①

㉠ 공식 조직은 구성원의 역할과 책임이 분명하다.

㉡ 비공식 조직은 공식 조직보다 가입과 탈퇴가 자유롭다.

---

43 ④

사회적 역할이 대다수 사회 구성원의 합의에 의한 것이라고 보는 관점은 기능론이다.

44 ④

두 사례는 같은 문화를 공유하는 사람들끼리 공통적인 생활양식을 가지고 있다는 점에서 공유성을 보여 주고 있다.

45 ④

조직의 과업과 목적에 따라 수시로 조직 형태가 변화하는 것은 탈관료제의 특징이다.

46 ④

보완적 평가방식은 각 상표에 있어 어떤 속성의 약점을 다른 속성의 강점에 의해 보완하여 전반적인 평가를 내리는 방식을 의미한다. 이를 계산하면 다음과 같다.

- 광어=(40×2)+(30×2)+(50×2)=240
- 우럭=(40×2)+(30×3)+(50×2)=270
- 물회=(40×1)+(30×1)+(50×2)=170
- 참치=(40×7)+(30×5)+(50×4)=630

그러므로 율희는 보완적 평가방식에 의해 가장 높은 값이 나온 참치회를 선택하게 된다.

47 ②

다음 글에서는 토의를 정의하고 토의의 종류에는 무엇이 있는지 예시를 들어 설명하고 있으므로 토론에 대해 정의하고 있는 ⓒ은 삭제해도 된다.

48 ④

문제를 해결하기 위해서는 다음과 같은 5단계를 거치게 되는 것이 일반적이다.

- 문제 인식 : 해결해야 할 전체 문제를 파악하여 우선순위를 정하고, 선정문제에 대한 목표를 명확히 하는 단계
- 문제 도출 : 선정된 문제를 분석하여 해결해야 할 것이 무엇인지를 명확히 하는 단계
- 원인 분석 : 파악된 핵심문제에 대한 분석을 통해 근본 원인을 도출하는 단계
- 해결안 개발 : 문제로부터 도출된 근본원인을 효과적으로 해결할 수 있는 최적의 해결방안을 수립하는 단계
- 실행 및 평가 : 해결안 개발을 통해 만들어진 실행계획을 실제 상황에 적용하는 활동으로 당초 장애가 되는 문제의 원인들을 해결안을 사용하여 제거하는 단계

따라서 보기 ④와 같이 해결할 문제가 무엇인지를 확인하고 甲과 B사에 대한 대응의 목표를 명확히 수립하는 것이 최우선 되어야 할 일이라고 할 수 있다.

① 실행 및 평가의 단계에 해당된다.
② 해결안 개발의 단계에 해당된다.
③ 원인 분석의 단계에 해당된다.

49 ③

문제의 내용과 조건의 내용에서 알 수 있는 것은 다음과 같다.

• 5층과 1층에서는 적어도 1명이 내렸다.

• 4층에서는 2명이 내렸다. → 2층 또는 3층 중 아무도 내리지 않은 층이 한 개 있다.

그런데 네 번째 조건에 따라 을은 1층에서 내리지 않았고, 두 번째 조건에 따라 을이 내리기 직전 층에서는 아무도 내리지 않아야 하므로, 을은 2층에서 내렸고 3층에서는 아무도 내리지 않은 것이 된다(∵ 2층 또는 3층 중 아무도 내리지 않은 층이 한 개 있으므로)

또한 무는 정의 바로 다음 층에서 내렸다는 세 번째 조건에 따르면, 정이 5층에서 내리고 무가 4층에서 내린 것이 된다.

네 번째 조건에서 갑은 1층에서 내리지 않았다고 하였으므로, 2명이 함께 내린 층인 4층에서 무와 함께 내린 것이고, 결국 1층에서 내릴 수 있는 사람은 병이 된다.

---

50 ③

네트워크와 유통망이 다양한 것은 자사의 강점이며 이를 통하여 심화되고 있는 일본 업체와의 경쟁을 우회하여 돌파할 수 있는 전략은 주어진 환경에서 적절한 ST전략이라고 볼 수 있다.

① 세제 혜택(O)을 통하여 환차손 리스크 회피 모색(T)

② 타 해외 조직의 운영 경험(S)을 살려 업무 효율성 벤치마킹(W)

④ 해외 진출 경험으로 축적된 우수 인력(S) 투입으로 업무 누수 방지(W)

1	①	2	③	3	②	4	③	5	④	6	④	7	④	8	④	9	④	10	③
11	①	12	③	13	③	14	④	15	②	16	②	17	④	18	④	19	④	20	③
21	④	22	②	23	④	24	③	25	②	26	③	27	③	28	①	29	①	30	③
31	④	32	③	33	③	34	②	35	④	36	②	37	①	38	④	39	④	40	②
41	①	42	④	43	②	44	②	45	②	46	④	47	④	48	④	49	②	50	②

1 ①

① 감사담당관은 부구청장 산하에 있다.

② 조직도에 따르면 기획재정국장, 복지국장, 생활환경국장, 미래비전추진단장이 있는 것을 알 수 있다.

③ 비전협력과는 미래비전추진단, 일자리경제과는 기획재정국에 속해있다.

④ 복지정책과와 보육지원과는 복지국에 속해있다.

2 ③

제시문은 기업 인수와 합병 즉, M&A의 의미와 기업에게 주는 의미를 간략하게 설명하는 글이다. 기업 입장에서 M&A는 기업의 외적 성장을 위한 발전전략으로 이해된다. 따라서 M&A는 외부적인 경영자원을 활용하여 기업의 성장을 도모하는 가장 적절한 방안으로 볼 수 있는 것이다. '인수'는 상대 기업을 인수받아 인수하는 기업의 일부로 예속하게 되는 것이며, '합병'은 두 기업을 하나로 합친다는 의미를 갖는다. 두 가지 모두 기업 경영권의 변화가 있는 것으로, 제휴나 합작 등과는 다른 개념이다.

3 ②

나→강력하고 견고한 유통망이 있을 경우, 고객을 세분화하여 제품 차별화 전략을 활용할 수 있다.

라→차별화를 이루게 되면 경험과 노하우에 따른 더욱 특화된 제품이나 서비스가 제공되므로 신규기업 진입에 대한 효과적인 억제가 가능하게 된다.

가, 다→차별화에는 많은 비용이 소요되므로 반드시 비용측면을 고려해야 하며 일정 부분의 경영상 제약이 생길 수 있다.

마→지역별, 연령별, 성별 특성 등의 선호체계 구분이 뚜렷할 경우 맞춤형 전략 수립이 용이하다.

4 ③

개편안에 따라 제시된 조직은 다음과 같이 구성된다.

기획관리본부	사업본부	기술본부	복지본부	소방본부
기획조정실 일자리경제실 자치행정국 재난안전실	문화관광체육국 농축산유통국	과학산업국 환경산림자원국 건설도시국	복지건강국 아이여성행복국	

③ 기술본부에는 과학산업국, 환경산림자원국, 건설도시국이 있으며 총 16개의 과로 구성되어있다.

① 기획관리본부는 기획조정실, 일자리경제실, 재난안전실, 자치행정국으로 구성되어 있다.

② 소방본부는 개편 전부터 본부로 편성되어 있던 부서로 이전과 동일하게 단독 본부로 둔다.

---

5 ④

전결권자가 자리를 비웠을 경우, '직무 권한'은 차상위자가 아닌 직상급직책자가 수행하게 되며, 차상위자가 전결권자가 되는 경우에도 '직무 권한' 자체의 위임이 되는 것은 아니다.

① 차상위자가 필요한 경우, 최종결재자(전결권자)가 될 수 있다.

② 부재 중 결재사항은 전결권자 업무 복귀 시 사루 결재를 받는 것으로 규정하고 있다.

③ 팀장의 업무 인수인계는 부사장의 전결 사항이다.

---

6 ④

안내문의 내용은 DB서버 교체작업이다. 실제 DB서버 작업을 수행하는 부서는 전산 기술이 필요한 정보전산팀이 될 수 있으나, 정보전산팀은 보기에 제시되어 있지 않을 뿐 아니라, 교체작업은 장애인콜택시 이용자 증가에 따른 행위이므로 안내문에 따른 대외 연락은 교통복지 관련 업무로 보는 것이 더 타당하다.

---

7 ④

전화는 상대의 목소리만으로 전달되는 것이므로 상대가 현재 어떠한 상태인지를 알 수 없으며, 업무상의 전화통화가 많을 수 있으므로 용건은 간결하면서도 정확하게 전달해야 한다.

---

8 ④

맥그리거의 X이론에서 인간은 생리적 욕구와 안정욕구에 의해 동기화된다.

---

9 ④

출장을 위한 항공 일정 확인 및 확정 업무는 총무팀의 협조가 필요하며, 퇴직자의 퇴직금 정산 내역은 인사팀의 협조가 필요하다. 사업계획 관련 회의는 기획팀에서 주관하는 회의가 될 것이며, 전년도 실적 자료를 입수하는 것은 회계팀에 요청하거나 회계팀의 확인 작업을 거쳐야 공식적인 자료로 간주될 수 있을 것이다. 따라서 총무팀, 인사팀, 기획팀, 회계팀과의 업무 협조가 예상되는 상황이며, 외환팀과의 업무 협조는 '오늘' 예정되어 있다고 볼 수 없다.

10 ③

상석을 결정할 경우, 나이와 직위가 상충된다면 직위가 나이를 우선하게 된다. 또한 식사 테이블의 좌석을 정하는 에티켓으로는 여성 우선의 원칙, 기혼자 우선의 원칙 등이 있다.

11 ①

임직원 출장비, 여비관련 업무와 조경 및 조경시설물 유지보수 등의 업무는 일반적으로 총무부(팀) 또는 업무지원부(팀)의 고유 업무 영역으로 볼 수 있다. 제시된 것 이외의 대표적인 인사 및 인재개발 업무 영역으로는 채용, 배치, 승진, 교육, 퇴직 등 인사관리와 인사평가, 급여, 복리후생 관련 업무 등이 있다.

12 ③

'조직문화'는 조직구성원들의 공유된 생활양식이나 가치이다. 즉, 조직문화는 한 조직체의 구성원들이 모두 공유하고 있는 가치관과 신념, 이데올로기와 관습, 규범과 전통 및 지식과 기술 등을 모두 포함한 종합적인 개념으로 조직전체와 구성원들의 행동에 영향을 미친다. 조직의 구성원들은 조직문화 속에서 활동하고 있지만 이를 의식하지 못하는 경우가 많다. 조직문화에 자연스럽게 융화되어 생활하는 경우도 있지만, 새로운 직장으로 옮겼을 때와 같이 조직문화의 특징을 알지 못하여 조직적응에 문제를 일으키는 경우도 있다.

13 ③

경영참가는 경영자의 고유 권한(경영자와 근로자의 공동 권한이 아닌)인 의사결정과정에 근로자 또는 노동조합이 참여하는 것이다. 경영참가의 초기단계에서는 경영자 층이 경영 관련 정보를 근로자에게 제공하고 근로자들은 의견만을 제출하는 정보참가 단계를 가진다. 정보참가 단계보다 근로자들의 참여권한이 확대되면 노사 간 서로 의견을 교환하여 토론하며 협의하는 협의참가 단계를 거친다. 다만 이 단계에서 이루어진 협의결과에 대한 시행은 경영자들에게 달려있다. 마지막은 근로자와 경영자가 공동으로 결정하고 결과에 대하여 공동의 책임을 지는 결정참가 단계이다. 이 단계에서는 경영자의 일방적인 경영권은 인정되지 않는다. 경영능력이 부족한 근로자가 경영에 참여할 경우 의사결정이 늦어지고 합리적으로 일어날 수 없으며, 대표로 참여하는 근로자가 조합원들의 권익을 지속적으로 보장할 수 있는가도 문제가 된다. 또한 경영자의 고유한 권리인 경영권을 약화시키고, 오히려 경영참가제도를 통해 분배문제를 해결함으로써 노동조합의 단체교섭 기능이 약화될 수 있다.

14 ④

조직의 구성원들이 경영에 참여하는 것을 경영참가제도라 한다. 경영참가제도는 조직의 경영에 참가하는 공동의사결정제도와 노사협의회제도, 이윤에 참가하는 이윤분배제도, 자본에 참가하는 종업원지주제도 및 노동주제도 등이 있다. 종업원지주제란 회사의 경영방침과 관계법령을 통해 특별한 편의를 제공, 종업원들이 자기회사 주식을 취득하고 보유하는 제도를 말한다.

15 ②

제품의 생산 기술력이 공개되어 있고 특별한 노하우가 필요하지 않다는 점, 브랜드 이미지나 생산업체의 우수성 등이 중요한 마케팅 요소로 작용되지 않는다는 점 등으로 인해 기술적 차별화를 이루기 어려우며, 모든 대중들에게 계층 구분 없이 같은 제품이 보급되어 쓰이고 있는 소모품이라는 점 등으로 인해 일부 특정 시장을 겨냥한 집중화 전략도 적절하다고 볼 수 없다. 이 경우, 원자재 구매력 향상이나 유통 단계 효율화 등을 통한 원가우위 전략이 효과적이라고 볼 수 있다.

16 ②

조직문화는 조직의 방향을 결정하고 존속하게 하는데 중요한 요인이지만, 개성 있고 강한 조직 문화는 다양한 조직구성원들의 의견을 받아들일 수 없거나, 조직이 변화해야 할 시기에 장애요인으로 작용하기도 한다.

17 ④

차별화 전략은 조직이 생산품이나 서비스를 차별화하여 고객에게 가치가 있고 독특하게 인식되도록 하는 전략이다. 차별화 전략을 활용하기 위해서는 연구개발이나 광고를 통하여 기술, 품질, 서비스, 브랜드 이미지를 개선할 필요가 있다. 직원들의 복지를 위해 휴게 시설을 확충하는 것은 넓은 의미에서 고객에 대한 서비스 질의 향상을 도모하는 방안일 수 있으나 차별화된 가치를 서비스하는 일과 직접적인 연관이 있다고 볼 수는 없다.

18 ④

경영전략을 수립하고 각종 경영정보를 수집/분석하는 업무를 하는 기획팀에서 요구되는 자질은 재무/회계/경제/경영 지식, 창의력, 분석력, 전략적 사고 등이다.

19 ④

지원본부의 역할은 생산이나 영업 등 자체의 활동보다 출장이나 교육 등 타 팀이나 전사 공통의 업무 활동에 있어 해당 조직 자체적인 역량으로 해결하기 어렵거나 곤란한 업무를 원활히 지원해 주는 일이 주된 업무 내용이 된다. 제시된 팀은 지원본부(기획, 총무, 인사/교육, 홍보/광고), 사업본부(마케팅, 영업, 영업관리), 생산본부(생산관리, 생산기술, 연구개발) 등으로 구분하여 볼 수 있다.

20 ③

어느 조직이라도 조직의 업무를 방해하는 요인이 자연스럽게 생겨나게 된다. 전화, 방문, 인터넷, 메신저, 갈등관리, 스트레스 등이 대표적인 형태의 업무 방해요인이다. 업무를 효과적으로 수행하기 위해서는 방해요인에는 어떤 것이 있는지 알아야 한다. 특히, 방해요인들을 잘 활용하면 오히려 도움이 되는 경우도 있으므로 이를 효과적으로 통제하고 관리할 필요가 있다. 반드시 모든 이메일에 즉각적으로 대답할 필요는 없으며, 선별을 하고 시간을 정해 계획대로 처리한다면 보다 효과적이고 생산적인 시간 내에 많은 이메일을 관리할 수 있다.

21 ④

공식조직은 조직의 구조, 기능, 규정 등이 조직화되어 있는 조직을 의미하며, 비공식조직은 개인들의 협동과 상호작용에 따라 형성된 자발적인 집단 조직이다. 또한 영리성을 기준으로 영리조직과 비영리조직으로 구분되며, 규모에 의해 대규모 조직과 소규모 조직으로 구분할 수 있다. ④ 종교단체는 영리를 추구하지 않으므로 비영리조직을 볼 수 있으나, 구조, 기능, 규정을 갖춘 공식조직으로 분류된다.

22 ②

경영은 한마디로 조직의 목적을 달성하기 위한 전략, 관리, 운영활동이다. 즉, 경영은 경영의 대상인 조직과 조직의 목적, 경영의 내용인 전략, 관리, 운영으로 이루어진다. 과거에는 경영(administration)을 단순히 관리(management)라고 생각하였다. 관리는 투입되는 자원을 최소화하거나 주어진 자원을 이용하여 추구하는 목표를 최대한 달성하기 위한 활동이다.

23 ④

집단의사결정은 한 사람이 가진 지식보다 집단이 가지고 있는 지식과 정보가 더 많아 효과적인 결정을 할수 있다. 또한 다양한 집단구성원이 갖고 있는 능력은 각기 다르므로 각자 다른 시각으로 문제를 바라봄에 따라 다양한 견해를 가지고 접근할 수 있다. 집단의사결정을 할 경우 결정된 사항에 대하여 의사결정에 참여한 사람들이 해결책을 수월하게 수용하고, 의사소통의 기회도 향상되는 장점이 있다. 반면에 의견이 불일치하는 경우 의사결정을 내리는 데 시간이 많이 소요되며, 특정 구성원들에 의해 의사결정이 독점될 가능성이 있다.

24 ③

③ 최 이사와 노 과장의 동반 해외 출장 보고서는 최 이사가 임원이므로 사장이 최종 결재권자가 되어야하는 보고서가 된다.
① 직원의 휴가는 본부장이 최종 결재권자이다.
② 직원의 해외 출장은 본부장이 최종 결재권자이다.
④ 백만 불을 기준으로 결재권자가 달라진다.

25 ②

'갑' 기업의 상설 조직은 공식적, '을' 기업의 당구 동호회는 비공식적 집단이다. 공식적인 집단은 조직의 공식적인 목표를 추구하기 위해 조직에서 의도적으로 만든 집단이다. 따라서 공식적인 집단의 목표나 임무는 비교적 명확하게 규정되어 있으며, 여기에 참여하는 구성원들도 인위적으로 결정되는 경우가 많다.

26 ③

우수한 인재를 채용하고자 하는 등의 기본 방침을 설정하는 일은 조직 경영자로서의 역할이라 할 수 있으나, 그에 따른 구체적인 채용 기준을 마련하는 일은 해당 산하 조직의 역할이라고 보아야 한다.

27 ③

제시문은 기업 인수와 합병 즉, M&A의 의미와 기업에게 주는 의미를 간략하게 설명하는 글이다. 기업 입장에서 M&A는 기업의 외적 성장을 위한 발전전략으로 이해된다. 따라서 M&A는 외부적인 경영자원을 활용하여 기업의 성장을 도모하는 가장 적절한 방안으로 볼 수 있는 것이다. '인수'는 상대 기업을 인수받아 인수하는 기업의 일부로 예속하게 되는 것이며, '합병'은 두 기업을 하나로 합친다는 의미를 갖는다. 두 가지 모두 기업 경영권의 변화가 있는 것으로, 제휴나 합작 등과는 다른 개념이다.

28 ①

(개) 위계를 강조하는 조직문화 하에서는 조직 내부의 안정적이고 지속적인 통합, 조정을 바탕으로 일사불란한 조직 운영의 효율성을 추구하게 되는 특징이 있다. 조직원 개개인의 능력과 개성을 존중하는 모습은 혁신과 관계를 지향하는 조직문화에서 찾아볼 수 있는 특징이다.

29 ①

윤리경영의 특징
㉠ 윤리경영은 경영활동의 옳고 그름에 대한 판단 기준이다.
㉡ 윤리경영은 경영활동의 규범을 제시해준다.
㉢ 윤리경영은 경영의사결정의 도덕적 가치기준이다.
㉣ 윤리경영은 응용윤리이다

30 ③

조직기구의 업무분장 및 조절 등에 관한 사항은 인사부에서 관리한다.

31 ④

업무지시문에 첨부된 업무협조전 양식을 사용하여야 한다.

32 ③

경영전략 추진과정은 전략목표 설정→환경분석→경영전략 도출→경영전략 실행→평가 및 피드백 순이다.

33 ③

기획부는 회사에서 어떤 일을 꾀하여 계획하는 일을 맡아보는 부서로, 제시된 업무는 기획부에서 담당하고 있는 업무이다.

34 ②

브레인스토밍 기법은 아이디어의 질보다 양에 초점을 맞춘 것으로서 집단 구성원들은 즉각적으로 생각나는 아이디어를 제시할 수 있으며, 그로 인해 브레인스토밍은 다량의 아이디어를 도출해낼 수 있다. 또한, 구성원들은 자신이 가지고 있던 기존 아이디어를 개선해 더욱 더 발전된 형태의 아이디어를 창출할 수 있는데, 이는 다른 사람의 의견을 참고해서 창의적으로 조합할 수 있기 때문이다.

35 ④

C2C(Customer to Customer)는 인터넷을 통한 직거래 또는 물물교환, 경매 등에서 특히 많이 활용되는 전자상거래 방식이다. CJ 오쇼핑이 제공하는 서비스는 "수수료를 받지 않고 개인 간 물품거래를 제공하는 스마트폰 애플리케이션 '오늘 마켓'을 서비스 한다"는 구절을 보면 알 수 있다.

36 ②

직무순환은 종업원들의 여러 업무에 대한 능력개발 및 단일직무로 인한 나태함을 줄이기 위한 것에 그 의미가 있으며, 여러 가지 다양한 업무를 경험함으로써 종업원에게도 어떠한 성장할 수 있는 기회를 제공한다. 따라서 인사와 교육의 측면에서 장기적 관점으로 검토해야 한다.

37 ①

조직체제 구성요소

㉠ 조직목표 : 조직이 달성하려는 장래의 상태로 조직이 존재하는 정당성과 합법성을 제공한다. 전체 조직의 성과, 자원, 시장, 인력개발, 혁신과 변화, 생산성에 대한 목표가 포함된다.

㉡ 조직구조 : 조직 내의 부문 사이에 형성된 관계로 조직목표를 달성하기 위한 조직구성원들의 상호작용을 보여준다. 조직구조는 결정권의 집중정도, 명령계통, 최고경영자의 통제, 규칙과 규제의 정도에 따라 달라지며 구성원들의 업무나 권한이 분명하게 정의된 기계적 조직과 의사결정권이 하부구성원들에게 많이 위임되고 업무가 고정적이지 않은 유기적 조직으로 구분될 수 있다. 조직의 구성은 조직도를 통해 쉽게 파악할 수 있는데, 이는 구성원들의 임무, 수행하는 과업, 일하는 장소 등을 파악하는데 용이하다.

㉢ 조직문화 : 조직이 지속되게 되면서 조직구성원들 간에 공유되는 생활양식이나 가치로 조직구성원들의 사고와 행동에 영향을 미치며 일체감과 정체성을 부여하고 조직이 안정적으로 유지되게 한다. 최근 조직문화에 대한 중요성이 부각되면서 긍정적인 방향으로 조성하기 위한 경영층의 노력이 이루어지고 있다.

㉣ 조직의 규칙과 규정 : 조직의 목표나 전략에 따라 수립되어 조직구성원들의 활동범위를 제약하고 일관성을 부여하는 기능을 하는 것으로 인사규정, 총무규정, 회계규정 등이 있다. 특히 조직이 구성원들의 행동을 관리하기 위하여 규칙이나 절차에 의존하고 있는 공식화 정도에 따라 조직의 구조가 결정되기도 한다.

38 ④

기업은 환경 경영, 윤리 경영과 노동자를 비롯한 사회 전체의 이익을 동시에 추구하며 그에 따라 의사 결정 및 활동을 하는 사회적 책임을 가져야 한다.
㉠ 기업은 이윤 추구를 주된 목적으로 하는 사적 집단이다.

39 ④

민츠버그의 경영자 역할
㉠ 대인적 역할 : 상징자 혹은 지도자로서 대외적으로 조직을 대표하고 대내적으로 조직을 이끄는 리더로서의 역할
㉡ 정보적 역할 : 조직을 둘러싼 외부 환경의 변화를 모니터링하고, 이를 조직에 전달하는 정보전달자로서의 역할
㉢ 의사결정적 역할 : 조직 내 문제를 해결하고 대외적 협상을 주도하는 협상가, 분쟁조정자, 자원배분자로서의 역할

40 ②

조직 문화의 분류와 그 특징은 다음과 같은 표로 정리될 수 있다. ㈐와 같이 개인의 자율성을 추구하는 경우는 조직문화의 고유 기능과 거리가 멀다고 보아야 한다.

관계지향 문화	– 조직 내 가족적인 분위기의 창출과 유지에 가장 큰 역점을 둠. – 조직 구성원들의 소속감, 상호 신뢰, 인화/단결 및 팀워크, 참여 등이 이 문화유형의 핵심가치로 자리 잡음.
혁신지향 문화	– 조직의 유연성을 강조하는 동시에 외부 환경에의 적응성에 초점을 둠. – 따라서 이러한 적응과 조직성장을 뒷받침할 수 있는 적절한 자원획득이 중요하고, 구성원들의 창의성 및 기업가정신이 핵심 가치로 강조됨.
위계지향 문화	– 조직 내부의 안정적이고 지속적인 통합/조정을 바탕으로 조직효율성을 추구함. – 이를 위해 분명한 위계질서와 명령계통, 그리고 공식적인 절차와 규칙을 중시하는 문화임.
과업지향 문화	– 조직의 성과 달성과 과업 수행에 있어서의 효율성을 강조함. – 따라서 명확한 조직목표의 설정을 강조하며, 합리적 목표 달성을 위한 수단으로서 구성원들의 전문능력을 중시하며, 구성원들 간의 경쟁을 주요 자극제로 활용함.

41 ①

100만 원을 초과하는 금액을 법인카드로 결제할 경우, 대표이사를 최종결재권자로 하는 법인카드신청서를 작성해야 한다. 따라서 문서의 제목은 법인카드신청서가 되며, 대표이사가 최종결재권자이므로 결재란에 '전결' 또는 상향대각선 등 별다른 표기 없이 작성하면 된다.

42 ④

50만 원 이하의 출장비신청서가 필요한 란에는 '전결'이라고 표시하고 최종 결재권자란에 본부장이 결재를 하게 된다.

43 ②

시계열 자료는 주가 지수의 경우처럼 매 단위 시간에 따라 측정되어 생성되는데 횡단면 자료에 비하여 상대적으로 적은 수의 변수로 구성된다.

44 ②

지식기반 조직의 경우 구성원들로 하여금 개인의 목표 및 조직의 목표를 성취하는 데 있어 필요한 지식 및 기술을 찾아내 활용 가능하도록 보장한 조직이다.

45 ②

목표에 의한 관리는 개인과 조직의 목표를 명확히 규정함으로써 구성원의 목표를 상급자 및 조직전체의 목표와 일치하도록 하기 때문에 조직목표 달성에 효과적으로 기여한다는 것이다.

46 ④

관찰법은 행동이나 상황 등의 겉으로 드러나는 것에 대해서는 관찰이 가능하지만, 피관찰자의 생각, 느낌, 동기 등에 대해서는 관찰이 불가능하다.

47 ④

EDI는 소요시간이 단축되고 정확하며 노동력을 절감할 수 있어 기업의 업무효율을 높이는데 기여할 수 있다.

48 ④

관료제 조직관은 각 사람들의 직무를 명백한 과업으로 세분화한다.

49 ②

의사결정지원 시스템에서 제시하는 대안이 문제해결의 답이 아니라 보조적인 지식일 수도 있고, 또 답안을 제시하더라도 문제의 해답이 아닐 수 있다.

50 ②

막스 베버의 관료제는 안정적이면서도 명확한 권한계층이 이루어진다.

1	③	2	②	3	②	4	③	5	④	6	④	7	③	8	④	9	③	10	①
11	③	12	③	13	④	14	③	15	④	16	④	17	②	18	③	19	④	20	①
21	②	22	④	23	③	24	②	25	④	26	④	27	④	28	②	29	③	30	③
31	③	32	④	33	④	34	③	35	②	36	①	37	④	38	④	39	③	40	④
41	②	42	④	43	④	44	②	45	④	46	②	47	④	48	④	49	④	50	③

1 ③

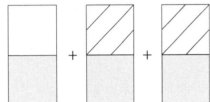

$(30+10) \times 0.2 + (20+10) \times 4 \times 2 = 8 + 240 = 248$억 원

2 ②

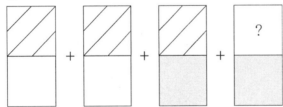

$(30+20) \times 2 \times 2 + (20+10) \times 4 = 320$억 원이다.

?가 상업인 경우 +20, 제조업인 경우 +8, 공업인 경우 +120이므로 총 수익이 400억 원 이상이 되기 위해서는 공업이 들어와야 한다.

3 ②

주어진 자료를 보면 본사에서 B영업소까지 거리가 가장 멀기 때문에 A영업소나 C영업소로 출발하고 돌아오는 루트가 최단거리가 된다. 따라서 '본사-A-B-E-D-C-본사'의 순서 또는 그 역순으로 방문하는 것이 가장 짧다. 따라서 156km가 적절하다.

4 ③

A제품의 생산량을 x개라 하면, B제품의 생산량은 $(50-x)$개이므로,

$50x + 20(50-x) \le 1,600$ …… ㉠

$3x + 5(50-x) \le 240$ …… ㉡

㉠을 정리하면 $x \le 20$

㉡을 정리하면 $x \ge 5$

따라서 ㉠과 ㉡을 합치면 $5 \le x \le 20$이므로,

이익이 더 큰 A제품을 x의 최댓값인 20개 생산할 때 이익이 최대가 된다.

---

5 ④

(개) 1일 평균 근로시간은 '근로시간 ÷ 근로일수'로 계산할 수 있으며, 연도별로 8.45시간, 8.44시간, 8.47시간, 8.45시간으로 2016년이 가장 많다.

(내) 1일 평균 임금총액은 '임금총액 ÷ 근로일수'로 계산할 수 있으며, 연도별로 149.2천 원, 156.4천 원, 161.6천 원, 165.4천 원으로 매년 증가하였다.

(대) 1시간 당 평균 임금총액은 '임금총액 ÷ 근로시간'으로 계산할 수 있으며, 연도별로 17.7천 원, 18.5천 원, 19.1천 원, 19.6천 원으로 매년 증가하였다.

(라) 2014년~2016년의 수치로 확인해 보면, 근로시간이 더 많은 해에 임금총액도 더 많다고 할 수 없으므로 비례관계가 성립하지 않는다.

---

6 ④

한 달 평균 이동전화 사용 시간을 x라 하면 다음과 같은 공식이 성립한다.

$15,000 + 180x > 18,000 + 120x$

$60x > 3,000$

$x > 50$

따라서 이용전화 사용 시간이 50분 이상일 때부터 B요금제가 유리하다고 할 수 있다.

---

7 ③

업무상 지출의 개념이 개인 가계에 적용될 경우, 의식주에 직접적으로 필요한 비용은 직접비용, 세금, 보험료 등의 비용은 간접비용에 해당된다. 따라서 간접비용은 보험료, 공과금, 자동차 보험료, 병원비로 볼 수 있다. 총 지출 비용이 10,201만 원이며, 이 중 간접비용이 20+55+11+15=101만 원이므로 101÷10,201×100= 약 0.99%가 됨을 알 수 있다.

---

8 ④

보기1에 의하면 네 개 지역 총 선거인수가 817,820명이며 영덕군과 포항시의 총 선거인수를 더하여 40만 명이 넘어야 하므로 ㉣은 반드시 영덕군 또는 포항시가 된다.

보기2에 의하면 영덕군과 군산시의 기표소 투표자 합이 10만 명을 넘지 않아야 하므로 ㉣은 영덕군과 군산시가 될 수 없음을 알 수 있다. 따라서 보기1과 보기2에 의해 ㉣은 포항시가 될 수밖에 없다. 또한 영덕군과 군산시는 ㉠과 ㉢ 또는 ㉡과 ㉢중 한 지역이어야 한다.

보기3에 의해 경주시, 영덕군과 각각 5.1%p의 찬성율 차이를 보이는 ⓛ이 군산시가 됨을 알 수 있다. 따라서 ⓒ이 영덕군이 되며, 나머지 ⓗ이 경주시가 됨을 알 수 있다. 따라서 이를 정리하면, 순서대로 경주시 – 군산시 – 영덕군 – 포항시가 된다.

9 ③

〈보기〉의 의견을 살펴보면 다음과 같다.

가. 중국, 미국, 인도 등의 나라가 소비 순위 1~3위를 차지하고 있다는 것은 인구수와 에너지 및 전력의 소비량이 대체적으로 비례한다고 볼 수 있다.

나. 단순 수치로 비교할 경우, 미국은 에너지 소비량 대비 석유 소비량이 $838 \div 2,216 \times 100 =$ 약 38% 수준이나, 일본은 $197 \div 442 \times 100 =$ 약 45% 수준이므로 일본이 가장 많다.

다. 석유 : 전력의 비율을 의미하므로 인도의 경우 $1,042 \div 181 =$ 약 5.8배이나 중국의 경우 $5,357 \div 527 =$ 약 10.2배이므로 중국의 비율 차이가 가장 크다(어림값으로도 비교 가능).

10 ①

두 사람이 받게 될 수당을 계산하여 표로 정리하면 다음과 같다.

	시간외 근무	야간 근무	휴일 근무	합계
오 과장	$320 \times 1.5 \div 200 \times 18 = 43.2$만 원	$320 \times 0.5 \div 200 \times 4 = 3.2$만 원	$320 \times 0.5 \div 200 \times 8 = 6.4$만 원	52.8만 원
권 대리	$280 \times 1.5 \div 200 \times 22 = 46.2$만 원	$280 \times 0.5 \div 200 \times 5 = 3.5$만 원	$280 \times 0.5 \div 200 \times 12 = 8.4$만 원	58.1만 원

따라서 두 사람의 수당 합계 금액은 52.8+58.1=110.9만 원이 된다.

11 ③

순환보직을 원칙으로 탄력적인 인력 배치는 조직의 상황과 개인의 역량 및 특성에 맞는 인력의 적재적소 배치를 위한 방안으로 볼 수 있다. 또한, 학력이나 연령 등의 폐지는 실제 업무에 필요한 능력과 자질을 갖추고도 학력이나 연령 제한에 의해 능력이 사장되는 상황을 방지할 수 있는 방안이 될 수 있어 능력주의 원칙으로 볼 수 있으며, 역량과 업적을 평가하여 각 조직 간 인력 배치의 균형을 이룰 수 있는 근거를 마련할 수 있다는 점에서 균형주의 원칙으로 볼 수 있다.

12 ③

싱가포르의 경우 수에즈 운하를 경유하는 것이 가장 짧은 거리이며, 다음으로 파나마 운하, 희망봉의 순임을 알 수 있다.

13 ④

광산물의 경우 총 교역액에서 수출액이 차지하는 비중은 $39,456 \div 39,975 \times 100 =$ 약 98.7%이나, 잡제품의 경우 $187,132 \div 188,254 \times 100 =$ 약 99.4%의 비중을 보이고 있으므로 총 교역액에서 수출액이 차지하는 비중이 가장 큰 품목은 잡제품이다.

14 ③

무역수지가 가장 큰 품목은 잡제품으로 무역수지 금액은 187,132−1,122=186,010천 달러에 달하고 있다.

---

15 ④

한 달 평균 이동전화 사용 시간을 x 라 하면 다음과 같은 공식이 성립한다.

$15,000+180x > 18,000 + 120x$

$60x > 3,000$

$x > 50$

따라서 x 는 50분 초과일 때부터 B요금제가 유리하다고 할 수 있다.

---

16 ④

긴급한 일과 중요한 일이 상충될 경우, 팀장의 지시에 의해 중요한 일을 먼저 처리해야 한다. 따라서 시간 관리 매트릭스 상의 Ⅰ → Ⅱ → Ⅲ → Ⅳ의 순으로 업무를 처리하여야 한다. 따라서 보기 ④의 (B) − (F) − (G) − (L)이 가장 합리적인 시간 계획이라고 할 수 있다.

---

17 ②

제시된 항목 중 직접비는 직원 급여, 출장비, 설비비, 자재대금으로 총액 4,000만 원이며, 간접비는 사무실 임대료, 수도/전기세, 광고료, 비품, 직원 통신비로 총액 1,025만 원이다. 따라서 출장비가 280만 원이 되면 직접비 총액이 4,080만 원이 되므로 여전히 간접비는 직접비의 25%가 넘게 된다.

---

18 ③

식량 부족 문제를 해결하기 위해서는 더 많은 식량을 생산해 내야하지만, 토지를 무한정 늘릴 수 없을 뿐 아니라 이미 확보한 토지마저도 미래엔 줄어들 수 있음을 언급하고 있다. 이것은 식량이라는 자원을 초점으로 하는 것이 아닌 이미 포화 상태에 이르러 유한성을 드러낸 토지에서 어떻게 하면 더 많은 식량을 생산할 수 있는지를 고민하고 있다. 따라서 토지라는 자원은 유한하며 어떻게 효율적인 활용을 할 수 있는지를 주제로 담고 있다고 볼 수 있다.

---

19 ④

A사는 높은 가격으로 인한 거래선 유치의 어려움으로 인해 결국 시장점유율이 하락할 것이며, B사는 지속적인 적자 누적으로 제품 생산을 계속할수록 적자폭도 커지게 되는 상황을 맞이하게 될 것이다. 따라서 개발 책정 비용과 실제 발생하는 비용을 동일하게 유지하는 것이 기업에게 가장 바람직한 모습이라고 할 수 있다.

20 ①

기업이 예산 투입을 하는 과정에 있어 비용을 적게 들이는 것이 반드시 좋은 것은 아니다. 기업에서 제품을 개발한다고 할 때, 개발 책정 비용을 실제보다 높게 책정하면 경쟁력을 잃어버리게 되고, 반대로 낮게 책정하면 개발 자체가 이익을 주는 것이 아니라 오히려 적자가 나는 경우가 발생할 수 있다. 그로 인해 책정 비용과 실제 비용의 차이를 줄이고, 비슷한 상태가 가장 이상적인 상태라고 할 수 있다. 또한, 아무리 예산을 정확하게 수립하였다 하더라도 활동이나 사업을 진행하는 과정에서 계획에 따라 적절히 관리하지 않으면 아무런 효과가 없다. 즉 아무리 좋은 계획도 실천하지 않으면 되지 않듯이 예산 또한 적절한 관리가 필요하다. 이는 좁게는 개인의 생활비나 용돈관리에서부터 크게는 사업, 기업 등의 예산관리가 모두 마찬가지이며, 실행과정에서 적절히 예산을 통제해주는 것이 필수적이라고 할 수 있다.

21 ②

기준에 따라 각 상담원의 점수를 계산해 보면 다음과 같다.

	응대친절	의사소통	신속처리	전문성	사후 피드백	합계
상담원 A	1×1.3=1.3	2×1.3=2.6	2×1.2=2.4	4×1.2=4.8	3×1.1=3.3	14.4
상담원 B	4×1.3=5.2	4×1.3=5.2	2×1.2=2.4	2×1.2=2.4	4×1.1=4.4	19.6
상담원 C	2×1.3=2.6	2×1.3=2.6	3×1.2=3.6	4×1.2=4.8	5×1.1=5.5	19.1
상담원 D	2×1.3=2.6	4×1.3=5.2	4×1.2=4.8	4×1.2=4.8	2×1.1=2.2	19.6
상담원 E	4×1.3=5.2	3×1.3=3.9	1×1.2=1.2	3×1.2=3.6	4×1.1=4.4	18.3

따라서 동일한 점수를 얻은 상담원 B, D 중 응대친절 항목에서 높은 점수를 얻은 상담원 B가 최우수 상담원이 된다.

22 ④

평가항목 당 가중치가 없었다면 상담원 B, C, D가 모두 16점이 되나 응대친절 항목에서 높은 점수를 얻은 상담원 B가 최우수 상담원이 된다.

23 ③

(가) 남부지방은 평년 대비 2015년에 장마 기간은 늘어났지만 강수일수와 강수량은 각각 17.1일 → 16.7일, 348.6mm → 254.1mm로 감소하였다.

(나) 2015년의 장마 기간 1일 당 평균 강수량은 중부지방이 220.9÷35=약 6.3mm, 남부지방이 254.1÷36= 약 7.1mm, 제주도가 518.8÷30=약 17.3mm로 제주도-남부지방-중부지방 순으로 많다.

(다) 중부지방, 남부지방, 제주도의 2015년 장마 기간 대비 강수일수 비율은 각각 18.5÷35×100=약 52.9%, 16.7÷36×100=약 46.4%, 13.5÷30×100=45%이므로 강수일수의 많고 적은 순서(중부지방 18.5일, 남부지방 16.7일, 제주도 13.5일)와 동일하다.

(라) 평년에는 강수일수와 강수량이 모두 제주도, 중부지방, 남부지방의 순으로 높은 수치였으나, 2015년에는 강수일수는 중부지방, 남부지방, 제주도 순인 반면 강수량은 제주도, 남부지방, 중부지방의 순임을 알 수 있다.

24 ②

각 공급처로부터 두 물품 모두를 함께 구매할 경우(나)와 개별 구매할 경우(가)의 총 구매가격을 표로 정리해 보면 다음과 같다. 단, 구매 수량은 각각 400개 이상이어야 한다.

공급처	물품	세트 당 포함 수량(개)	세트 가격	(가)	(나)
A업체	경품1	100	85만 원	340만 원	5,025,500원(5% 할인)
	경품2	60	27만 원	189만 원	
B업체	경품1	110	90만 원	360만 원	5,082,500원(5% 할인)
	경품2	80	35만 원	175만 원	
C업체	경품1	90	80만 원	400만 원	5,120,000원(20% 할인)
	경품2	130	60만 원	240만 원	

25 ④

경품1의 세트 당 가격을 5만 원 인하하면 총 판매가격이 4,920,000원이 되어 가장 낮은 공급가가 된다.

26 ④

f를 통해서 H조는 102호, 202호는 A조, 101호 또는 103호에는 E조가 있음을 알 수 있다. 이런 확정 조건을 가지고 방 번호별 그림을 그려보면 다음과 같다.

301호	302호	303호	304호
201호	202호 A조	203호	204호
101호(E조)	102호 H조	103호(E조)	104호

d에서 E조의 방과 B조의 방은 가장 멀리 떨어져 있는 두 개의 방이라고 했으므로 E조의 방은 103호가 될수 없고 결국 101호가 E조 304호가 B조가 된다. 이 경우 c에 의해서 D조는 204호 또는 104호가 되는데 301호와 104호는 가장 멀리 떨어져 있는 두 개의 방이므로 C조와 한 개의 빈 방이 되어야 한다. 따라서 D조는 204호일 수밖에 없다. 이를 위의 표에 표기하면 다음과 같다.

301호 (C조 또는 빈 방)	302호	303호	304호 B조
201호	202호 A조	203호	204호 D조
101호 E조	102호 H조	103호	104호(C조 또는 빈 방)

c에서 G조와 F조는 같은 라인이라 했으므로 이 두 조가 투숙할 수 있는 곳은 3호 라인일 수밖에 없다. 그런데 연이은 3개의 객실 사용은 1개 층에만 있다고 하였으므로 이 두 조가 각각 1층과 2층에 투숙할 수는 없으므로 303호에 한 개 조가 투숙해야 한다.

g에서 연이은 2개의 빈 방은 없다고 하였으므로 만일 C조가 104호에 투숙할 경우 301호와 302호는 연이은 2개의 빈 방이 될 수밖에 없다. 따라서 C조가 301호여야 하고 104호가 빈 방이어야 한다. 또한 104호와 연이은 103호가 빈 방일 수 없으므로 G조와 F조 중 한 방은 103호에 투숙하여야 하며 203호는 빈 방이 될수밖에 없다. 결국 다음과 같이 G조와 F조의 상호 방 번호를 제외한 모든 조의 방 번호가 결정된다.

301호 C조	302호 빈 방	303호 G조 또는 F조	304호 B조
201호 빈 방	202호 A조	203호 빈 방	204호 D조
101호 E조	102호 H조	103호 G조 또는 F조	104호 빈 방

따라서 보기 ④의 'G조의 방과 F조의 방 사이에는 빈 방이 있다'만이 올바른 설명이 된다.

---

27 ④

A의 경우, 가시거리가 100m 이내이긴 하나 5시간 동안 강수량이 75mm이므로 시간당 15mm에 해당되며 호우주의보 발령 단계가 된다. 따라서 1km 이내로 배달지역을 제한하는 것이 좋다.

B의 경우, 24시간 적설량이 20cm을 넘어섰으므로 대설경보 단계이며 배달을 금지하는 것이 좋다.

---

28 ②

주어진 비용 항목 중 원재료비, 장비 및 시설비, 출장비, 인건비는 직접비용, 나머지는 간접비용이다.

• 직접비용 총액 : 4억 2백만 원 + A

• 간접비용 총액 : 6천만 원 + B

간접비용이 전체 직접비용의 30%를 넘지 않게 유지하여야 하므로,

(4억 2백만 원 + A) × 0.3 ≧ 6천만 원 + B

따라서 보기 중 ②와 같이 출장비에 8백만 원, 광고료에 6천만 원이 책정될 경우에만, 직접비용 총계는 4억 1천만 원, 간접비용 총계는 1억 2천만 원이므로 팀장의 지시사항을 준수할 수 있다.

---

29 ③

시간 관리를 효율적으로 하기 위하여 (나), (마), (사)는 다음과 같이 수정되어야 한다.

(나) 시간 배정을 계획하는 일이므로 무리한 계획을 세우지 말고, 실현 가능한 것만을 계획하여야 한다.

(마) 시간계획은 유연하게 해야 한다. 시간계획은 그 자체가 중요한 것이 아니고, 목표달성을 위해 필요한 것이다.

(사) 꼭 해야만 할 일을 끝내지 못했을 경우에는 차기 계획에 반영하여 끝내도록 하는 계획을 세우는 것이 바람직하다.

---

30 ③

① 영업팀은 1명 증가, 생산팀은 5명 증가, 관리팀은 6명 감소로 관리팀의 인원수 변화가 가장 크다.

② 이동 전에는 영업팀 > 관리팀 > 생산팀 순으로 인원수가 많았으나, 이동 후에는 영업팀 > 생산팀 > 관리팀 순으로 바뀌었다.

④ 가장 많은 인원이 이동해 온 부서는 영업팀(9+10=19)과 생산팀(7+12=19)이며, 관리팀으로 이동해 온 인원은 11+5=16명이다.

31 ③

투자계획 A와 B의 차이는 금년 말에는 A만 10억 원의 수익을 내고, 내년 말에는 B가 A보다 11억 원의 수익을 더 낸다는 점이다. 두 투자 계획의 수익성 측면에서 차이가 없으려면 금년 말의 10억 원과 내년 말의 11억 원이 동일한 가치를 가져야 하므로 이자율은 10%이어야 한다.

32 ④

(개), (내), (래)는 조직 차원에서의 인적자원관리의 특징이고, (대)는 개인 차원에서의 인적자원관리능력의 특징으로 구분할 수 있다. 한편, 조직의 인력배치의 3대 원칙에는 적재적소주의 - (래), 능력주의 - (개), 균형주의 - (내)가 있다.

33 ④

자원을 활용하기 위해서는 가장 먼저 나에게 필요한 자원은 무엇이고 얼마나 필요한지를 명확히 설정하는 일이다. 무턱대고 많은 자원을 수집하는 것은 효율적인 자원 활용을 위해 바람직하지 않다. 나에게 필요한 자원을 파악했으면 다음으로 그러한 자원을 수집하고 확보해야 할 것이다. 확보된 자원을 유용하게 사용할 수 있는 활용 계획을 세우고 수립된 계획에 따라 자원을 활용하는 것이 적절한 자원관리 과정이 된다. 따라서 이를 정리하면, 다음 순서와 같다.

1) 어떤 자원이 얼마나 필요한지를 확인하기
2) 이용 가능한 자원을 수집(확보)하기
3) 자원 활용 계획 세우기
4) 계획에 따라 수행하기의 4단계가 있다.

34 ③

A제품의 생산량을 x개라 하면, B제품의 생산량은 $(50-x)$개이므로,

$50x + 20(50-x) \leq 1,600$ …… ㉠

$3x + 5(50-x) \leq 240$ …… ㉡

㉠을 정리하면 $x \leq 20$

㉡을 정리하면 $x \geq 5$

따라서 ㉠과 ㉡을 합치면 $5 \leq x \leq 20$이므로, 이익이 더 큰 A제품을 x의 최댓값인 20개 생산할 때 이익이 최대가 된다.

35 ②

②는 간접비용, 나머지는 직접비용의 지출 항목으로 분류해야 한다.

※ 직접비용과 간접비용으로 분류되는 지출 항목은 다음과 같은 것들이 있다.

　　㉠ 직접비용 : 재료비, 원료와 장비, 시설비, 출장 및 잡비, 인건비 등
　　㉡ 간접비용 : 보험료, 건물관리비, 광고비, 통신비, 사무비품비, 각종 공과금 등

36 ①

같은 양의 시간이라도 그 가치는 어떻게 사용하느냐에 따라서 달라진다. 시간을 자원이란 개념으로 보았을 때 가치를 어떻게 사용하느냐에 따라서 막대한 손실 또는 엄청난 이익을 가져다 줄 수도 있는 것으로 보는 능력이 필요하다.

37 ④

현대사회에서는 물적 자원에 대한 관리가 매우 중요한 사안이며 bar code와 QR 코드뿐 아니라 이를 지원하는 다양한 기법이나 프로그램들이 개발되고 있어 bar code와 QR 코드에 대한 이해가 필요하다.

④ bar code의 정보는 검은 막대와 하얀 막대의 서로 다른 굵기의 조합에 의해 기호화 되는 것이며, 제품군과 특성을 기준으로 물품을 대/중/소분류에 의해 관리하게 된다.

38 ④

㈎ 1일 평균 근로시간은 '근로시간÷근로일수'로 계산할 수 있으며, 연도별로 8.45시간, 8.44시간, 8.47시간, 8.45시간으로 2016년이 가장 많다.

㈏ 1일 평균 임금총액은 '임금총액÷근로일수'로 계산할 수 있으며, 연도별로 149.2천 원, 156.4천 원, 161.6천 원, 165.4천 원으로 매년 증가하였다.

㈐ 1시간 당 평균 임금총액은 '임금총액÷근로시간'으로 계산할 수 있으며, 연도별로 17.7천 원, 18.5천 원, 19.1천 원, 19.6천 원으로 매년 증가하였다.

㈑ 2014년~2016년의 수치로 확인해 보면, 근로시간이 더 많은 해에 임금총액도 더 많다고 할 수 없으므로 비례관계가 성립하지 않는다.

39 ③

③은 기업 경영의 목적에 대한 설명이다. 기업 경영에 필수적인 네 가지 자원으로는 시간, 예산, 인적자원, 물적 자원이 있으며, 물적 자원은 다시 인공자원과 천연자원으로 나눌 수 있다.

40 ④

시간자원, 예산자원, 인적자원, 물적 자원은 많은 경우에 상호 보완적으로 또는 상호 반대급부의 의미로 영향을 미치기도 한다. 제시 글과 같은 경우뿐 아니라 시간과 돈, 인력과 시간, 인력과 돈, 물적 자원과 인력 등 많은 경우에 있어서 하나의 자원을 얻기 위해 다른 유형의 자원이 동원되기도 한다.

41 ②

② 통화 중 잠시 급한 일을 보고 계속 통화를 하는 것은 통화 도중에 상대방을 잠시 기다리게 할 경우로서 통화대기가 아닌 통화보류에 해당한다. 따라서 CAMP 버튼이 아닌 보류버튼을 써야 한다.

① 착신전환 기능에 대한 설명이다.

③ 통화전환 기능에 대한 설명이다.

④ 전화 당겨 받기 기능에 대한 설명이다.

42 ④

각 여행지별 2명의 하루 평균 가격을 도표로 정리하면 다음과 같다.

관광지	일정	2명의 하루 평균 가격
갑지	5일	$599,000 \div 5 \times 2 = 239,600$원
을지	6일	$799,000 \div 6 \times 2 = 266,333$원, 월~금은 주중 할인이 적용되어 하루 평균 $266,333 \times 0.8 = 213,066$원이 된다. 따라서 월~토 일정 동안의 전체 금액[$(213,066 \times 5) + 266,333$]에서 하루 평균 가격을 구하면 $221,943$원이다.
병지	8일	$999,000 \div 8 = 124,875$원(1명), $999,000 \div 8 \times 0.8 = 99,900$원(1명) 따라서 2명은 $124,875 + 99,900 = 224,775$원
정지	10일	$1,999,000 \div 10 = 199,900$원(1명), $1,999,000 \div 10 \times 0.5 = 99,950$원(1명) 따라서 2명은 $199,900 + 99,950 = 299,850$원

43 ④

박 대리의 지난주와 이번 주의 소비 지출액은 각각 2만 × 7 + 3만 × 3 + 2만 × 6 = 35만 원과 3만 × 5 + 2만 × 4 + 3만 × 4 = 35만 원으로 같다.

㈎ 만일 지난주에 이번 주와 같은 소비(외식 5회, 책 4회, 의류 구입 4회)를 선택하였다면 2만 × 5 + 3만 × 4 + 2만 × 4 = 30만 원이 들게 되므로 책정한 돈은 충분하다. (X)

㈏ 반대로 이번 주에 지난주와 같은 소비(외식 7회, 책 3회, 의류 구입 6회)를 선택하였다면 3만 × 7 + 2만 × 3 + 3만 × 6 = 45만 원으로 돈이 부족하게 된다. (O)

㈐㈑ 지난주에 이번 주와 같은 소비를 하였다면, 35만 원 중 5만 원이 남아 다른 소비가 가능해지는데, 그러지 않은 이유는 지난주 소비(외식 7회, 책 3회, 의류 구입 6회)를 통해 얻은 만족도가 이번 주 소비를 통해 얻은 만족도보다 높거나 같기 때문이라는 추론이 가능하다. 반면, 이번 주에 지난주처럼 소비하지 못한 것은 재화의 가격 변화로 책정한 돈이 부족해져 구매를 포기했다고 추론할 수 있다. 따라서 박 대리는 지난주에 비해 이번 주에 만족도가 떨어졌다는 것이라는 추론이 가능하다.

44 ②

- A프로젝트 : 200만 원 투자, 수익률 9%로 1년 후 18만 원의 수익이 발생한다.
- B프로젝트 : 400만 원 투자(그 중 200만 원은 연리 5%로 대출받음. 따라서 10만 원의 비용이 발생한다.)

따라서 B프로젝트를 선택하려면, 적어도 28만 원보다 많은 수익이 발생하여야 한다. 400만 원 중 수익이 28만 원보다 많으려면, 수익률이 적어도 7%보다 높아야 하며 따라서 7.1%가 연간 예상 수익률의 최저 수준이 됨을 알 수 있다.

45 ④

물류비를 10% 절감하면 40억 원, 경상이익은 140억이 된다. 그러므로 매출액은 2,800억 원이 되므로 40%가 증가한다고 볼 수 있다.

46 ②

그린석(외야)에 무료입장할 수 있는 대상은 어린이 회원이다. 7세 이하 미취학 아동은 보호자 동반 시 무료 입장이 가능하나, 좌석은 제공되지 않는다고 언급되어 있다.

① 익일 취소 시 수수료가 발생하며, 예매일과 취소일이 같을 경우 수수료가 청구되지 않는다고 규정되어 있다.

③ 금, 토, 일, 월요일 4일간 주말 요금이 적용된다.

④ 주중 성인회원 레드석 입장료는 8,000원이나, K팀 L카드 3,000원 할인이 적용되어 5,000원이 되며 할인은 결제 시에 반영되어 적게 지불하게 된다.

---

47 ④

금요일이므로 주말 가격이 적용되며, 블루석 기준 각 인원의 입장료를 지불 방법에 따라 구분하여 정리하면 다음과 같다.

〈K팀 L카드로 결제〉
김 과장 : 13,000 − 3,000 = 10,000원
아내 : 15,000 − 3,000 = 12,000원
노부 : 15,000 − 3,000 = 12,000원(경로우대자이나, 외야석이 아니므로 할인 대상에서 제외됨)
큰 아들 : 15,000 − 3,000 = 12,000원
작은 아들 : 7,500 − 3,000 = 4,500원
총 : 50,500원

〈S카드로 결제〉
작은 아들 친구 2명 : 7,500 × 2 = 15,000원(청구 시에 할인 반영되므로, 결제 시에는 할인 없이 1인당 7,500원을 결제하게 된다.)
따라서 7명의 총 입장료는 50,500원 + 15,000원 = 65,500원이 된다.

---

48 ④

수익이 가장 크기 위해서는 분기별 소비자 선호 품목에 대한 홍보를 진행해야 한다. 4분기 선호 품목은 P 제품과 R 제품으로 이 제품들의 수익률에 변동이 발생한다. 해당 내용을 반영한 수익체계표를 만들어 보면 다음과 같다.

		B회사		
		P제품	Q제품	R제품
A회사	P 제품	(7.5, −0.5)	(4.5, −1)	(−3, 4.5)
	Q 제품	(−1, 4.5)	(−3, 2)	(3, 3)
	R 제품	(−1, 9)	(6, −1)	(−0.5, −1)

따라서 4분기에는 R + P제품 조합의 경우 −1 + 9 = 8억 원이 되어 두 회사의 수익의 합이 가장 큰 조합이 된다.

49 ④

2분기의 수익체계표를 만들어 1분기와 비교하면 다음과 같다.

〈1분기, Q제품 홍보〉

		B회사		
		P제품	Q제품	R제품
A회사	P 제품	(5, −1)	(3, −0.5)	(−6, 3)
	Q 제품	(−0.5, 3)	(−1.5, 3)	(4.5, 2)
	R 제품	(−2, 6)	(4, −0.5)	(−1, −2)

〈2분기, P제품 홍보〉

		B회사		
		P제품	Q제품	R제품
A회사	P 제품	(7.5, −0.5)	(4.5, −1)	(−3, 3)
	Q 제품	(−1, 4.5)	(−3, 2)	(3, 2)
	R 제품	(−2, 9)	(4, −1)	(−1, −2)

④ B회사가 1분기 Q제품을 판매할 경우의 수익액은 −0.5+3−0.5=2억 원인 반면, 2분기에 Q제품을 판매할 경우의 수익액은 −1+2−1=0억 원으로 1분기에 Q제품을 판매하는 것이 2분기에 Q제품을 판매하는 것보다 더 유리하다.

① A회사는 R제품을 판매할 때의 수익액에 변동이 없다.(−2+4−1 → −2+4−1)

② 1분기에는 Q+R조합이, 2분기에는 P+P 또는 R+P조합의 수익이 가장 크다.

③ 양사에서 모두 R제품을 판매할 경우 1분기와 2분기 동일하게 총 −3억 원의 손실이 발생하는 수익구조를 보인다.

50 ③

재고수량에 따라 완성품을 A 부품으로는 100/2=50개, B 부품으로는 300/3=100개, C 부품으로는 2,000/20=100개, D 부품으로는 150/1=150개 까지 만들 수 있다. 완성품은 A, B, C, D가 모두 조립되어야 하므로 50개만 만들 수 있다. 완성품 1개당 소요 비용은 완성품 1개당 소요량과 단가의 곱으로 구하면 되므로 A 부품 2×50=100원, B 부품3×100=300원, C 부품 20×10=200원, D 부품 1×400=400원이다. 이를 모두 합하면 100+300+200+400=1,000원이 된다.

1	③	2	①	3	②	4	④	5	①	6	④	7	②	8	③	9	③	10	③
11	③	12	③	13	②	14	③	15	③	16	④	17	①	18	③	19	③	20	④
21	①	22	③	23	②	24	①	25	①	26	②	27	①	28	④	29	④	30	②
31	④	32	③	33	②	34	③	35	①	36	④	37	②	38	②	39	②	40	④
41	③	42	②	43	④	44	②	45	④	46	②	47	③	48	②	49	②	50	③

1　③

직원 50명 중에서 임의로 선택한 1명이 1년차 직원인 사건을 A, 주제 B를 고르는 사건을 B라 하면

$$p_1 = \mathrm{P}(B|A) = \frac{16}{24} = \frac{2}{3}$$

$$p_2 = \mathrm{P}(A|B) = \frac{16}{30} = \frac{8}{15}$$

$$\therefore \ \frac{p_2}{p_1} = \frac{\dfrac{8}{15}}{\dfrac{2}{3}} = \frac{4}{5}$$

2　①

장미 한 송이의 가격을 x원, 국화 한 송이의 가격을 y원이라고 하면

$$\begin{cases} 3x + 4y = 4300 \\ x = y - 200 \end{cases}$$

$$\therefore \ x = 500, \ y = 700$$

3　②

현수가 자전거를 타고 간 거리를 $x\,\mathrm{km}$, 뛰어간 거리를 $y\,\mathrm{km}$라고 하면

$$\begin{cases} x + y = 5 \\ \dfrac{x}{12} + \dfrac{y}{8} = \dfrac{1}{2} \end{cases}$$

$$\therefore \ x = 3, \ y = 2$$

4 ④

강 과장이 하루에 처리 할 수 있는 일의 양은 $\frac{1}{15}$, 오 사원이 하루에 처리할 수 있는 일의 양은 $\frac{1}{24}$이다. 강 과장이 5일 동안 일을 했으므로 오 사원은 x일 동안 남은 일을 처리한다면 다음과 같이 식을 세울 수 있다. $\frac{5}{15}+\frac{x}{24}=1$, $x=16$이므로 일을 마치는 데 소요된 총 일수는 $5+16=21$일 이다.

---

5 ①

직원의 수를 x라고 하면 $4x+5=6x-3$, $x=4$이다. 사탕의 수는 $4\times4+5=21$개이다.

---

6 ④

1분에 20명이 표를 끊고 15명이 새로 줄을 서므로, 1분에 5명씩 대기자가 줄어든다. 따라서 대기자가 0명이 되는 데 걸리는 시간은 20분($100\div5=10$)이다.

---

7 ②

여학생 수를 x라 하면 남학생 수는 $(30-x)$이다.
시험에 응시한 모든 학생의 총점은 2,100점이고, 이는 모든 여학생, 남학생의 점수를 합한 것과 같다. $80x+65(30-x)=2,100$에서 x는 10이므로 여학생 수는 10명이다.

---

8 ③

15명×3권+4권=49권
12명×5권=60권
총 60권이 필요한데 49권 밖에 없으므로 11권이 부족하다.

---

9 ③

현재 총 학생 수가 55명이고, 남녀 비율이 6:5이므로 남학생은 30명, 여학생은 25명이다. 전학 온 남학생의 수를 x라 하면, 남학생이 전학 오기 전 남학생 수는 $(30-x)$이다. 이를 비례식으로 나타내면 $(30-x):25=5:5$이다. 이 때 x는 5이므로 전학 온 남학생 수는 5명이다.

---

10 ③

인상 전 어른의 입장료를 x, 인상 전 어린이의 입장료를 y라 하면 아래와 같은 비례식을 만들 수 있다.
$x:y=7:3$, $(x+5000):(y+5000)=2:1$
x는 35,000원, y는 15,000원이므로 인상 후 어린이의 입장료는 20,000원이다.

---

11 ③

전체 평균점수가 55점이므로 100명의 총점은 5,500점이다. 이 때, 합격자의 수를 x, 불합격자의 수를 $(100-x)$라고 놓으면, $70x+(100-x)50=5,500$, 따라서 x는 25명이다.

12 ③

1억 원을 투자하여 15%의 수익률을 올리므로 수익은 15,000,000원이다. 예상 취급량이 30,000개이므로 15,000,000÷30,000=500(원)이고, 취급원가가 1,500원이므로 목표수입가격은 1,500+500=2,000(원)이 된다.

13 ②

개월 수를 x라 하면, x개월 후 형의 예금액은 $10,000+700x$이고, 동생의 예금액은 $7,000+1000x$이다. 두 예금액이 같아져야 하므로 $10,000+700x=7,000+1000x$가 되며, 이 때, x를 구하면 10이므로 10개월 후 형과 동생의 예금액은 같아진다.

14 ③

수빈이가 하루 일하는 양 : $\dfrac{1}{16}$

혜림이가 하루 일하는 양 : $\dfrac{1}{12}$

전체 일의 양을 1로 놓고 같이 일을 한 일을 x라 하면

$$\frac{3}{16}+\left(\frac{1}{16}+\frac{1}{12}\right)x+\frac{1}{12}=1$$

$$\frac{13+7x}{48}=1$$

$$\therefore x=5\text{일}$$

15 ③

발전소당 인원수가 동일하지 않으므로 전체 인원의 1인당 평균 지원 금액은 각 발전소의 1인당 인건비와 인원수를 곱한 발전소의 인건비 총량을 모두 합산하여 전체 인원수로 나누어 계산하여야 한다.
따라서 계산하면 아래와 같이 나타낼 수 있다.
{(450,000×8)+(450,000×8)+(506,000×9)+(281,000×7)+(449,000×8)}÷40=432,825원이 된다. 발전소당 평균 운영비는 주어진 수치에서 직접 평균을 구할 수 있다. 그러므로
(148,000+169,000+129,000+123,000+77,000)÷5=129,200원이 된다.

16 ④

'거리=시간×속력'을 이용하여 계산할 수 있다.
총 4시간의 소요 시간 중 작업 시간 1시간 30분을 빼면, 왕복 이동한 시간은 2시간 30분이 된다. 트럭에서 태양광 설치 장소까지의 거리를 $x$km라고 하면, 시속 4km로 이동한 거리와 시속 8km로 되돌아 온 거리 모두 $x$km가 된다. 따라서 거리=시간×속력 → 시간=거리÷속력 공식을 이용하여, 2시간 30분은 2.5시간이 므로 $2.5=(x÷4)+(x÷8)$이 성립하게 된다.
이것을 풀면, $2.5=x/4+x/8 → 2.5=3/8x → x=2.5×8/3=6.666\ldots → $ 약 6.67km가 된다.

17 ①

현재 동생의 나이를 x라 하면, 현재 오빠의 나이는 $3x$이고, 12년 후 $3x+12$가 된다. 현재 동생의 나이는 x이고, 12년 후 $x+12$가 된다. 12년 후 연령비가 5:3이므로 $3x+12:x+12=5:3$이다. 여기서 x를 구하면 6이다. 따라서 오빠의 현재 나이는 18세이다.

---

18 ③

회사와 집 사이의 거리를 x라 하면 왕복에 걸린 시간을 사용해 방정식을 만들 수 있다. $3=\dfrac{x}{40}+\dfrac{x}{20}$, 여기서 x는 40이다. 따라서 집에서 회사까지의 거리는 40km이다.

---

19 ③

왼쪽 네모 칸의 숫자를 십의 자리 수와 일의 자리 수로 분리하여 두 수를 더한 값과 뺀 값 각각 십의 자리와 일의 자리 수로 한 값을 오른쪽 네모 칸에 써 넣은 것이다. 즉, (A, B) → (A+B, A-B)가 되는 것이다. 따라서 41 → 4+1=5와 4-1=3이 되어 53이 된다.

---

20 ④

다음과 같은 간단한 연립방정식을 세울 수 있다. 남직원의 수를 x, 여직원의 수를 y라 하면,
$x+y=180$
$0.625x+0.85y=0.75\times180 \rightarrow 6.25x+8.5y=1,350$이 성립한다.
위의 식에 8.5를 곱하여 위의 식에서 아래 식을 빼면 $2.25x=180$이 되어 $x=80$, $y=100$명이 된다. 따라서 안경을 쓴 여직원의 수는 $0.85\times100=85$명이 된다.

---

21 ①

각 구간의 정확한 변량이 제시되지 않은 문제는 구간의 평균값인 '계급 값'을 구간의 점수로 하여 계산한다. 따라서 다음과 같이 계산하여 평균을 구할 수 있다.
$10\times12+30\times15+50\times28+70\times36+90\times14+100\times25=8,250$
그러므로 $8,250\div130=$약 63.5점이 된다.

---

22 ③

ⓐ $73+118=191$, ⓑ $31+93=124$
ⓐ+ⓑ$=315$

---

23 ②

버스를 탄 날의 총 만보기 측정값은 다음과 같다.
$11,500+14,000+12,000+11,500+12,000+12,000+11,000+11,000=95,000$
버스 탄 날은 총 8일이므로 A씨가 버스 타는 날의 평균 만보기 측정값은 $95,000\div8=11,875$이다.

24 ①

TV로 얻을 수 있는 전체 상금은 다음과 같이 나타낼 수 있다.

$10,000,000 \times 1 + 5,000,000 \times 2 + 1,000,000 \times 10 + 100,000 \times 100 + 10,000 \times 1,000 = 50,000,000$원이다. 그러므로 쿠폰 한 장의 기댓값은 $50,000,000 / 10,000$이므로 $5,000$원이다.

25 ①

Y-3년의 개수를 x라 하고, Y년의 개수로부터 역산하여 각 해의 커피 전문점 개수를 구해 보면 다음과 같이 계산된다.

	Y-3년	Y-2년	Y-1년	Y년의 개수
A지역	$(33-x) \div x \times 100 =$ $10 \to x = 30$	36-3=33	35+1=36	35
B지역	$(46-x) \div x \times 100 =$ $15 \to x = 40$	44+2=46	46-2=44	46
C지역	$(28-x) \div x \times 100 =$ $12 \to x = 25$	33-5=28	30+3=33	30

따라서 30, 40, 25개가 정답이 된다.

26 ②

형과 동생의 분당 정리량은 각각 1/30과 1/20이다. 따라서 두 형제가 함께 정리할 때의 분당 정리량은 1/30+1/20=1/12이 된다. 그러므로 10분 동안 함께 일을 하면 총 정리량은 $10 \times 1/12 = 5/6$가 된다. 나머지 1/6을 형이 정리해야 하므로 형의 분당 정리량인 1/30에 필요한 시간 x를 곱하여 1/6이 되어야 한다. 따라서 $1/30 \times x = 1/6$이 된다. 그러므로 형이 혼자 정리하는 데 필요한 시간은 5분이 된다. 따라서 총 소요 시간은 10분+5분=15분이 된다.

27 ①

주어진 산식에 의하여 국토 면적, 산림 면적, 산림율을 확인해 보면 다음 표와 같다.

(단위 : 만 명, 명/㎢)

국가	인구수	인구밀도	산림 인구밀도	국토 면적	산림 면적	산림율
갑	1,200	24	65	1,200÷24=50	1,200÷65=18.5	18.5÷50×100=37%
을	1,400	36	55	1,400÷36=38.9	1,400÷55=25.5	25.5÷38.9×100=65.6%
병	2,400	22	30	2,400÷22=109.1	2,400÷30=80	80÷109.1×100=73.3%
정	3,500	40	85	3,500÷40=87.5	3,500÷85=41.2	41.2÷87.5×100=47.1%

따라서 산림율이 가장 큰 국가는 병 – 을 – 정 – 갑국의 순이다.

28 ④

2016년의 자동차 대수를 x라 하면, 교통사고 건수는 $x \times 0.017$이 된다. 이는 2017년의 교통사고 건수인 1천만 $\times 0.031$과 동일하므로 $x \times 0.017 = 1$천만 $\times 0.031$가 된다. 따라서 x는 18,235,294 → 18,235천 대가 된다.

---

29 ④

A와 B가 서로 반대 방향으로 뛰면, 둘이 만났을 때 A와 B가 뛴 거리의 합이 운동장의 둘레와 같아지게 된다. $100 \times 16 + 70 \times 16 = 2,720$m가 된다.

---

30 ②

농도 10%의 소금물 500g에 있는 소금은 50g이다. 8% 농도의 소금물의 무게를 x라 할 때 소금의 양은 $0.08x$이다. 방정식을 구하면 다음과 같다.

$\dfrac{(50 + 0.08x)}{(500 - 30 + x)} = 0.09$, x를 구하면 770g

---

31 ④

10km의 거리를 시속 20km로 가는 동안 걸린 시간은 30분이다. 따라서 나머지 거리를 30분 동안 시속 30km로 갔을 때 간 거리는 15km이다. 준수가 집에서 학교까지 간 총거리는 25km이다. 따라서 민건이가 총 25km를 시속 40km로 가는데 걸리는 시간은 37.5분이다.

---

32 ③

각 계급에 속하는 정확한 변량을 알 수 없는 경우에는 중간 값인 계급값을 사용하여 평균을 구할 수 있다. 따라서 빈칸의 인원수를 x로 두고 다음과 같이 계산한다.

$\{(10 \times 10) + (30 \times 20) + (50 \times 30) + (70 \times x) + (90 \times 25) + (110 \times 20)\} \div (10 + 20 + 30 + x + 25 + 20) = 65$

이를 정리하면 $(6,650 + 70x) \div (105 + x) = 65$가 된다.

이것은 다시 $6,650 + 70x = 6,825 + 65x$ → $5x = 175$가 되어 $x = 35$명이 된다.

---

33 ②

이웃을 신뢰하는 사람의 비중은 20대(36.5%)가 10대(38.5%)보다 낮으며, 20대 이후에는 연령이 높아질수록 신뢰도가 비례하여 높아졌다. 이러한 추이는 연령별 평점의 증감 추이와도 일치하고 있음을 알 수 있다.

---

34 ③

정가 4,000원에서 a % 할인된 가격이 3,000원이므로 $4,000 \times \dfrac{100 - a}{100} = 3,000$이 된다. $a = 25$가 되며, 커피의 원가를 x라고 한다면, $x \times \dfrac{100 + a}{100} = x \times \dfrac{125}{100} = 4,000$이 된다. 따라서 커피의 원가는 $x = 3,200$원이다.

35 ①

12일째까지 $40 \times 12 = 480$쪽을 읽고, 마지막 날인 13일째에는 최소 1쪽에서 최대 40쪽까지 읽을 수 있으므로 이 책의 쪽수는 481쪽 이상 520쪽 이하이다.

36 ④

세 장의 카드를 뽑아 세 자리의 정수를 만들려면 백의 자리에는 0이 올 수 없다. 따라서 백의 자리는 0을 제외한 5장의 카드 중에서 뽑아야 하므로 백의 자리에 올 수 있는 경우의 수는 5가지, 십의 자리에 올 수 있는 경우의 수는 이미 백의 자리에서 뽑힌 카드를 제외한 5가지, 남은 카드는 4장이므로 일의 자리에 올 수 있는 경우의 수는 4가지이다. 따라서 $5 \times 5 \times 4 = 100$가지

37 ②

A지점에서 B지점으로 갈 때 걸린 시간은 4시간이고, 돌아올 때 걸린 시간은 2시간이다. 총 걸린 시간은 6시간이고, 총 거리는 240km이다. 따라서 왕복 시간의 평균 시속은 240km÷6시간이므로 40km이다.

38 ②

영희가 10분 동안 분속 60m로 걸어간 거리는 600m이고, 추가 1분당 60m를 걸어간다. 영희의 어머니는 자전거를 타고 분속 120m의 속도로 뒤쫓아 가므로 방정식을 세우면 다음과 같다. $600 + 60x = 120x$, 방정식을 풀면 x는 10이므로 10분 후 어머니와 영희는 만나게 된다.

39 ②

3시간 후 두 열차가 만났으므로 만난 지점은 서울에서 $3 \times 120 = 360$km 떨어진 거리이다. 새마을호는 360km 지점까지 4시간 걸렸으므로 360÷4=90km/h이다. 따라서 새마을호가 부산까지 가는데 걸리는 시간은 400÷90=4.44이다.

40 ④

각 복사기는 2:3의 효율을 가지고 있으므로 1분에 100쪽을 복사하는 복사기에서는 20부, 1분에 150쪽을 복사하는 복사기에서는 30부를 복사하는 것이 가장 효율적이다.

41 ③

원래의 정가를 a라 하면 정가에서 20%를 할인하는 것은 (1-0.2)a이다. 마찬가지로 원래의 원가를 b라 하면 원가의 20% 만큼 이득을 보기 위해서는 (1+0.2)b가 정가가 되어야 한다. 위 정보로 방정식을 만들면 다음과 같다.

(1-0.2)a=(1+0.2)b

0.8a=1.2b 이므로 원가의 50%만큼 덧붙여 정가를 책정해야 한다.

42 ②

통합된 경제는 통합 이전의 남한과 비교할 때 노동력은 상대적으로 풍부한 반면에 자본은 상대적으로 부족하다. 따라서 통합된 경제의 임금은 통합 이전의 남한보다 낮고, 이자율은 통합 이전의 남한보다 높아질 것으로 판단하는 것이 합리적이다.

---

43 ④

가. 3,937 → 4,139 → 4,173 → 4,234 → 4,401건으로 지속적으로 증가하였다.

나. (335+344+283+281+339)÷5=316.4건이다.

다. 서울은 1,412÷203=약 6.96건이며, 경기는 2,447÷339=약 7.22건으로 경기가 더 많다.

라. 연도별 비율은 각각 547÷3,937×100=약 13.9%, 561÷4,139×100=약 13.6%, 503÷4,173×100=약 12.1%, 511÷4,234×100=약 12.1%, 542÷4,401×100=약 12.3%로 모두 12.1~13.9% 이내이므로 비율의 차이는 2%p 이내이다.

---

44 ②

가로축이 연도, 세로축이 발생건수를 나타내는 막대그래프가 가장 적절하다. 연도별 총 교통사고 발생건수와 버스종류별 비교가 한눈에 가능하며 연도가 많거나 버스 종류가 늘어날 경우 막대그래프에 추세선을 추가하여 추이를 알아볼 수도 있다.

---

45 ④

저축액의 2017년 증감률이 1.3%이므로 이를 통해 2017년의 저축액을 x라 할 때 다음과 같이 2017년의 저축액을 구할 수 있다. $(x-7,186)÷7,186×100=1.3$

이를 풀면 x는 7,279만 원이 되며 따라서 ㉠은 7,279+2,501=9,780이 된다.

㉡은 (2,501-2,453)÷2,453×100=약 2.0%가 된다.

---

46 ②

'소득=총수입-경영비'이므로 2017년의 경영비는 974,553-541,450=433,103원이 된다. 또한, '소득률=(소득÷총수입)×100'이므로 2016년의 소득률은 429,546÷856,165×100=약 50.2%가 된다.

---

47 ③

영화는 1시 5분에 시작하였고, 상영시간이 2시간 25분이므로 영화 종료시간은 3시 30분이다. 3시에서 30분이 지났으므로 시침은 3시와 4시 사이에 있게 된다. 따라서 시침과 분침의 각도는 90도가 아닌 75도이다.

---

48 ②

지난 주 A 생산량을 x라 하면, 이번 주 생산량을 방정식으로 나타낼 수 있다.

$0.9x+1.1(10,000-x)=10,300$

여기서 x는 3,500이므로 이번 주 A 생산량은 3,500×0.9=3,150개이다.

49 ②

② 전체 인구수는 전년보다 동일하거나 감소하지 않고 매년 꾸준히 증가한 것을 알 수 있다.

① 65세 미만 인구수 역시 매년 꾸준히 증가하였다.

③ 2014년과 2015년에는 전년보다 감소하였다.

④ 2014년 이후부터는 5% 미만 수준을 계속 유지하고 있다.

---

50 ③

③ 기업별 방문객의 수만 제시되어 있는 자료이므로 매출액과 관련된 자료를 알 수 있는 방법은 없다.

① 하단에 전체 합계와 주어진 기업별 방문객 수의 합이 일치하므로 전체 방문객 방문 현황을 알 수 있다.

② 전체 방문객을 기업의 수로 나누어 평균 방문객 수를 알 수 있다.

④ 전체 방문객이 가장 많은 기업을 확인하여 매년 동일한지 또는 어느 해에 어떻게 달라졌는지 등을 확인할 수 있다.